빈곤의 이론과 대책

빈곤의 이론과 대책

이명현

KNOWLEDGE COMMUNITY 공동체

머리말

21세기 초반의 금융위기, 코로나19 팬데믹에 이어 러시아의 우크라이나 침공과 같은 세계적인 사건이 계속되고 있다. 심각한 자연재해와 사회경제적 변화가 계속되고 있고 급격한 디지털 기술의 발전이 인류 생활을 크게 변화시키고 있다. 이처럼 현대 사회는 변동이 크고 불확실하며 여러 요인이 복잡하게 얽힌 불투명한 미래의 시대를 맞이하고 있다.

그리고 현재 직면하고 있는 지구적 규모의 과제로 지구 온난화, 이상기후, 자원고갈, 생물다양성 상실 등의 환경문제가 더욱 심각해지고 있다. 저출생과 고령 현상의 심화는 이미 돌이킬 수 없는 사회문제가 되었다. 개발도상국은 여전히 절대적인 빈곤이 해소되지 않고 있으며 선진국은 1980년 이후 작은 정부 노선, 경제 세계화의 영향으로 상대적인 빈곤과 격차 문제가 확산되면서 사회경제 및 정치 불안정 시대를 맞이하고 있다.

정부와 공공은 사회경제적 변동으로부터 인간의 생활을 지키고 이전에는 상상할 수 없었던 사건, 불확실하고 복잡한 문제가 초래하는 부조리로부터 인간을 해방하고 복지를 향상하여 인류의 지속적 진보에 상응하는 역할을 다할 수 있어야 할 것이다. 따라서 새로운 사회정책이 필요하다고 생각한다. 빈곤을 중심으로 다양한 사회경제적 문제가 인간 복지에 끼치는 영향에 관한 학제적 연구 성과도 적극적으로 활용할 수 있어야 할 것이다.

인류의 역사를 살펴보더라도 또 현대에서도 빈곤은 대단히 중요한 사회경제적 문제다. 빈곤의 극복을 위해서는 경제성장과 그 과실의 공정한 분배가 불가피하다. 그러나 앞으로는 지구의 한계라는 경제성장에 대한 새로운 과제가 더해지면서 보다 공정한 부의 분배 필요성이 높아지고 있다. 이 과정에서 빈곤자를 비롯한 사회경제적 약자의 생존 위기는 과거와는 다른 차원에서 위협을 받을 수 있다. 이런 점에서 사회적 대책이 더욱 중요해질 것이며 특히 대표적인 대책인 기초생활보장제도의 정확한 이해와 입체적 운용이 절실하다. 새로운 사회정책의 일환으로서 운용 방식 중심의 개선도 중요하지만, 제도의 근본적인 구조 개혁도 장기적인 과제라 할 수 있다.

PREFACE

빈곤 대책은 민간의 자발적 노력도 큰 역할을 하였다. 자발적으로 빈민을 도우려는 의지는 시민의 자유로운 참가 활동을 인정하면서도 공공과 민간의 관점에서는 미묘한 영향을 끼칠 수 있다. 국가의 책임과 민간의 선의에 근거하는 행위는 보완적·대체적인 관계로만 볼 수 있기 때문이다. 이러한 의지는 상호부조에 근거하거나 박애주의에 근거하는 동기로 구성되어 있다. 국가가 해야 할 일을 적극적으로 추진하고 만일 국가가 역부족에 빠지는 경우, 자발적인 영역의 역할은 보완적이고 대체적인 것이 될 수밖에 없다. 독일도 보충성 원리가 기능하고 있으며 자발적인 영역은 복지 활동에서 큰 역할을 하고 있다. 미국도 자발적인 부문에서 두드러지고 있는 분야는 보건의료 분야이다. 여기서 중요한 것은 국가에 의한 공공과 민간의 역할 분담의 수정이다. 국가 책임의 후퇴와 민간 역할의 확대는 신자유주의와 관련이 있는 것은 분명하다. 빈곤을 퇴치하는 것은 서로 돕는 것이라고 주장하는 활동가와 연구자도 있지만, 그것만으로는 부족하다. 분명히 관련은 있지만 국가 정책과 책임 없이 자립과 자기 책임, 국민의 상호부조만으로는 사회보장 구조의 완결과 지속 가능성은 불가능하다. 현대 자본주의에서 경제와 정치, 시장과 국가가 문화적, 사회적으로 어떻게 연결될 것인가. 세계화를 통하여 국민국가의 변용과 국내정치와 경제에서 어떠한 영향을 미치고 있는지, 계층 및 계급론 사이에서, 국가와 시민 활동 사이에서 빈곤 대응을 위해 어떤 방향을 찾아야 할 것인지가 논점이 될 것이다.

빈곤 연구는 사회에 대한 논의가 될 수밖에 없다. 특정 시대와 사회에 따라 빈곤 체험의 내용과 질은 그 사회가 빈곤에 대해 어떻게 대응하는가에 따라 규정이 달라진다. 따라서 개별적인 빈곤 체험은 사회 현실을 비추는 것이라 할 수 있다. 빈곤한 사람이 관계하고 있는 사회는 매우 소규모 단위부터 시작하여 지구적 규모의 사회까지 다양하다. 국제적 또는 국가적 수준에서의 사회적·경제적·정치적 권력의 변화에 따라 빈곤 경험은 달라질 수밖에 없다. 하지만 이 책에서는 개개인의 빈곤 경험을 살피기 위한 미시적 연구는 진행하지 않았다. 빈곤을 입체적으로 이해하기 위한 이론과 직접적인 대책의 분석에 집중하였다.

머리말

이 책의 구성은 빈곤 개념에 대한 이론을 검토하는 데에서 출발한다. 제1장은 부스와 라운트리, 베버리지 등 과학적 빈곤 개념을 정립하기 위해 다양하게 전개되었던 논의를 살펴볼 것이다. 제2장은 역사적으로 형성된 빈곤 개념의 계보를 정리하고 그동안 논의되었던 빈곤의 다양한 형태를 해설할 것이다. 제3장은 고대의 자선에서 시작하여 빈곤관 변화를 거쳐 현대적 복지국가의 빈곤 대책이 체계화된 역사적 경험을 고찰할 것이다. 제4장은 절대적이고 상대적인 차원에서 빈곤의 실태를 측정하는 방법을 살펴보고 한계를 비교할 것이다. 아울러 주관적인 빈곤 측정의 방법과 그 의의를 살펴볼 것이다. 또 사회적 참가 차원까지 확장되어 박탈 상태로서 빈곤을 측정하는 방법과 함의를 고찰할 것이다. 제5장은 빈곤한 사람에게 가해지는 스티그마 과정과 그것이 초래하는 포착률과의 관계를 비교 분석할 것이다. 이후 포착률을 높이기 위한 각 국가의 노력을 비교하고 포착률 향상을 위한 방법을 살펴볼 것이다. 제6장은 빈곤의 원인론을 개인적·사회적 차원으로 구분하여 비교 분석할 것이다. 아울러 인생 초기의 빈곤이 대물림된 결과 초래되는 결과가 무엇인지 국내외적인 연구 성과를 근거로 정리할 것이다. 제7장은 빈곤 문화론을 사회적 원인론과 대비하여 그 특징과 의의, 한계를 살펴볼 것이다. 빈곤 문화론이 여전히 논의 가치가 있는지, 어떤 교훈과 의의가 있는지 평가할 것이다. 제8장은 실질적 자유의 확대를 위해 사회적 배제로서 빈곤에 대응하려는 사회적 배제 논의를 고찰할 것이다. 자기결정을 통한 사회참여를 촉구하는 사회적 배제론이 빈곤과의 투쟁에서 사회적 포용을 이끌 수 있는 이론이 될 수 있는지 살펴볼 것이다. 제9장은 시간 빈곤이다. 소득 중심의 빈곤은 반쪽 빈곤 이론이며 시간 빈곤 개념을 도입하여 빈곤을 더 복합적으로 파악하고 대책을 세워야 한다는 논의를 고찰할 것이다. 이를 통해 시간과 소득의 이중 빈곤을 극복하기 위한 입체적 대책의 필요성을 확인할 수 있을 것이다. 제10장은 빈곤 거버넌스와 조건화이다. 정부만이 빈곤 대책의 주체가 아니며 다양한 조직이 빈곤 대책에 참여하고 있다. 이처럼 빈곤 대응에서 거버넌스로의 전환이 이루어지고 있는데, 이에 따라 빈곤 대책의 조건화가 강화되고 있다. 여기서 거버넌스 이론의 전개와 조건화의 영향이 무엇인지 살펴볼 것이다. 제11장은 최근 환경의 위기로 빈곤 대책에서도 지속 가능한 개발 지표와 빈곤의 관계가 주목을 받고 있다. 따라서 지구적 환경의 한계와 지속 가능한 개발, 지구의 한계와 빈곤 대책 등에 대해 고찰할 것이다. 제12장은 대표적인 빈곤 대책으로 기초생활보장제도의 내용과 운용 방식에 대해 구체적으로 분석할 것이다. 기초생활보장제도의 원리와 주요 이념, 제도의 성격과 발달 과정, 주요 내용을 등을 비교 해설할 것이다. 마지막 제13장은 지금까지 논의된 내용을 바탕으로 빈곤 대책의 기본 방향이 무엇인지 논의하면서 끝을 맺을 것이다.

이 책은 실증적인 분석이나 구체적인 해설을 제공하지는 않았다. 그동안 빈곤 연구에서 논의되었던 내용을 나름대로 체계적으로 정리하려는 마음으로 집필하였다. 이를 바탕으로 사회복지 실천 현장에서 빈곤에 대해 선입견 없이 맞설 수 있는 일반 이론을 이해하고 행동의 지침으로 삼는 데 도움이 되기를 기대하고 있다. 애초부터 문맥을 논리적으로 표현하는 능력이 부족했지만, 도서출판 공동체 대표님 이하 여러 직원 선생님의 도움으로 여전히 부족하지만 겨우 세상에 내놓을 정도의 내용으로 다시 태어난 것 같다. 머리 숙여 감사의 마음을 전하고자 한다. 앞으로도 계속 추가적인 수정과 증보를 약속하면서 날마다 새로운 내일을 위하여 노력할 것을 다짐한다.

2025. 2. 25.

저자 이명현

차 례

CONTENTS

차 례

CHAPTER 01

빈곤 개념의 이해와 다양성

1. 빈곤 개념의 이해와 확대
2. 라운트리의 빈곤 연구
3. 과학적 빈곤 개념의 함의
4. 베버리지 계획과 상대적 박탈
5. 빈곤의 다양성과 영향

CHAPTER 01

빈곤 개념의 이해와 다양성

1. 빈곤 개념의 이해와 확대

1) 용어의 이해

빈곤 개념은 사람이 살아가면서 소유와 무소유의 구분이 생겨나기 시작하면서 출현했을 것이다. 빈곤은 그럭저럭 살아가기 어려운 상태 이상을 의미한다. 사회 속에서의 지위와 더불어 개인적 경험이 덧대어지며 빈곤은 엄연한 현실로 계속 존재해 왔다. 당연히 빈곤을 완화하거나 퇴치하려는 대응 노력도 존재한다.[1] 그 방향은 도덕적인 성실론에 초점을 두거나 일자리로 이끄는 노동 친화적 방향이나 평등한 결과를 강조하는 재분배 대책으로 전개되었다.

빈곤은 소득의 부족뿐만 아니라 건강과 주거, 교육, 사회적 유대 등 비화폐적 관점의 결핍까지 반영하므로 단일한 정의를 내리기는 어렵다. 즉, 도덕적으로 받아들일 수 없는 고통과 관련되고 빈곤 상태에 대한 사회적 승인 여부와 관련되어 정치적 성격까지 가지고 있으므로 개념을 둘러싼 논쟁은 계속될 것

1) 2021년 기준 OECD 기준 평균 상대적 빈곤율은 11.1%이며 한국(16.7%)은 미국(17.8%)보다 낮고 일본(15.7%)보다 높다(연합뉴스, 2021. 10. 25. 그래픽뉴스).

이다. 현재 세대의 빈곤 고착화뿐만 아니라 후세대의 대물림까지 누적적 개념도 포함하여 개념이 확대될 수도 있다.

빈곤 개념은 기준과 관점에 따라 다양하게 전개될 수 있다. 구체적으로 살펴보면 첫 번째는 전문가의 객관적 기준 등을 중심으로 화폐적 개념으로 이해하는 것이다. 두 번째는 개인이 얼마나 필요하다고 생각하는지 평가하는 주관적 관점을 기준으로 이해하는 것이다. 세 번째는 불이익이 축적되면서 생활 상태의 상대적 기준으로 개념화하는 것이다. 따라서 기준과 관점에 따라 육체적 효율을 유지하는 데 필요한 최소한의 수준에 미달하는 상태로 개념화할 수 있다. 또 사회참가를 포함한 평균적인 생활 상태가 결여된 고립되거나 배제된 상태로 개념화할 수도 있을 것이다.

개인적 경험으로 표현할 경우, 빈곤은 매일 아침 깨어났을 때 더럽고 불쾌한 잠자리에서 일어나는 것일 수도 있으며 추운 겨울날 냉방에서 밤새도록 추위에 떨며 버티는 것일 수도 있다. 또 남루한 옷 때문에 놀림을 받는 일이 될 수도 있을 것이며 어쩔 수 없이 학교를 그만두고 날품팔이 일을 하는 모습일 수 있다. 더욱이 그럭저럭 살아가는 데 필요한 돈이 없을 뿐만 아니라 고통스러운 상황에 대해 사회에 대하여 목소리를 내지 못하는 무력한 상태일 수 있다.

사회적인 차원으로 생각하면 빈곤은 그러한 상태에 익숙하게 적응하면서 그대로 묵인하는 세상에 대해 무관심해지고 해결 노력에 대해 아무런 기대도 하지 않는 상태일 수 있다. 복잡하고 어려운 제도로 인하여 막상 어려움이 생길 때 어디에서 어떻게 도움을 요청해야 할지 모르는 상황, 비현실적인 빈곤 기준으로 인하여 매년 안타까운 사망 사건이 발생하더라도 여전히 빈곤이 계속되는 상황일 수도 있다. 전통적으로 사회복지의 주된 고객은 생활이 어려운 사람이거나 취약한 사회경제적 조건에서 고통을 겪는 사람이었다. 따라서 빈곤은 항상 사회복지 정책이나 실천 활동의 기본적인 주제였다. 즉, 빈곤 대책은 복지정책이나 서비스의 핵심적인 목표 개념이라 할 수 있으므로 사회복지의 근원으로 이해해야 할 것이다.

빈곤을 보다 구체적으로 살펴보기 위해서 대표적인 용어를 정리해 보자. 우선 '빈곤 개념', '빈곤의 정의', '빈곤의 측정'이라는 용어가 무엇을 의미하는지 살펴보자. 이러한 용어가 어떻게 관계되고 있는지 잘 이해해야 효과적인 대응을 이끌어 낼 수 있을 것이다. 또 빈곤, 격차, 불평등, 계급 개념의 상호 관련성에 대해서도 이해할 필요가 있다.

빈곤 개념은 '빈곤의 의미'라고 할 수 있다. 역사적으로 그 개념은 확대되었지만, 그것은 '있어서는 안 되는 생활 상태'를 의미할 것이다. 직접적으로는 최소한의 영양 상태를 충당할 수 없는 생활 상태를 '있어서는 안 되는' 상태라고 할 수 있겠지만, 오늘날 빈곤은 그렇게 좁은 내용만을 의미하지는 않는다. 따라서 의미의 폭을 넓혀서 동물적 생존을 유지하기 위한 최소한의 영양조차도 충당할 수 없는 생활 상태뿐만 아니라 인간으로서의 존엄을 유지하기 위한 여러 사항이 결핍된 생활 상태까지 포함하여 '있어서는 안 되는 생활 상태'라고 판단해야 할 것이다.

빈곤 개념은 역사적으로 확대되었으므로 개념 확대의 역사도 이해할 필요가 있다. 그것은 '있어서는 안 되는 생활 상태'의 수준이 어떻게 향상되었는지 그 역사를 이해하는 것이며 과거의 구체적인 대응방식의 연장선으로 개념화된 것이다. 더 나아가 미래를 어떻게 설계할 것인지를 배우는 것이기도 하다. 이는 빈곤한 상태가 무엇인지에 대한 판단이 결코 특정한 어떤 개인의 판단에 좌우되지 아니하며 앞선 사람들이 공동으로 주장했던 것, 또 앞으로 공동으로 주장해야 할 것이 무엇일지와 연결되는 것이다.

한마디로 빈곤을 정의한다면 빈곤과 빈곤이 아닌 것의 경계를 언어로 표현한 것이다. 예를 들어, '있어서는 안 되는 생활 상태'가 확대되면 지금까지 빈곤 개념에 포함되지 않았던 새로운 내용이 그 속에 포함될 것이다. 아울러 개념이 확대되면 그 사이의 경계선이 느슨해질 것이다. 따라서 느슨해진 경계선의 위치 변화에 따라 빈곤 개념의 경계선을 다시 언어로 재규정해야 할 것이다.

빈곤의 재정의를 시도할 때에는 어떠한 생활 상태까지를 사회규범으로 보고 있어서는 안 되는 상태로 판단해야 할지를 구체적 사례에 맞추어 일반화하여 설명할 수 있어야 한다. 예를 들어, '휴대전화를 갖고 싶어도 갖지 못하는 상태'라는 제한적 개념보다도 '사회참가를 하고 싶어도 필요한 수단을 가질 수 없는 생활 상태'로 설명하는 표현이 훨씬 범용성이 높다. 왜냐하면 이러한 일반적 표현에서는 당연히 휴대전화를 가질 수 없는 생활 상태도 포함되기 때문이다. 이 외에도 '자동차를 소유할 수 없다', '고용 기회가 없다', '장례식에 가기 위한 상복이나 부조비가 없다' 등 구체적 사례도 포함할 수 있을 것이다. 이러한 작업은 구체적인 언어를 활용하여 일반화된 표현으로 이론을 정리하기 위해서도 필요하다.

'빈곤의 개념'과 '빈곤의 정의' 관계도 정리해 보자. 빈곤 개념이 확대되면 그에 따라 빈곤을 재정의할 필요성도 커질 것이다. 빈곤 개념이 확대된다는 건 지금까지는 빈곤 개념에 포함되지 않았던 사안이 포함된다는 의미다. 따라서 빈곤 개념의 확대에 수반하여 빈곤을 재정의할 경우, 재정의하는 과정에서 빈곤 개념으로 새롭게 부가된 사안이 새롭게 포괄되는지를 분명히 할 필요가 있다. 이를 위해 빈곤의 역사와 함께 빈곤 개념에 새롭게 부가된 빈곤의 요소가 무엇인지도 파악해야 할 것이다.

다음으로 대부분 우리는 측정된 빈곤의 결과를 통해 빈곤을 이해한다. 측정된 빈곤은 빈곤 문제의 고발이나 실태를 소개하는 자료를 통해 제시되고 있다. 예를 들어, 상대적 빈곤율과 같은 자료다. 하지만 빈곤에 대한 구체적인 데이터를 보여주기 위한 기초 개념과 정의의 중요성을 알아야 빈곤율 등의 데이터가 사회적으로 공표된 후 빈곤 문제의 심각함에 대하여 인식하고 설명할 수 있다. 처음부터 개념이나 수치가 존재하고 있는 것이 아니다. 처음 존재하는 것은 가혹한 생활 상태에 있을 수밖에 없는 구체적인 인간의 존재다. 이어서 그러한 사람의 가혹한 생활 상태에 대해서 사회 구성원이 그대로 무시해서는 안 된다고 생각하는 여러 유사한 실태가 사회 현상으로 나타나게 될 것이다. 그리하여 빈곤이 사회문제화되면 구체적 사례에 대해 정보가 축적되고 공통적인 특징이 추출된 후 언어로 표현된다. 이 과정을 거쳐 비로소 빈곤 개념이 어느 정도 정리되면 정의로서 제시할 수 있을 것이다. 그리고 제시된 빈곤 정의에 근거하여 사회 속에서 빈곤 상태로 어쩔 수 없이 빠져드는 사람이 어느 정도 존재하는지 계측이 일어나게 된다. 객관적 수치가 우선이 아니며 구체적인 인간 생활의 팩트가 앞선다는 것이 중요하다.

격차 및 불평등과 빈곤의 관계도 이해할 필요가 있다. 격차는 '차이가 존재한다는 사실'이다. 예를 들어, 소득 격차라고 할 때 그것은 소득에 차이가 존재한다는 사실이다. 격차에는 다양한 내용이 있으며 소득 격차 이외에 지역 격차, 건강 격차 등 사안에 따라 매우 다양해질 수 있다. 격차가 넓어져 그것이 사회적으로 용인할 수 있는 일정 수준을 넘어서면 '그러한 격차를 도저히 허용해서는 안 된다'는 목소리가 높아지기 시작한다. 다시 말해 허용할 수 없는 불평등이 생기는 것이다. 이때 허용해서는 안 된다는 판단은 빈곤 개념과 마찬가지로 사회적 가치가 개입된다. 단순히 격차가 존재한다는 것이 아니라 격차가 너무 커져서 사회적으로 문제시되면 그것이 불평등 문제가 되는 것이다. 따라서 단순히 격차가 존재한다는 차원보다는 너무 큰 격차가 문제를 일으킨다고 판단하는 것이며 사회적으로 허용될 수 없는 격차를 문제라고 보는 것이다. 물론 격차는 당연히 존재할 수밖에 없다는 의견도 있을 수 있지만, 그 발언의 배경에는 완전한 평등은 있을 수 없다는 사고방식이 깔려있을 것이다. 실제로 기계적인 완전한 평등은 불가능할지 모르지만, 과도한 격차는 바로잡아야 한다는 점은 사회적 요청이라 할 수 있다. 사회적으로 허용할 수 있을 정도의 격차 수준을 정하고 빈곤 해소에 계속하여 노력해 나간다면 현존하는 불평등은 어느 정도 받아들일 수 있을 것이다.

빈곤이란 결코 존재해서는 안 되는 생활 상태일 수 있지만, 이러한 이해에 근거한 빈곤 대책을 검토할 경우, 항상 최저 수준의 평등을 고려해야 한다. 그리고 최저 수준의 평등에 대해서 일상적인 사회생활 속에서 문제가 되는 불평등의 본질이 무엇인지를 이해해야 한다. 다시 말해 특정 사회에서 요구하고 있는 평등이 무엇에 대한 평등인지 이해하는 것이다. 예를 들어, 소득, 건강, 욕구 등 어떤 측면을 중심으로 평등화를 논의해야 할지 깊이 고민해야 한다. 만일 빈곤 대책으로서 이루어지는 것이 최저 수준의 평등이었다고 해도 그것이 최저 한도의 학력 평등을 목표로 하는 대책이라면, 전혀 처음 취지와 다른 논의로 펼쳐질 가능성이 있다. 역사적으로 소득 중단이나 상실에 따른 빈곤 대책이 주요 정책이었지만, 오늘날 건강, 돌봄, 주거, 교육, 환경 등 인생을 풍요롭게 하는 여러 요소까지 포함하여 최저 수준의 평등을 개념화하는 경향이 강화되고 있다.

다음으로 계층과 계급의 관계에 대해서다. 계층은 어떤 특징에 따라 사람을 구분하고 층으로 구분하는 것이다. 예를 들어, 소득의 많고 적음에 따라 사람을 구분하고 서열화함으로써 어떠한 시사를 얻으려는 논의는 계층론이다. 또 고용 형태, 최종 학력, 연령 등으로 계층을 구분할 수도 있을 것이다. 반면에 계급은 어떤 지위 신분의 차이를 가리키는 개념이다. 자본주의 사회에서의 빈곤 문제를 논의하는 경우, 자본 - 임노동이라는 두 개의 위치에서 이 개념을 사용한다. 즉, 자본주의 사회에서 계급론이란 자본가 계급과 노동자 계급이라는 두 계급의 관계성 그 자체, 또는 그러한 관계성에 따라 전개되는 문제에 대하여 논의하는 것이다.

빈곤을 계층론으로 이해하는 경우와 계급론으로 이해하는 경우에서는 서로 다른 결론이 도출된다. 빈곤을 계층론으로 이해하면 '자본 - 임노동 관계' 그 자체에는 손을 대지 않고 빈곤해질 수밖에 없는 계층의 사람을 사후적으로 어떻게 계층 이동하게 할 것인지에 집중할 것이다. 반면 계급론적 이해는 빈곤을 낳을 수밖에 없는 사회관계, 즉 '자본 - 임노동 관계' 그 자체의 변혁이나 자본의 흐름에 대한 규제에 논의가 집중될 것이다. 따라서 계층론은 현재 일어나고 있는 현실 문제에 대한 대응이며, 계급론은 근본 원인에 대한 개입이다. 이 두 개념은 어느 한쪽만이 중요한 것이 아니라 모두 중요하다. 한쪽만 있는 경우, 그것은 논의의 불충분성을 의미한다. 계층론 없는 빈곤 대책은 눈앞에서 고통

받는 생활을 할 수밖에 없는 사람을 무시하게 된다. 계급론 없는 빈곤 대책은 빈곤을 낳을 수밖에 없는 사회구조에 손을 대지 않는다. 생활 현장에서 일어나는 일상의 활동은 불행을 낳을 수밖에 없는 사회구조를 유지하고 있지만, 근본적인 원인을 다루지 않는 것이다.

2) 빈곤 개념의 확대

현대적 빈곤 개념은 어떻게 확립되었는가. 빈곤 개념이 확대된 역사적 과정은 보장해야 할 최저 한도의 생활 수준을 사람들의 요구에 따라 인상해 왔던 역사이기도 하다. 만일 빈곤의 해결이나 완화를 원한다면 앞선 개척자들이 쟁취해 온 성과의 연장선에 있다고 생각하며 대응해야 할 것이다.

(1) 부스의 빈곤 조사와 빈곤관

19세기 말 자본가 찰스 부스(Charles Booth, 1840~1916)가 영국의 런던에서 빈곤 조사를 시행하였다. 이 보고서는 17권 5,500페이지를 넘는 방대한 분량이며 현대 빈곤 연구의 바이블이라 할 수 있다. 조사에 앞서 부스는 빈곤이란 무엇인지 설정하기 위해 8개의 계층을 구분하고 그 가운데 빈곤선을 설정하였다.

<table>
<tr><td>H</td><td>상층중산층(Upper middle class)</td><td></td></tr>
<tr><td>G</td><td>하층중산층(Lower middle class)</td><td></td></tr>
<tr><td>F</td><td>상층노동자(Higher class labour)</td><td></td></tr>
<tr><td>E</td><td>표준소득자(Regular standard earnings)</td><td>빈곤선(poverty line)</td></tr>
<tr><td>D</td><td>정기적 소액소득자(Small regular earnings)</td><td rowspan="2">빈곤자(poor)</td></tr>
<tr><td>C</td><td>비정기 소득자(Intermittent earnings)</td></tr>
<tr><td>B</td><td>부정기 소득자(Casual earnings)</td><td>극빈자(very poor)</td></tr>
<tr><td>A</td><td>임시노동자, 부랑자, 준범죄자 등의 최하층(The lowest class of occasional labourers, and semi-criminals)</td><td></td></tr>
</table>

부스는 이러한 사회적 계층 구분을 '그에 따라 각 가족의 지위(position)와 생활양식(maner of life)이 측정될 수 있는 약간의 단순한 사실'에 근거하여 행하였다. 소득의 규모와 취업 형태의 지위에 따라 사람을 8개의 계층으로 구분했다. 이 8개 계층 중 A~D는 모두 빈곤한 사람들이다.

부스는 C, D층에 해당하는 빈곤자(poor)라는 용어를 사용할 때 그 의미를 '그럭저럭 괜찮은 자립적 생활(decent independent life)을 하기 위해서는 좋지만, 굳이 충분하다기에는 부족한' 소득 상태에 있는 사람으로 사용하였다. 빈곤자는 생활필수품 구매를 위해 가계 수입을 얻는 데 악전고투하면서 생활하고 있는 사람이다. B층에 해당하는 극빈자(very poor)는 일반적 생활양식에서 볼 때 전혀 충분하지 않은 소득 상태에 있는 사람을 의미하고 있다. 극빈자는 언제나 궁핍(chronic want) 상태에 있다(Booth, 1904 : 33, 志賀信夫, 2022 : 37 재인용). 이렇게 빈곤을 정의하면서 그 기준으로 주당 18~21실링의 소득에 선을 그었다. 여기에 해당하는 빈곤 상태와 그렇지 않은 상태를 구별하기 위해 구체적인 소득을 기준으로 구분한 것이 빈곤선이다.

이상과 같은 빈곤의 정의와 기준에 근거하여 조사한 결과, 빈곤 기준 이하에서 생활하는 이스트 런던 사람들이 30.7% 존재한다는 점을 알 수 있었다. 또한 빈곤이 확대된 원인으로 불안정 취업과 저임금을 들었다. 그때까지 대다수 영국인이 생각하고 있던 빈곤 원인은 태만이나 도덕적 추락과 같은 개인적인 원인이었지만, 그것이 아니라는 점이 비로소 증명되었다. 그렇지만 주의해야 할 내용도 있다. 첫 번째로 부스의 빈곤 정의에서 생활 수준이 가진 '사회성'에 대해서이다. 부스가 생각하는 빈곤과 빈곤이 아닌 경계는 단순히 결핍(want)을 겪고 있는지가 아니라 '그럭저럭 괜찮은 자립적 생활'을 안정적으로 꾸려나갈 수 있는지까지 고려하였다. 무엇을 가지고 그렇게 생활할 수 있는지를 판단할 것인가. 예를 들어, 동물적 생존의 생활 유지 이상의 상태가 현실적으로 가능해야 할 것이다. 이 점에 집중하여 생각하면 부스의 빈곤 정의는 단순히 육체적 능률을 유지하기 위한 최소 수준 이상의 인간적이고 사회적인 수준을 의미할 것이다.

(2) 분단과 통치의 논리

노동자 계급의 사회운동이 상대적으로 미약한 상황에서 부스와 같은 방법에 집중할 경우 몇 가지 사안을 확인할 필요가 있다. B 계층(부정기 소득자 : casual earning, very poor)에 해당하는 사람을 합법적인 노동시장에서 배제할 수도 있다는 것이다. 먼저 B층에 해당하는 사람의 생계를 보장하는 대신, 자율적인 노동의 권리를 빼앗을 가능성이다. 이는 노동 선택에 대한 권리, 즉 직접적 또는 간접적으로 원하지 않는 노동을 강제하는 조치도 포함한다. 취업을 의무화하면서 노동시장에서 선택지가 없는 노동을 강제하는 대책은 권리 침해이며 현대 사회의 인권 규범에도 어울리지 않는다. 그리고 B 계층을 노동시장에서 배제하면 오히려 노동시장은 효율적으로 작동할 것이며 노동이 가능한 사람에 대한 자기 책임론도 강화될 가능성이 있다. 하지만 빈곤을 뿌리째 없애려 한다면 자기 책임론도 필요하지만, 빈곤의 재생산구조에 대한 이해도 필요하다(志賀信夫, 2022 : 41).

또한 B 계층 및 공공부조 관리를 둘러싸고 C, D 계층과 빈곤선 이상의 계층 사이에 공통적인 이해관계가 생길 가능성이 있다. 예를 들어, B 계층은 수급자로 결정하고 C, D 계층은 차상위 계층과 같은 잠재적 수급자로 설정할 경우, 수급자 계층과 비수급 계층 사이의 엄격한 구분과 분단이 강조되며 스티그마가 강화될 수 있다. 이러한 구조가 성립되면 공공부조 수급자에 대한 시민 감시가 강화된다. 만일 자기 책임 원리가 강화된다면 공공부조에 의해 보장되는 생활 수준은 C층 이하의 최저 수준으로 설정할 필요가 있다는 주장이 더 힘을 받게 될 것이다.

이처럼 생활 수준을 억제하는 것은 자본가 계급의 입장에서는 세 가지 이익이 있다. 첫째, 공공부조에 관한 비용 부담을 가능한 한 낮게 억누를 수 있다는 점, 둘째, B 계층의 생활 수준을 열등 처우의 낮은 수준에 머물게 할 수 있다는 점, C 계층의 노동을 통한 부의 분배를 비정형적 노동과 저임금 유지를 통해 최소한도로 할 수 있다는 점이다. 셋째, 지배계급에 유리한 경제적 질서 유지를 위해 빈곤층에 대한 구제를 낮은 비용으로 실시할 수 있다는 점이다(志賀信夫, 2022 : 42).

이러한 논리가 만들어지면 빈곤 문제의 실태가 심각해져도 문제의 근본적인 해결을 위한 정책적 논의가 불가능하다. 아무리 대안적 아이디어를 제시해도 기본 전제를 바꿀 수 없다면 실효성이 없기 때문이다. 빈곤을 퇴치할 수 있다면 빈곤 연구는 그동안 논리를 비판적으로 검토하고 연대와 자치의 이론을 제시하는 데 공헌할 수 있어야 할 것이다. 어쨌든 빈곤 연구의 축적된 성과에 부스의 조사연구 업적이 크게 영향을 끼친 건 사실이다. 만일 부스의 빈곤 조사연구와 그에 따른 대책이 자기 책임에 기반한 자본 친화적 논리로 전개되었다면, 분단과 통제의 통치라고 할 것이다. 하지만 빈곤의 사회성에 집중하려면 연대와 자치의 논리가 더 중요하다고 생각한다. 생활이 어려운 사람들의 주체적인 생활 향상을 위한 관점이 필요하다. 연대와 자치의 논리를 반영하기 위해서는 계급론적 관점을 무시할 수 없다.

2. 라운트리의 빈곤 연구

라운트리(Seebohm Rowntree, 1871~1954)는 영국 지방도시 요크(York) 지역의 빈곤을 조사하였다. 그의 빈곤 이론과 조사에 있어서 중요한 키워드는 자본가 계급의 규범의식과 절대적 빈곤이다. 그의 빈곤 연구 성과는 1901년 『지방 도시의 빈곤 연구(Poverty : A Study of Town Life)』로 출간되었다. 라운트리의 연구는 부스의 연구에 영향을 받았을 것이라 추측된다. 그는 서문에서 부스에 대해 언급하고 있다. 그는 요크시에서 부스와 비슷한 방법으로 조사를 수행할 경우, 유사한 결과를 얻을 수 있을지 확인하고 싶었다. 그는 요크가 전국의 지방 도시를 대표할 수 있는 유형의 도시인지를 확인하고 부스와 유사한 방법으로 실제 조사를 하였다. 결과적으로 라운트리는 빈곤이 대도시에만 특수하게 존재하는 국지적

현상이 아니라 도시 규모와 관계없이 영국 사회에 보편적인 현상이라는 것을 실증하였다.

또 다른 주목할 키워드는 자본가 계급에게 볼 수 있는 규범의식의 변화다. 그 특징을 다음과 같이 요약할 수 있을 것이다. 실업 문제에 대하여 진지하게 고민하는 고용자가 크게 늘어나는 것이다. 고용자들도 모든 방법과 대책을 고민하여 실업자 수를 감소시키는 것, 또한 실업자가 늘어난 결과 생기는 나쁜 영향을 최소한으로 묶어두는 것이 자신들에게 부과된 의무라고까지 생각하게 되었다. 산업 지도자는 노동자를 가능한 한 오랫동안 사용한 후 거리로 내쫓고 돌아보는 경우가 없었다. 그러나 현재 그들 사이에는 산업은 그 생산요소인 노동자에 대하여 인도적인 책임을 맡아야 한다는 확신이 점차 대두되고 있었다 (Rowntree, 1901, 志賀信夫, 2022 : 53-54 재인용).

이러한 지배계급 속에서 솟아나는 규범의식이 빈곤 조사의 추진 배경이라 할 수 있다. 더욱이 라운트리 빈곤 조사를 후원한 지배계급의 의식이 변화된 배경에는 노동자 계급을 중심으로 하는 사회운동이 있었다는 점도 외면해서는 안 된다. 빈곤 조사에 대해서 조사 결과나 대응 방식만 관심을 두는 경우가 많지만, 배경이 되는 사회 상황에 대해서도 이해할 필요가 있다. 중요한 점은 당시 지배계급의 빈곤 문제에 대한 관념은 개인적 인권 감수성에 의해서만 형성된 것이 아니라 노동자 계급의 사회운동도 중요 변수가 되었다는 것이다.

빈곤은 통상적으로 사회적으로 필요한 만큼의 현금이나 재산을 갖지 않은 사람의 상태, 금전이나 생계 수단이 부족한 상태, 그럭저럭 살아가는 데 필요한 현금이나 재산이 부족한 상태, 자원이 너무 적어서 최저생활을 할 수 없는 상태 등 무수히 많다. 나아가 경제적·사회적으로 누릴 수 있는 최저한의 이익이 보장되지 않는 상태로 정의할 수 있을 것이다.

빈민의 생활 실태 조사를 통해 일주일 동안 사람이 생존하는 데 필요한 것 - 음식, 의복, 주거, 연료 등 - 에 대해서 필요한 양과 가격을 계산하여 빈곤을 개념화할 수 있다. 예를 들어, 성인 남성이 육체적 능률을 유지하기 위해서 하루에 섭취해야 할 최소한의 음식량을 산정하여 구매에 필요한 금액을 빈곤선으로 설정할 수 있는 것이다.

이러한 개념을 우리는 절대적 빈곤으로 규정할 수 있다. 빈곤 계측에 관한 조사는 무엇이 빈곤이며 무엇이 아닌지에 대한 정의를 분명히 하지 않으면 수행할 수 없다. 따라서 빈곤의 정의를 근거로 그 기준을 구체적 수치로 제시한다. 예를 들어, 라운트리는 매우 잘 정리된 문장으로 빈곤의 정의를 근거로 구체적 기준까지 제시한다. 부스가 사회적으로 존재해서는 안 되는 생활 상태를 강조하면서 빈곤의 사회성을 반영하고자 했다면, 라운트리는 보다 정확히 그러한 생활수준을 둘러싼 사회적 규범을 구체적으로 반영하고자 하였다. 그는 다음과 같이 빈곤을 정의하고 있다(Rowntree, 1901 : 86-87, 志賀信夫, 2022 : 56 재인용).

① 전체 소득이 단순한 육체적 능률을 유지하는 데 필요한 최소한에도 미치지 못하는 가족이다. 여기에 해당하면 '제1차적 빈곤(primary poverty)'이다.

② 전체 소득이 (만일 그 일부가 다른 지출에 사용되지 않는 한) 겨우 육체적 능률을 유지하는 데 충당할 수 있는 가족이다. 여기에 해당하면 '제2차적 빈곤(secondary poverty)'이다.

여기에서 주목해야 할 것은 라운트리가 영양학적 관점에 근거하여 '육체적 능률의 유지(physical efficiency)'가 불가능한 상태에 초점을 두고 빈곤을 생각했다는 것이다. 그리고 그는 자신이 제시한 빈곤 정의와 기준에 근거하여 빈곤 상태에 있는 사람이 어느 정도 존재하는지를 조사하고 무시할 수 없을 정도로 많은 빈곤자가 존재한다는 점을 밝혔다. 조사 결과에 의하면 제1차 빈곤 상태에 처해 있는 요크시의 노동자는 9.9%, 제2차 빈곤 상태는 17.9%에 이른다고 밝혔다. 즉, 요크 지역 전 인구 중 27.8%가 빈곤 상태에 처해 있다는 점을 알 수 있는 것이다.

라운트리에 의한 빈곤의 정의는 '절대적 빈곤'이라 할 수 있지만, 다시 말하면 '있어서는 안 되는 생활 상태'를 '육체적 능률의 유지'가 불가능한 절대 그 이하로 후퇴시킬 수 없는 극한적 상태라 할 수 있다. 구체적으로 식사·주거·의복 등 세 측면으로 볼 수 있다. 이해하기 쉽도록 식사의 경우를 살펴보자. 이는 생계유지와 관련하여 매우 중요한 부분이다.

'육체적 능률의 유지'가 겨우 가능한 식사란 어떤 것일까. 라운트리는 이에 대하여 필요한 하루 칼로리(Cal)의 양, 즉 영양학적 관점에서 생각하였다. 영양학적으로 필요하다고 생각할 수 있는 분량만 충족하면 '육체적 능률의 유지'는 가능하다는 것이다. 이는 동물적 수준의 생존 유지에 가깝다고 생각할 수 있다.

동물적 생존은 인간의 사회적 존재성에 비추어 판단하는 것이 아니다. 인간의 사회적 존재성이 없어지면 사회적 행동도 사라진다. 따라서 식료품 구매를 위하여 필요한 교통비 등은 무시될 수 있다. 더욱이 어떤 가게에서 팔고 있는 식료품이 가장 저렴한지 정보를 파악할 수 있는지는 중요하지 않다. 가장 값싼 식료품을 구매하려는 행동은 자연스러운 것이다. 하지만 정보에 근거하는 선택은 사회적 행동이므로 육체적 능률의 유지에는 불필요하다. 더욱이 그 식료품을 조리하는 데 필요한 비용도 고려되지 않는다. 이처럼 라운트리의 빈곤 정의는 부스가 고려했던 그럭저럭 괜찮은 삶의 수준이 무엇인지 사회적 논쟁이 될 만한 부분을 배제하고 동물적 생존에 초점을 맞추기 쉬운 것이다. 따라서 어느 정도의 생활 수준이 해결해야 할 수준인지 논쟁을 일으킬 여지는 사라진다. 골치 아픈 논쟁거리가 없어지게 되는 것이다. 그 대신 확실하게 대응해야만 하는 최소한의 생활 상태만 생각하면 된다. 당시 영양학적 관점에서 라운트리는 남성 육체노동자에게 필요한 하루의 영양분(3,500Cal)을 계산하였다. 이러한 수준이 타당성이 있는지는 논란이 될 수 있지만, 중요한 것은 그와 같은 영양 필요량을 충족하는 데 필요한 화폐소득을 중심으로 존재해서는 안 되는 생활 상태의 기준을 생각했다는 점이다.

이러한 필요한 영양 기준을 충족하는 데 필요한 소득은 누구에게나 그 이하가 되면 생존 유지가 어려우므로 인정되기 쉽다. 라운트리는 조사 개요에서 '단순한 육체적 능률의 유지를 위하여 절대적으로 필요한 것 이외의 지출은 전혀 인정되지 않는다'로 단언하였다. 이러한 생활은 인간적인 즐거움이 없는 극도로 빈곤한 상태를 말하는데, 이 정도의 생활조차 불가능한 사람이 요크에는 적어도 7,230명이나 살고 있다는 것이다(Rowntree, 1901 : 297, 志賀信夫, 2022 : 59 재인용). 즉, 동물적 수준의 엄격한 기준으로 빈곤을 측정해도 역시 매우 많은 사람이 그 이하의 생활에 허덕이고 있다는 점이 분명해진 것이다.

3. 과학적 빈곤 개념의 함의

부스의 빈곤관은 사회관계 속에서 생활하는 인간을 전제로 하고 있다고 생각한다. 반면 라운트리는 과학적 근거에 기반하여 숫자로 표시하는 객관적 상태를 강조한다. 여기서 객관적 상태란 육체적 능률 유지를 위하여 영양분 충족을 강조하는 동물적 생명체를 상정한 것이다.

빈곤은 사회적 개념이므로 육체적 존재의 생존이냐, 사회적 존재의 생존이냐에 따라 달라질 것이다. 빈곤 조사가 빈곤 개념에 대한 사회과학적 해명이라는 관점에서는 높이 평가해야 한다. 하지만 특히 라운트리는 빈곤을 사회과학적으로 해명했다는 점뿐만 아니라 이론 생계비 방식에 의한 최저생활비 산정의 기초를 확립했다는 점에 대해서는 평가할 만하다고 생각한다.

빈곤 연구가 과학적이라면 사회 속의 인간을 이해하는 정의와 기준을 제시해야 한다는 점에 대해서는 다른 의견이 없을 것이다. 과학은 구체적 사실에서 출발하여 거기에 내재하는 법칙을 설명하고 거기로부터 어떤 관점을 제시하려는 행위라 할 수 있다, 인간은 사회적 존재라고 하지만, 육체적 생존만을 추출하여 추상적인 인간의 생활 보장을 검토하는 행위는 과학적으로 어떻게 할 수 있는 것이 아니다. 그렇다고 인간의 동물적 생존은 의미가 없으므로 무시해도 좋다는 것은 아니다. 구체적인 생활의 장면을 고민하지 않고 육체적 생존만을 기준으로 추상화된 수치로 만들어 정책에 반영해서는 안 된다는 것이다.

빈곤의 정의나 기준이 논쟁적이라는 이유로 객관성이나 과학성이 부인되는 것은 아니다. 오히려 인간은 사회적 존재이면서도 그 양상은 개인적 차이를 갖고 다양한 성질을 갖는다는 객관적 사실에서 출발하는 것이 과학적 정합성이다. 이렇게 생각하면 개방적으로 논쟁이 일어나는 정의와 기준이 오히려 사회과학적이라고 할 수 있을 것이다. 반대로 반론의 여지가 없다는 것은 인간의 다양성과 사회적 존재성을 무시한 폐쇄적인 인간 모델에서 출발하고 팩트를 무시한다면 과학적이라고 판단하기는 어려울 것이다. 부스의 빈곤 이론의 의의는 처음으로 통계적 방법에 근거하여 빈곤 조사를 했다는 것이며 사람을 사회적 존재로 이해하고자 시도했다는 것이다. 그래서 사회 속에서 괜찮은 자립생활이 무엇인지가 중요했다. 라운트리의 빈곤 이론은 지방 도시에서도 대도시와 마찬가지 비율의 빈곤이 있다는 현실을 분명히 했으며 영양학적인 관점에서 이론 생계비로서 산정 방식을 검토했다. 두 사람 모두 계층론에 근거하여 빈곤을 이해하고자 했으며 계급론적 관점은 없었다고 생각한다. 따라서 제도 및 정책적 대응을 경제 질서를 유지하기 위한 수단으로 활용할 가능성도 있다. 빈곤 대책이 인간 전체의 기본적 삶의 상황을 개혁하기보다 효과적 통치를 위한 수단으로 왜소화될 가능성이 있는 것이다.

그런데 과학적 빈곤 조사에 의한 보장이 과연 바람직한 생활 수준까지 보장할 수 있을까. 예를 들어, 라운트리의 당시 빈곤자의 식사 상황 묘사를 통해 절대적 빈곤 개념으로 대응해야 할 생활 보장의 수준에 대한 함의를 얻을 수 있다.

사실 미숙련 노동자(labouring class)의 음식물은 전문가에 의해 육체적 능률을 유지하는 데 필요한 표준보다도 25%나 부족하다. 이는 노동자와 그 가족이 언제나 공복 상태에 처했다는 것을 의미하지는 않는다. 단지 그 음식물은 일반적인 육체적 능률을 유지하는 데 필요한 영양 요소를 충분히 포함하는 게 아니라는 뜻이다. 공복과는 별개로 영양 요소를 많이 포함한 음식물을 섭취하지 않으면 비교적 가벼운 노동조차도 영양분이 부족하면 수행하기 불가능한 것이다

(Rowntree, 1901 : 303, 志賀信夫, 2022 : 64 재인용).

여기서 육체적 능률 유지에 필요한 식사의 기능을 식사에 대한 생리적 기능이라 할 경우, 생리적 기능은 공복을 채우는 기능이다. 이는 두 가지로 구분할 수 있다. 첫째 기능은 공복을 채우는 기능이다. 둘째 기능은 영양을 충족하는 기능이다. 엄청나게 가혹한 생활 상태에 있는 사람은 식사를 통해 공복을 채우기조차 어려울 수 있다. 영양은 생각조차 할 수 없다. 따라서 식사뿐만 아니라 주거나 의복에 대해서도 생리적 기능뿐만 아니라 외적 위험의 회피나 비위생 상태의 회피 기능까지 고려해야 할 것이다. 극한 수준까지 결핍된 생활은 기아 상태가 해소되지 않으면 영양 보충보다 공복의 회피를 우선할 수밖에 없다. 영양 보충에 대해서 절대적 빈곤에서는 칼로리로 계산되고 있었지만, 오늘날은 영양과 칼로리 모두를 균형적으로 생각하는 것이 상식이다. 어떠한 식사가 균형적인지 알기 위해서는 지식이나 정보가 중요하다. 그런데 현대 사회에서 정보를 얻기 위해서는 어느 정도 비용이 필요하다. 단순히 생리적 기능으로만 빈곤을 생각해서는 안 된다.

4. 베버리지 계획과 상대적 박탈

1950~1970년대 영국에서는 빈곤한 생활 상태의 범위가 폭넓게 받아들여지게 되어 상대적 빈곤이라는 사고가 제시되기에 이르렀다. 상대적 빈곤이란 단순히 동물로서 생존할 수 없는 생활 상태만을 빈곤으로 생각하는 것이 아니라 있어서는 안 되는 생활 상태를 일반적 생활 관계로 이해하려는 것이다. 이를 이해하기 위해서는 영국의 피터 타운센드(Peter Townsend)에 의해 제시된 '상대적 박탈(relative deprivation)'이라는 개념으로 정의되는 빈곤을 이해해야 할 것이다.

1) 베버리지 계획과 박탈의 등장

1942년 영국에서 윌리엄 베버리지(William Beveridge, 1879~1963)가 사회보장의 설계도를 제시하였다. 이른바 「베버리지 보고서」다. 이 보고서에 근거하여 영국에서 전후 사회보장 체계가 확립되었다. 그리고 이미 형성된 사회보장 체계에서 급여 수준을 재검토하는 가운데 1960~1970년대에 상대적 빈곤 이론에도 영향을 끼치는 박탈 개념이 타운센드에 의해 제기되었다.

베버리지의 사회보장계획은 사회보험제도를 중심으로 하면서 공공부조 제도를 보완적인 것으로 하였다. 사회보험과 공공부조는 기여 원칙이 있는지에 따라 구분할 수 있다. 즉, 사회보험료를 납부하면 사회보험제도를 이용할 수 있다. 반면 생활이 매우 어려워 일정한 기준에 이르지 못하면 기여 원칙 없이 모두 세금으로 충당되는 공공부조 제도를 이용하게 된다. 사회보장계획에서 사회보험제도가 중심이 되는 이유는 일정한 경제정책을 전제로 하고 있기 때문이다. 즉, 케인즈 경제정책에 의해 모든 구직자가 고용에 종사하여 전체 노동자가 보험료를 납부할 수 있게 되면 국민 전체가 사회보험 이용자가 된다는 가정이었다.

여기에서 주목해야 할 점은 사회보장이 확대되면서 빈곤한 생활 상태가 어느 정도인가에 관한 영국 사람의 인식에 변화가 생긴 것이다. 베버리지 보고서 이후 사회보장이 강화되고 경제정책이 성공하면서 국민의 생활 수준이 평균적으로 향상될 것이라는 기대가 높아졌다. 높은 수준의 경제성장에 따라 생활 수준이 크게 향상되는 긍정적인 변화가 초래된 것이다. 실제 생활 수준이 어떻게 되었는지를 떠나 이러한 생활 수준의 향상과 중산층의 증가 속에서 당연히 빈곤한 생활 상태의 수준도 향상하기 시작한 것이다.

여기서 주목할 점은 베버리지 보고서나 케인즈의 경제정책으로 상정되는 가족의 형태는 '남성이 외부에서 일하고, 여성이 집을 지키는 것'이다. 즉, 외부에서 일하며 가계를 부양하는 남성이 세대주로서 사회보험료를 납부하면 여성·

아동·노인도 기여 원칙에 의하여 탈락하지 않고, 복지나 의료서비스를 이용할 수 있다. 물론 이는 여성이 전혀 고용되어 일하지 않는다는 뜻은 아니다. 실제로 적지 않은 여성이 고용에 종사하고 있었다. 단지 여성의 고용은 생계유지를 위한 중심 노동이 아니라 보조 노동이라고 생각할 수 있다.

즉, 상대적 박탈은 보통의 생활이 불가능하다는 점이 포함되어 있다고 하지만, 이 보통의 생활이란 앞서 기술한 것과 같은 표준적인 생활양식을 가진 가족 모델을 상정하고 있다. 1970년대 후반부터 1980년대 선진자본주의 국가에서는 점차 보통이 더 이상 보통이 아니게 된다. 그 이유는 다음과 같다. 첫째, 격차가 확대될 뿐만 아니라 국민 생활 전반의 궁핍화와 빈곤화가 진행된다. 둘째, 가족의 생활 형태가 다양해지고 보통의 생활양식으로는 설명할 수 없는 상태가 많다.

베버리지 계획에서 사회보장의 중심적 제도는 소득 능력의 중단 및 상실에 대처하며 또한 출산, 결혼 또는 사망에 의한 특별한 비용 지출에 대처하기 위한 사회보험이다. 기본 전제는 사회보험제도의 재원은 국민이 부담한 사회보험료이며 공공부조 제도의 재원은 세금이다. 이 두 제도의 기능은 사회보험제도가 빈곤을 막는 것이며 공공부조 제도는 어떤 사정으로 빈곤에 빠진 사람을 구제한다는 것이다.

여기서 두 가지 보충 설명을 해보자.

첫째, 베버리지 보고서가 전제로 하는 여성상이다. 보고서는 남성은 외부에서 일하고 여성이 집을 지키며 아동이나 노인, 근로 능력 없는 장애인을 돌보는 모습을 상정하고 있다. 기혼 여성에 대해서는 베버리지 보고서의 '사회보험에서 기혼 여성의 지위'라는 제목이 붙은 절에서 다음과 같이 언급하고 있다. '기혼 여성 대다수는 결혼 전에 어떠한 유급 직업에 종사하며 대부분은 결혼과 동시에 직업을 포기한다'(Beveridge, 1942 : 49). 이러한 여성에 대한 이해는 실제로 당시 실태조사를 바탕으로 도출된 것이며 그 당시의 사회규범과도 어느 정도 부합하는 것이었다. 이러한 베버리지의 인식은 오늘날 사회규범으로 볼 때 허용할 수 있을까. 이러한 인식은 1930~1940년대의 적지 않은 여성운동 단체로부터 지지를 받고 있었다. 하지만 베버리지 자신은 여성 권리옹호의 지지자였다(Harris, 1998). 분명히 이 점은 현대 사회의 사회규범과 차이가 있다. 당시 영국은 다른 국가와 전쟁을 수행하고 있으며 남성 대부분을 병사로 단련시켜 동원해야 하는 상황도 고려해야 할 것이다. 한편 현대 사회는 여성의 사회진출도 이전보다 활발할 뿐만 아니라 고용이나 가족 형태도 변하고 있다. 예를 들어, 부자 가족과 모자 가족 외에 다양한 핵가족이 등장하고 있다. 그뿐만 아니라 성적 소수자 가족도 있을 것이다. 즉, 특정한 가족 형태로 이루어지는 전형적 생활양식만 보통의 생활이라고 가정해서는 안 된다. 따라서 빈곤하다고 인정되는 생활 형태도 달라질 수밖에 없을 것이다.

둘째, 베버리지가 상정한 최저 한도의 생활을 위하여 급여되는 소득수준에 대해서 살펴보자. 베버리지가 빈곤 구제를 위한 정책을 생각할 때 참고한 것은 라운트리의 빈곤 이론이며 기본적으로 거기에서 벗어난 것은 아니었다. 즉, 베버리지 보고서에서 육체적 생존 유지를 위하여 필요한 소득으로 최저생활보장이 상정되었던 것이다. 베버리지의 사회보장계획에 근거하여 복지국가는 1960~1970년대에 황금기를 맞이한다는 것이 일반적 학술적 정리였지만, 그것은 또한 제도 및 정책이 충분히 기능하게 되었다는 점을 의미한다.

케인즈-베버리지 모델에 근거하여 제도 및 정책이 충분히 기능하고 있었다면 절대적 기준의 빈곤은 기본적으로 없어졌다고 이해할 수 있다. 사실 1950년대 영국에서는 좌우 정당으로부터 빈곤 소멸론이 주장되었다. 영국뿐만 아니라 당시 선진국에서는 이 빈곤 소멸론이 널리 확산되었다. 그렇지만 이러한 빈곤 소멸론에 대하여 당시의 좌파 연구자로부터 비판이 제기되었다. 예를 들어, 도로시 웨더번(Dorothy Wedderburn)은 1974년의 논문집에서 다음과 같이 언급하고 있다. '그렇지만 최근, 제2차 세계대전 후와 비교하면 다수의 선진국에서 빈곤은 다시 중요한 사회문제가 되어 왔다. 이는 경제적 조건의 객관적 변화 때문에 원인이 있는 것이 아니며 또 인구 일부가 앞 세대와 비교하여 더 나쁜 환경 속에서 생활했던 것 때문도 아니다. 오늘날 영국에서 빈민은 19세기 말 요크시에서 시행한 라운트리의 빈곤 조사와 비교할 때 더 좋은 상황에 있다는 점은 의심할 여지가 없다'(Wedderburn, 1974 : 1). 중요한 사실은 인간의 객관적인 생활 상태는 더 악화하고 있지 않았음에도 다시 빈곤 문제가 등장하였던 것이다.

1960~1970년대는 빈곤의 재발견이 이루어진 시기다. 빈곤의 재발견이란 절대적 빈곤과 같은 궁핍한 빈곤의 재발견이 아니라 새로운 형태의 빈곤을 말한다. 이는 인간의 사회규범이 이미 절대적 빈곤과 같은 좁은 대응 방식으로는 허용할 수 없게 되었다는 의미다. 이러한 사회규범의 변화에 따라 1960년대 초기부터 빈곤에 관한 문헌이 크게 늘어났다. 이러한 흐름 속에서 타운센드의 상대적 박탈 이론이 등장하였다.

2) 타운센드의 빈곤 이론

『영국의 빈곤(Poverty in the United Kingdom)』에서 타운센드는 다음과 같이 서술하고 있다.

'빈곤이라는 말은 상대적 박탈(relative deprivation)이라는 개념의 관점에서만 객관적으로 정의되며 또한 일관되게 모순 없이 사용된다. 빈곤이란 주관적이기보다는 오히려 객관적인 것으로서 이해되고 있다. 개인·가족·여러 집단은 그 소속된 사회에서 습관이 되고 있거나, 또는 적어도 널리 장려 또는 인정되고 있는 종류의 식사를 하거나 여러 사회적 활동에 참여하거나 생활에 필요한 여러 조건이나 쾌적함을 유지하는 데 필요한 생활자원을 결핍하고 있을 때 전체 인구 중에서 빈곤 상태에 있다고 보는 것이다. 빈곤 상태인 사람의 생활자원은 평균적인 개인이나 가족이 자유롭게 누릴 수 있는 생활자원과 비교하면 매우 열등하므로 통상적인 사회에서 당연하게 인정되는 생활양식(living pattern), 관습, 사회활동으로부터 사실상 배제되고 있다'(Townsend, 1979 : 31).

타운센드의 빈곤 이론은 개념의 확대를 시도하고 있다. 빈곤한 생활 상태를 더 넓은 의미로 이해하려는 것이었다. 빈곤의 의미가 확대되면 빈곤과 빈곤하지 않은 상태의 경계선이 변한다. 따라서 이 경계선이 다시 언어로 표현될 필요가 있다. 이렇게 재언어화가 이루어지면 빈곤이 다시 정의되는 것이다. 타운센드는 절대적 빈곤의 정의를 부정하지는 않았다. 있어서는 안 되는 빈곤한 생활 상태와 관련된 사회규범의 변화와 그 경계가 어떻게 변화되었는지를 규명하고 싶었을 것이다.

타운센드가 빈곤 이론을 제시하게 된 직접적 동기는 무엇인가? 그의 이론은 베버리지의 사회보장계획을 근거로 형성된 복지국가 체제의 성숙이라는 사회상황 속에서 등장하였다. 베버리지 계획은 케인즈의 경제정책을 바탕으로 완전고용 또는 그에 가까운 상태를 유지한다는 전제가 있다. 이 경제정책과 사회보장 정책의 상호보완적인 조합은 1960년대 후반부터 1970년대 초기까지 어느 정도 성공을 거두고 있었다.

이런 가운데 베버리지 계획의 성공을 통해 사회보장 급여 수준이 점차 향상되었지만, 급여 수준을 재설정하는 새로운 이론적 시도는 없었다. 급여 수준이 향상되고 이것이 절대적 빈곤 이론의 범위를 넘어서는 급여가 되면 당연히 새로운 이론적 근거가 필요하다. 따라서 사회경제적 상황 변화에 따라 새로운 빈곤 이론을 제시하려는 기술적 동기가 강하게 영향을 끼쳤을 것이다.

타운센드 이론은 자본-노동관계의 규명에 관심이 없었다. 타운센드 빈곤 이론은 기본적으로 소득 결핍의 측면에서 논의되고 있으며 자본주의 생산관계에 바탕을 둔 빈곤 개념의 재설정이 아니다. 그런 점에서 과거 빈곤 이론의 전통에서 크게 벗어나지 않는다. 하지만 그의 이론은 먹는 문제만 해결되면 그만이라는 생각에 정면으로 도전하고 있다. 그의 빈곤 이론이 상정하는 보장되어야 할 생활 수준은 어떻게 구상되었을까? 그것은 소속된 사회에서 관습이 되고 있거나 적어도 널리 장려되거나 인정되고 있는 종류의 식사를 하고 있으며, 사회적 여러 활동에 참여하거나 생활에 필요한 조건과 쾌적함을 확보할 수 있는 생활 수준을 말한다. 단순히 겨우 육체적 능률을 유지할 수 있는 생활 수준이 아니라 사회적 참여가 가능한 생활 수준을 구상하였다. 이러한 사회관계의 참여 개념이 부스나 라운트리의 빈곤 이론에는 없고 타운센드에게는 있는 것이다.

3) 일상생활과 사회참여

타운센드의 빈곤 이론에서 보통의 일상생활 유지를 위하여 필요한 소득이 충분하지 않다는 점은 빈곤한 생활 상태라고도 할 수 있다. 이러한 보통의 일상생활이란 어떤 것일까. 이를 이해하기 위해서는 당시 영국 사회를 이해할 필요가 있다. 특히 생활양식에 관계되는 가족 형태와 사회참여를 확인해야 할 것이다.

중요한 것은 베버리지 사회보장계획에 근거하는 사회보장과의 관계이다. 사회보장 정책 속에서는 남성 주소득자 모델이 기저에 있다. 타운센드가 이론을 제시한 당시는 케인즈 경제정책과 베버리지 사회보장정책의 조합이 어느 정도 성공을 거두어 사람들의 일반적인 생활 상태가 향상되었다. 이미 부스나 라운트리 시대보다 반세기 이상 시간이 지나서 사람들의 인권 의식도 발전하였다. 이러한 인권 의식의 변화는 두 차례 세계대전에 대한 반성이기도 하다. 인권 의식에 관한 큰 변화는 서로 같은 사회에 사는 사람에 대한 공동체 의식에도 영향을 끼쳤다.

따라서 타운센드 이론이 상정하는 보통의 생활은 단순히 동물로서 생존을 유지할 뿐만 아니라 사회 속의 인간으로서의 관계라는 의미가 깃들어 있다. 사회 속의 인간은 타인과의 관계를 맺고 사는 인간을 말한다. 과거 빈곤 개념에는 명확히 포함되어 있지 않았던 사회참여 개념이 새롭게 부가된 것이다. 단지 남성 주소득자 모델과 남성 중심의 노동시장이라는 전제는 변하지 않고 유지되고 있었으므로 남성은 외부에서 일하고, 여성은 가정을 지킨다는 사회참여

형태가 그대로 유지되는 것이다.

이는 남성과 여성에 기대하는 역할이 있으며 그 기대에 맞는 생활방식을 유지하는 게 중요하다는 점이다. 이러한 생활방식은 가부장적 공동체로서의 생존이라 할 수 있다. 이는 절대적 빈곤 이론에서의 동물적 생존과 차이를 돋보이게 하는 표현이기도 하다. 여기서 공동체에 부가되는 의미로서 남성은 외부에서 일하고, 여성은 집을 지키는 역할이 가족 및 지역 공동체가 기대하는 것이며 그에 부합하는 역할수행을 통해 공동체 속에서 살아가는 생활 형태가 완성되는 것이다. 이러한 공동체적 생존에 근거하는 사회참여 형태는 지역사회 내의 남성 주소득자 역할수행형 참여라고 할 수 있겠다.

4) 상대적 박탈의 함의

상대적 박탈 이론은 당시 시대정신에 따라 등장한 것이다. 타운센드의 빈곤 이론이 지금도 통용될까. 사회 상황이나 인권 의식의 변화에 따라 현대 사회에 있어서는 안 되는 빈곤한 생활 상태에 대하여 그의 박탈 이론으로만 설명할 수 없는 부분이 있다. 즉, 인간의 실질적인 권리에 대한 충분한 반영이 불가능한 것이다. 예를 들어, 여성의 권리에 대해서이다. 오늘날 여성은 남성과 마찬가지로 노동을 통해 생계를 유지하고 그것이 가능하도록 조건이 정비되고 보장되어야 한다. 물론 실제로 그것이 충분하게 달성되고 있지는 않지만 이미 사회규범으로는 당연한 것이 되었다. 즉, 베버리지의 사회보장 계획이나 타운센드의 빈곤 이론에서 나타나는 젠더 규범은 현대의 사회규범으로 볼 때 정합성이 없는 것이다.

박탈 이론에서 있어서는 안 되는 빈곤한 생활 상태는 피부양자인 여성이 가정을 지킬 수 없을 정도로 남성 부양자의 소득이 부족한 상태라고도 이해할 수 있다. 당시 사회에서 비혼 여성 한부모에 대한 배려는 없었을 것이다. 남편과 이별한 여성과 그 아동의 경우 특별한 욕구를 가진 자로서 공공부조 대상이 되기 어려울 것이다. 아이가 있어도 미혼 여성은 노동에 종사하면 생계를 해결할 수 있기 때문이다. 물론 그 당시에도 여성의 여러 권리가 없었던 것은 아니다. 영국의 경우, 여성의 참정권은 불완전하지만 1918년 장기간에 걸친 여성운동의 성과로서 쟁취한 것이었다. 그러나 여성의 권리는 형식성은 담보되었지만, 실효성까지 충분히 보장되지 않았던 경우도 많았다. 예를 들어, 노동 생활은 여성의 노동에 관한 권리가 인정되어도, 여성이라는 이유로 고용조건에서 차별당하는 등 실질적 보장이 뒷받침되지 않았다. 권리가 실질적으로 보장된다는 의미는 작위 및 부작위의 선택지를 실질적으로 고를 수 있는 여러 조건이 정비되어 있다는 것이다. 하지만 그러한 조건의 정비를 방해하는 여성 차별은 여전히 존재하고 있었다.

현대 사회는 남성과 여성의 형태, 삶의 방식보다도 여러 개인의 다양한 속성을 배려하면서 개별 인간의 삶의 양식에 맞는 생활 보장이 중심이 되어야 한다. 따라서 타운센드의 이론에 근거하여 어느 정도 소득 보장이 이루어진다고 해도 그것은 생활 보장의 필요조건이며, 충분조건으로는 부족하다. 일정한 액수의 소득 보장을 중심으로 하는 과거의 빈곤 대책만으로는 사람들의 인권과 권리가 실질적으로 보장되는지 알 수 없다. 이는 현대의 빈곤 개념에 인권과 자유의 가치가 포함되어 있기 때문이다.

타운센드는 보통의 일상생활을 유지하는 데 필요한 여러 항목의 지표를 작성하였다. 이러한 지표를 참조하면서 박탈 지수와 소득을 그래프로 제시하였다. 이 그래프의 곡선은 가구 소득이 줄어들기 시작하면 달성할 수 없는 박탈 항목의 수가 증가하는 관계를 보여준다. 타운센드는 급격한 곡선 변화를 보여주는 접점의 소득을 산출하여 이를 빈곤의 한계점(threshold)이라 생각했다. 이 지점을 넘어서 점수가 높아졌다고 빈곤이 아니라고 할 수 없으며 반대로 낮아졌다고 확실한 빈곤 상태라고도 할 수 없지만, 그러한 소득수준을 밑돌면 박탈이 격화되고 보통의 생활을 유지할 수 없는 상황이 된다고 분석하였다. 단지 타운센드는 보통의 생활을 구성하기 위한 사회적 필요 항목의 박탈 지표 작성과정에서 어떤 항목이 포함되어야 하는지 판단은 사회적 가치판단을 반영해야 하지만 주관적인 판단에 의지하였다. 그의 박탈 지표를 향한 비판 중 하나는 이 지점이기도 하다.

이러한 비판을 바탕으로 이후의 조사는 측정 방법을 단순화하여 상대적 빈곤의 산출방식을 도출하였다. 구체적으로는 국민의 가처분 소득(가구의 가처분 소득을 가구 인원의 평균값으로 나누어 조사한 소득)을 순서대로 배치하고 그 중간값의 50%에 해당하는 값을 빈곤선으로 설정하는 것이다(志賀信夫, 2022 : 96). 이는 특히 국제 비교 등에서 수치로서 빈곤 상태가 명확히 제시되므로 나름대로 설득력이 있다. 단지 여기서 산출된 값은 차별되고 사회적 불리함을 강요당하는 사람들의 목소리나 생활 실태에서 출발하는 것은 아니다. 따라서 빈곤 문제를 이해하기 위한 중요한 기준의 하나라고 할 수 있지만, 그것만으로 모든 것이 해결되는 건 아니다. 예를 들어, 상대적 빈곤선 약간 위의 소득을 유지하고 있었다고 해도 여러 일자리에 종사할 수밖에 없는 한부모 가족의 어머니나 그 아동의 생활 상태에 대해서는 무시할 가능성이 있다. 빈곤 대책의 책임 주체는 국가이다. 국가의 빈곤 통치 형태는 빈곤 이론과 측정의 계보에 따라 변해 왔다. 국가 일방에 의한 억압과 도덕심, 사회참여를 강조해 왔다. 하지만 기저에 있는 통치 메커니즘은 여전히 작동하고 있다.

5. 빈곤의 다양성과 영향

빈곤은 소유 개념이 등장한 이후부터 늘 존재해 왔고 단순히 생활이 어려운 상태 이상의 의미가 있다. 여러 차원에서 부정적 영향을 미치며 사회적 지위와 본인의 경험이 복합적으로 작용하여 빈곤의 개념을 만들고 있다. 빈곤에 대한 도덕적 · 노동 윤리적 · 재분배적 대응 중 어느 쪽을 강조하는지에 따라 대응 방향이 달라질 것이다. 빈곤 대책과 관련된 조치는 현대 사회복지정책에서 핵심적 위치를 차지하고 있다.

그렇지만 빈곤 정의를 명확히 내리기는 매우 어렵다. 화폐적 빈곤뿐만 아니라 비화폐적 빈곤까지 고려해야 하기 때문이다. 때로는 도덕적으로 받아들일 수 없는 고통, 출생에 따른 불운과 불이익과 관련되기도 하지만, 무엇을 빈곤의 기준으로 할 것인지 승인하는 정치적 활동과도 관련된다. 경제적으로 어려운 사람이 빈곤에서 벗어날 수 없는 확률이 매우 희박한 사회는 빈곤이 대물림될 가능성이 높은 사회다. 이러한 결과는 개인 탓인가? 사회 탓인가? 빈곤의 정의와 관련된 논쟁은 계속 제기될 것이다.

빈곤은 매일 아침 더럽고 불쾌한 잠자리에서 일어나는 일상일 수 있다. 피곤하고 더럽고 낡고 냄새나는 옷, 어두운 미래, 좌절과 분노, 고통, 만성화와 대물림, 무능과 무력, 폭력적 범죄, 도움이 필요한 상황과 관계가 있다. 공공의 선보다 사적 이익 추구에 매몰되어 있는 사회는 빈곤을 제도적으로 유지한다. 정부는 사전에 설정한 빈곤층 복지 예산에 맞추어 급여 선정 기준이나 대상자를 정할 수도 있다. 하지만 특별한 이의 없이 빈곤 정책은 매년 국회를 통과한다(유아사 마코토, 이성재 역, 2009; 신명호, 2013).

빈곤은 가난해서 살림살이가 어렵거나 필요한 금전이나 물품 등이 전혀 없거나 부족한 것이다. 통상적인 수준이나 사회적으로 필요한 양의 현금이나 재산을 갖고 있지 않은 사람의 상태라고도 할 수 있다. 개인이나 가족의 자원이 너무 부족하여 국가의 최저생활 수준을 누릴 수 없는 상태다. 또한 사회적으로 일반적이고 관습적인 식품이나 문화시설, 서비스 등이 없거나 적절하지 못한 상태일 수 있다. 다시 말해 기본적 소유의 부족 현상으로 생활필수품의 결핍과 그것이 가져오는 육체적·정신적 불안감을 포함하는 생활 상태이기도 하다(노병일, 2013).

부스와 라운트리의 빈곤 연구처럼 빈곤한 가구와 그렇지 않은 가구를 구분하는 기준이 빈곤선이다. 이러한 명확한 기준선이 생기면 그것을 활용하여 빈곤의 규모를 파악할 수 있으므로 개념의 과학화라고 할 수 있다. 하지만 과학화에 포함될 수 없는 빈곤은 없을까? 예를 들어, 직장에서 올 여름 휴가가 없었거나 있더라도 집에서 TV에만 매달려 지냈다면? 위급한 상황일 때 도움을 청할 곳이나 사람이 없다면? 이런 경우 이 사람의 상황은 빈곤한 상태인가 아닌가. 빈곤에 대한 경제적 정의만으로는 사회적 관계에 의한 빈곤의 좌표를 이해할 수 없다. 즉, 사회적 유대나 참가와 같은 입체적 측면을 알 수 없는 것이다.

빈곤 개념은 상대적이고 점진적이며 다차원적이고 지속적인 특성이 있다. 즉, 개념에 대한 보증된 정답이 없다는 것이다. 따라서 미시적・거시적 차원의 영향이 발생할 수 있다. 미시적 차원은 빈곤이 개인이나 가족 등의 행위나 심리적 상태에 영향을 끼친다는 것이다. 우울이나 불안, 열등감, 낮은 자아 존중감, 은둔과 자기소외 등의 심리적 문제와 부정적 신체 증상까지 불러일으킬 수 있다. 또한 공격성이나 폭력성, 정서불안, 위축과 방어 행동, 비행 등 외부 세계의 문화와 사회적 상호작용의 영향을 받아 부정적 측면을 외부에 표출시킬 수 있다. 거시적 차원은 여성 가구주와 여성 노인, 노동시장 내 여성 등 빈곤의 여성화에 영향을 미칠 수 있다. 아울러 근로 능력과 의사가 있거나 현재 일을 하고 있음에도 빈곤한 상태에 있는 집단을 증가시키는 데 영향을 끼친다. 청년이나 노인, 외국인 등 특정 인구 계층의 빈곤에도 영향을 미치는 등 이런 상태까지 영향력이 퍼지면 제한적 공공부조 제도로는 근본적 대응이 어려워진다(노병일, 2022). 결국 특정한 집단은 빈곤으로부터 이익을 보지만, 반면 상대적으로 보상에서 박탈당하는 집단이 발생하면서 계층 간의 대립과 갈등이 심해질 것이다. 더 많은 몫의 재화를 얻으려는 권력 집단과 착취 위험에 노출된 다수의 집단이 공존하기는 어려워질 것이다. 결국 빈곤은 불공정한 자원분배 문제를 해결하는 방법에 대한 갈등을 일으키고 막대한 사회적 비용이 발생하는 데도 영향을 끼칠 것이다.

CHAPTER 02

빈곤 이론의 계보와 형태

1. 계 보
2. 빈곤의 형태

02

CHAPTER

빈곤 이론의 계보와 형태

1. 계 보[1)]

첫째, 고전적 자유주의다. 빈곤이란 자연적 또는 관습적으로 필요로 하는 필수품을 구입할 수 없는 상태를 말한다. 여기서 필수품은 생활을 유지하는 데 필요한 상품뿐만 아니라 기존의 생활습관에 따라 필요한 것까지 포함된다. 구체적으로 자연적으로 필요한 절대적 필수품이 있을 수 있다. 또 관습적으로 필요한 상대적 필수품으로 구분할 수 있다.

18세기 노동 빈민의 증가는 중대한 빈곤 문제였고 저임금 노동자의 발생은 심각한 사회문제였다. 당시 저임금의 원인은 국민경제 상황과 그에 영향을 미치는 국가의 자유주의 정책에 기인한다고 주장한다. 하지만 자본주의 경제의 성공은 지속적인 빈곤의 축소를 가져온다는 신념을 가지고 있었으므로 낙관주의 세계관을 품고 있다.

둘째, 사회주의다. 자본주의 사회에서 노동자 계급의 궁핍화 법칙에 따라 빈곤 문제를 근본적 사회문제로 본다. 자본축적에 따라 상대적 과잉인구는 많아지고 그 저변에 빈민이 축적된다. 한편 극단적인 부의 축적은 상대적으로 노동

1) 山本 隆(2019)의 '제2장 빈곤 이론의 계보와 이해'를 참고로 내용을 새롭게 기술하였다.

자 계급의 노예 상태와 무지, 도덕적 타락을 축적시킨다. 이는 자본축적의 절대적 및 일반적 법칙이라고 할 수 있다. 빈곤에 빠지는 것은 개인의 습성이나 특징이 아니라, 자본주의 고유의 결함을 반영한 것이다. 따라서 노동시장의 사회적 불리함을 문제로 제기해야 한다. 일반적으로 불평등과 자원의 지배에 있어서 계급과 성별, 지리적 공간, 민족성 등이 반영된다. 개인에 내재하는 요인은 범죄, 교육, 건강, 주거, 직업과 같은 사회적 현상과 조합을 이룬다.

왜 노동자는 열심히 일할수록 상대적이고 절대적으로 빈곤해지는가? 노동자는 노동을 판매하는 것이 아니라 일정한 임금을 받고 살아있는 자신의 노동력을 판매한다. 자본가는 처음부터 생산 전에 구매하는 원료, 기계 등 생산수단과 함께 노동자의 노동력을 구매하여 일정 시간 동안 노동력에 대한 처분권을 갖는다. 자본가는 이 노동력을 구매한 비용 이상으로 노동하게 하는데, 이것이야말로 자본가 이윤의 원천이다. 따라서 노동자를 더욱 적절히 다루면 최대한의 이윤이 만들어지므로 결단코 임금을 삭감하고자 하며 노동강도의 강화와 노동시간의 연장, 노동 통제의 강화를 통해 노동자를 자신의 임금 노예로 삼는 것이다. 심지어 자본가는 이윤이 되지 않거나 이윤이 손해가 날 것 같으면 안전시설에 대한 투자를 거부하거나 노동자의 장애나 사망까지 초래하는 불행한 결과까지 이끈다.

〈표 2-1〉 **성별 저임금 근로자 비율** (단위 : %)

구 분	2010	2011	2012	2013	2014	2015	2016	2017	2018	2019	2020	2021	2022
전 체	24.7	23.8	23.9	24.7	23.7	23.5	23.5	22.3	19.0	17.0	16.0	15.6	16.9
남 성	16.1	16.0	16.5	16.6	15.4	15.2	15.3	14.3	12.1	11.1	10.6	10.2	11.2
여 성	40.5	38.2	37.3	38.9	37.8	37.6	37.2	35.3	30.0	26.1	24.7	24.3	26.1

주 : 저임금 근로자 비율 = (월임금 중위값의 2/3 미만 임금근로자 수 ÷ 전체 임금근로자 수) × 100
출처 : OECD(2023. 6). https://stats.oecd.org, Decile ratios of gross earnings, 국가지표체계, 2024. 2. 13. 추출.

셋째, 박탈주의다. 빈곤은 사람들이 생활자원을 박탈당한 상태로 사회참가를 저해당하는 고립화 상태를 말한다. 개인에 귀속되는 자원은 각자가 기능하는 연결되는 제도 아래 있으며 빈곤은 이들 제도의 조합이 기능하는 결과의 한 부분이며 임금이나 사회보장 제도는 다른 제도보다도 많은 사람에게 영향을 미치고 있다. 평균적인 개인이나 가족보다도 통상적인 생활양식, 습관, 활동에 배제된 사회 상황과 같은 상대적 박탈 개념을 빈곤으로 정립하였다. 빈곤 연구에서 식사, 주택 수준, 주거비, 연료나 전기, 취업 가능한 상태, 세대 규모나 구성, 의복, 다른 지역 주민이 생활하고 취업하고자 할 경우의 환경이나 시설과 같은 항목이 중요하다. 또한 교육이나 위생에 관한 다양한 기준도 검토해야 한다. 빈민은 이러한 기준에서 배제된 사람이다.

박탈주의는 유럽의 빈곤 정의의 기초를 제공하였으며 사회적 배제 개념의 정립에 영향을 끼쳤다. 유럽위원회는 박탈주의를 받아들여 빈곤에 관련된 배제와 소외를 중요하게 다루는 지표를 도입하였다. 즉, 소득, 고용, 건강과 장애, 교육과 직업훈련, 범죄, 주거와 생활 서비스 이용, 생활환경 영역 등 일곱 가지 영역의 박탈 지표를 개발하였다.

넷째, 잠재능력주의다. 빈곤은 잠재 능력의 결핍이라 정의한다. 다시 말해 빈곤은 적절히 살아갈 접근 수단의 결핍으로 본다. 삶에서 필요나 물적 욕구나 자원 수준은 사회 전체에 따라 변화하므로 빈곤의 해결 수단은 상황 의존적이다. 특정한 잠재 능력에 관한 절대적 수준의 욕구는 물질적 상품과 자원, 소득으로부터 상대적인 욕구로 전환된다. 빈곤이란 가치 있는 인생을 살아갈 자유의 지표이며 인간의 가능성을 실현하는 건강, 교육, 자유를 포함하는 폭넓은 권리로 인정해야 한다. 격차원리를 모두에게 일치된 선택의 결과로 실현하려는 것은 잘못이며 무엇이 가능할지 개인의 종합적 목표에 따라 추구하는 데 초점을 두는 것이 진정한 빈곤 대책이다. 따라서 빈곤은 공공부조와 같은 현금 지원만으로 해결되지 않는다.

다섯째, 시장 조정주의다. 유효수요 부족 등 시장의 왜곡뿐만 아니라 경제개발 자체가 빈곤을 일으킨다는 관점을 가지고 있다. 시장의 힘을 살리는 것이 빈곤대책이므로 경제발전이 곧 최선의 사회정책 근간이 된다. 또한 빈곤을 완화할 수 있는 낙수효과에 주목하므로 재정과 금융정책을 구사하는 거시경제 차원의 정책을 활용한다. 인적 자본을 높이는 교육을 중요시하고 사람들이 숙련도 높은 직업에 종사함으로써 시장 효율성이 높아지고 숙련 노동자 증가와 소득 상승 효과를 가져올 수 있다고 주장한다. 경제성장과 고용창출이 성공적으로 실현되면 그 효과가 빈민에게도 분배되므로 빈곤 대책은 성장전략의 보완적 목표가 될 수 있다. 공공 투자형 경제정책 중심으로 높은 효과를 가져오는 성장전략을 지향하게 되며 그 분야는 주로 인프라, 인재 개발, 교육 분야와 연결되는데, 여기에 투자를 집중하여 부가가치를 낳는 민간 설비 투자가 경제 활동을 더욱 촉진시킬 것이라 생각한다.

2. 빈곤의 형태

첫째, 비교하는 기준에 따른 빈곤 유형이다(노병일, 2022 : 32-33). 예를 들어, 절대적 빈곤과 상대적 빈곤이다. 절대적 빈곤은 인간의 기본적 욕구의 범위, 기본적 욕구의 양적·질적 정도, 사회적 맥락이나 규범의 정도와 관련된 쟁점이 있다. 상대적 빈곤은 특정 사회 속에서 상대적 주변화되어 있는 빈곤한 상황을 고려한다. 즉, 사회 내 전체 구성원과 비교하면서 빈곤 여부를 규정한다. 전반적인 생활 수준을 고려하거나 국민소득이 높은 선진국에 적용하기에 적절한 개념이다. 국가마다 적용 기준이 서로 다르며 저소득층의 생활수준 향상이나 정책적 노력의 효과와 관계없이 빈곤이 규정된다. 빈곤 해소를 위한 복지제도나 복지서비스가 작동해도 빈곤은 항상 존재하는 상대적인 개념으로 이해해야 한다. 상대적 빈곤은 국경을 기준으로 상대적 차이가 발생할 수도 있고 시간을 기준으로 과거와 현재의 차이와 같은 상대적 차이가 발생할 수 있다.

둘째, 기간과 원인에 따른 빈곤 유형이다(노병일, 2022 : 34-35). 즉, 지속 기간에 따라 일시적, 지속적 빈곤으로 할 수 있다. 원인에 따라서는 과도적, 주변적,

잔여적 빈곤으로 구분할 수 있다. 과도적 빈곤은 생활환경에서 나타난 특정 사건 때문에 빈곤한 상태가 되는 것이다. 주변적 빈곤은 직장, 기술, 낮은 교육 수준 때문에 빈곤한 상태에 있는 것이다. 잔여적 빈곤은 오랫동안 빈곤 상태에 머무르고 세대 사이에 반복되는 이유로 나타나는 빈곤이다.

셋째, 시대변화와 주관성에 따른 빈곤 유형이다(노병일, 2022 : 35). 즉, 시대변화에 따라 구빈곤과 신빈곤으로 구분한다(김기원, 2019 : 44-53). 구빈곤은 경제적으로 생활이 어려운 상태이며 신빈곤은 새로운 생활문제로 인한 빈곤인데, 근로 빈곤, 돌봄 빈곤, 관계 빈곤 등 복합적이다. 주관적 빈곤은 빈곤 여부를 가장 잘 평가할 수 있는 사람은 자기 자신이다. 따라서 생존에 필요한 기준을 스스로 정하고 이를 통해 빈곤을 규명한다. 하지만 체감하는 빈곤의 수준을 직접 포착할 수 있는 장점이 있지만, 과정의 객관성을 확보하기 어렵다.

넷째, 이념형에 따른 빈곤 유형이다(Serge Paugam, 2005). 통합화된 빈곤, 주변화된 빈곤, 배제로서의 빈곤으로 구분할 수 있다. 통합화된 빈곤은 대부분 사람의 사회적 조건으로 빈곤이 정의되고 빈곤층은 사회적 하류층이 아니라 확대된 사회집단을 형성하지만, 낙인효과는 약하다. 사회보호 제도로서 보상수준은 낮고 최저소득 보장은 없다. 전통적 빈곤 현상에 주목하는 유형으로 가족의 강한 유대와 근친자에 의한 보호가 중요하다. 경제발전 수준은 낮고, 비공식 경제가 발달하고 빈곤은 사회문제로 떠오르지 않는 감춰진 상태다. 따라서 경제적으로 미발달된 상태의 전통사회와 농경사회에서 볼 수 있다.

주변화된 빈곤은 빈곤이 극복된 사회이며 주변화된 사회집단이 나타난다. 빈민으로서 사회적 지위를 가진 사람의 규모는 적지만 빈민은 사회 부적응자로서 인식되므로 낙인효과가 강하다. 사회보호 제도로서 최저소득보장제도가 일상화되어 있다. 사회체제의 정상적 기능 유지가 중요하며 가족 의존은 지속적으로 낮아진다. 준완전고용 상태와 실업의 저하가 나타나며 선진 산업사회에서 볼 수 있는 유형이다.

배제로서의 빈곤은 새로운 빈곤이며 배제 현상이 집합적 의식으로 내면화된다. 대다수가 빈곤자나 배제된 사람으로 인식될 가능성이 있다. 그들의 상황과 사회적 지위에 큰 이질성이 존재하며 배제위험에 직면한 집합적 불안이 나타난다. 최저소득보장 제도가 있지만 수급자가 증가하는 상황이 나타난다. 빈곤이 발생하는 구조적 요인이 있고 국민적 연대가 중요하다. 실업자와 소외된 사람에 대한 사회적 유대는 약하고 실업이 급증하고 불안정한 직업 상황이 펼쳐져 사회참여가 어려워지는 집단이 발생한다. 불안정한 경제 상황의 사회 속에서 급여 생활자도 빈곤에 노출된 상태이다.

〈표 2-2〉 **빈곤의 이념형**

구분 \ 이념형	통합화된 빈곤	주변화된 빈곤	배제로서의 빈곤
사회적 표상	대부분 사람의 사회적 조건으로 빈곤이 정의됨	• 빈곤이 극복된 사회 • 주변화된 사회집단이 출현함	새로운 빈곤 또는 배제 현상의 집합적 의식화
존재 양태	• 빈곤층은 사회적 하류층이 아니라 확대된 사회집단을 형성함 • 낙인효과 약함	• 빈민으로서 사회적 지위를 가진 사람의 규모는 적지만 빈민은 사회 부적응자로서 인식됨 • 낙인효과 강함	• 대다수가 빈곤자나 배제된 사람으로 인식될 가능성이 있음 • 그들의 상황과 사회적 지위에 이질성이 존재함. 배제위험에 직면한 집합적 불안이 나타남
사회 보호 제도	• 낮은 사회적 보상 • 최저소득 보장 없음	• 사회보호제도 • 최저소득 보장제도의 일반화	• 최저소득보장 수급자의 급증 • 사회부조 발달
사회적 논쟁	전통적 빈곤 현상에 주목	사회체제의 정상적인 기능 유지 강조	• 구조적 요인 • 국민적 연대 강조
사회적 유대	• 가족의 강한 유대 • 근친자에 의한 보호	가족연대에 대한 지속적인 의존 또는 점진적 저하	실업자와 소외된 사람의 사회적 유대의 강화
노동시장	• 낮은 경제 발전 • 비공식 경제발달 • 감춰진 빈곤	• 준완전 고용 • 실업의 저하	• 실업의 급증 • 불안정한 직업 상황 • 참여의 곤란
발견지역	• 경제 미발달 상태의 전통사회 • 농경사회	선진 산업사회	불안정한 경제 상황의 사회, 급여 생활자 위기의 사회

출처 : Serge Paugam(2005). 貧困の基本形態. 新泉社, p. 120을 참조하여 재구성함.

CHAPTER 03

빈곤 대책의 역사

1. 고대의 자선
2. 구제와 빈곤관의 변화
3. 산업혁명과 사회보험의 등장
4. 복지국가의 등장과 자본주의의 한계

03

CHAPTER

빈곤 대책의 역사

1. 고대의 자선

인류의 역사는 빈곤과 함께 전개되었다 해도 과장된 표현이 아니다. 고대에서는 기후 등 자연환경의 변화, 자연재해가 기아를 초래하였다. 또한 농경사회가 되면 식량을 비축할 수 있게 되면서 자연의 영향력은 약해졌다. 안정된 주거 생활과 부가 쌓이면서 사회적 계층이 생기고 부자와 빈자의 구분이 만들어졌다. 빈민 구제 역할은 종교와 지역사회, 가족이 담당하였다. 인간의 생활이 자연환경에 좌우되는 시대는 길어졌지만, 19세기 산업혁명에 따라 인류는 자연환경이 생활을 좌우하는 상태를 극복한 것처럼 여겨졌다. 하지만 자연환경과 빈곤의 문제는 현재도 깊은 연관을 가진다. 또한 사회환경 변화에 따라 빈곤의 원인과 대책은 계속 변하였다.

고대의 빈곤은 정부 역할은 예외적이었으며 종교단체나 혈연, 지역사회에서의 자선사업으로 이루어졌다. 기독교와 불교, 이슬람교 등 모든 종교는 빈민에게 시혜를 베푸는 것을 장려한다. 고대 또는 중세 사회는 농업에 생계를 의존하였으므로 사람들의 생활은 기후변동에 취약하고 흉작으로 기근을 겪거나 영양결핍에 의한 질병으로 많은 사람이 사망하는 상황이었다. 고대 사회부터 사회경제 시스템으로서 시장경제 체제가 존재하지만, 사회경제 구조는 시장 거래만으로 성립하는 것이 아니라 사회적 지위의 상하관계 속에서의 자선이나 대등한 관계 속에서의 상호부조나 호혜적 구조도 중요한 역할을 하였다. 특히 시장 거래의 비중이 낮은 고대에서는 자선과 상호부조, 호혜적 관계가 매우 중요하였다. 예를 들어, 고대 로마에서 이루어진 빈곤 대책은 빈민의 복지를 위해서가 아니라 부유한 사람이 명성이나 평판을 높이기 위한 자선의 성격이 강하였다.

한마디로 고대 국가의 빈곤 대책은 잔여적인 형태였다. 고대 아테네에서 빈곤은 시민 모두에게 불명예였으므로 대규모 공공사업을 활용한 실업 대책이 시도되었다. 또한 여러 제사를 수반하는 국가적 축제 시기에 시민에게 지급되는 수당도 존재하였다. 고대 로마도 기원전 2세기에 홈리스에 대하여 일용 노동의 기회를 제공하였다. 사회변화에 대응한 사회정책으로서 곡물법에 의해 국고 부담을 통해 생활이 어려운 사람에게 식량을 값싸게 분배하였다. 이러한 대책의 배경에는 로마에서 기원전 3세기 무렵부터 중산층 시민의 몰락이 진행되었지만, 한편으로 시민으로서 참정권이 보장되었던 사회 상황이 존재한다. 즉, 통치자는 이러한 대책을 빈곤으로 인한 반란을 막고 정권의 지지를 유지하려는 수단으로 이용하고자 하였다.

2. 구제와 빈곤관의 변화

고대부터 종교나 지역사회에서 자선에 의한 빈민 구제는 존재하였다. 단지 다양한 종교에 따라 빈곤을 어떻게 평가하고 다루었는지는 다르며 주류파 종교의 교양이나 사회경제에 따라 달라진다. 중세 유럽 기독교에서는 구빈은 중요한 종교활동의 일부로서 자발적 빈곤은 금욕생활의 일부이며 그렇지 않은 빈곤은 죄가 크다고 보았다. 빈민을 위한 자선이나 시혜는 최고의 종교적 실천이며 자신의 구제를 향한 기회이기도 하였다. 특히 가톨릭에서 가난은 신의 축복이라고 생각하였다. 그리하여 신자가 자선을 통해 빈민을 구제하는 것은 자선을 베푸는 사람의 영혼을 구제하는 것이기도 하였다. 이처럼 종교혁명 이전의 가톨릭의 빈민 구제는 영혼의 구제와 경의, 감사를 의미하는 사회적 요청으로서 사회 속으로 확대되었다. 교회의 네트워크는 재분배 기능을 수행하였다. 한편 구제의 대상은 과부, 고아, 신체장애인 등 구제할 가치가 있는 사람으로 한정되었고 건강한 성인은 구제할 가치가 없는 대상이었다. 교회 이외에서는 중세에서 빈곤자의 구제는 지연과 혈연의 상호부조가 중심이었다.

중세의 농업 중심 경제에서는 봉건제도 속에서 사람들은 토지에 속박되어 영주의 지배를 받았다. 빈곤 구제는 교회나 지연 및 혈연에 의한 것으로 한정되었다. 이러한 상황에 변화가 만들어진 것은 14세기부터의 화폐경제의 확대와 페스트 때문이다. 14세기 중반 유럽에 광범위하게 확산된 페스트는 대량의 희생자를 낳고 인구 및 노동력은 급격히 감소하였다. 특히 노동자 계급의 사망률은 매우 높았다. 농민과 노동자는 높은 임금을 지급하는 지역으로 이동하기 시작하였고 봉건제도는 붕괴하였다.

16세기가 되면 영국에서는 농업혁명, 인클로저 운동 등에 의해 농지를 상실한 농민이 부랑자로서 도시 지역으로 모여들게 되었다. 시장경제가 확대되는 엄청난 사회경제 변동 속에서 영국에서는 국가에 의한 경제 규제가 강화되었다. 튜더 왕조는 중세 봉건제도에서 관습법을 조합하여 다양한 제도를 정비하였다. 구체적으로는 노동 이동을 규제하고 걸식이나 부랑을 제한하며 거주지 선택을 규제하고 교구를 효과적인 구제 사업 체제로 조직하였다. 이러한 경제적인 규제는 토지 사용, 노동자의 훈련, 고용, 부채, 계약의 형태 등 시장에 관계되는 모든 것에 영향을 끼쳤다. 임금이 규제되고 더욱이 생활필수품에 대한 가격통제가 이루어졌다. 또한 튜더 왕조의 구빈제도는 헨리 8세의 구빈제도를 거쳐 엘리자베스 1세 통치하에서 1601년 엘리자베스 구빈법이 만들어졌다.

엘리자베스 구빈법은 국가가 본격적으로 관계하기 시작한 구빈정책이며 부랑자나 걸인은 사회질서를 위협하는 것으로서 억압해야 하는 대상이었다. 또한 구빈정책의 목적은 구제할 가치가 있는 사람과 없는 사람을 구별하고 가치가 없는 사람은 강제 노동에 동원하였다. 실제 구빈법 대상자는 부양자가 없는 고령자가 다수를 이루고 있었다. 이러한 배경에는 아동이 성장하여 도시지역으로 노동자로서 이동한 결과 핵가족화가 진행된 이유가 있기도 하다. 구빈법 비용과 작업장 운용은 지역 교구가 담당하였다. 더욱이 종교 개혁의 영향도 있어서 노동의무를 이행하지 않는 데 대한 형벌, 구빈원과 작업장에서의 장시간 노동이 강제되었다. 작업장에서는 최소한의 음식만 공급되었고 숙련도가 필요 없는 노동을 부가하면서 행동 교정이 시도되었다(駒村康平・渡辺久里子, 2023 : 73).

시민혁명과 시장경제가 확대되는 과정에서 구빈법도 변화되었는데 18세기 말 프랑스 혁명이 발생하면서 상황은 급변한다. 곡물 무역이 확대되는 한편 식량 가격이 상승하고 사회불안이 높아지면서 프랑스 혁명의 확산을 억압하기 위하여 구빈법은 크게 변한다. 즉, 일할 수 있는 빈민에 대한 재가 보호를 가능하게 한 1782년 길버트법을 거쳐 1795년 스핀햄랜드 제도가 도입되었다. 그러나 프랑스 혁명, 나폴레옹 전쟁이 끝나며 새로운 세계질서에 의해 국민국가의 확립이 진행되면서 구빈법 질서도 변하였다. 즉, 혁명의 위험이 사라지면서 사회질서를 유지하기 위하여 구빈정책을 완화했던 근거는 상실되었다. 그러자 다시 빈민을 엄격하게 단속하고자 하는 구빈정책을 요구하는 목소리가 높아졌다. 스핀햄랜드 제도에 의해 빈민에 대한 임금보조 제도로 변질된 구빈제도가 근로의욕을 상실시키고 과잉인구의 원인이 되며 구빈비를 증가시킨다는 비판이 확산되었다. 이러한 요구에 따라 1834년 과거보다 훨씬 혹독한 새로운 구빈법이 제정되었다.

신구빈법은 중앙정부의 강력한 역할을 기반으로 성립하였다. 일할 능력이 있는 빈민의 재가 보호를 금지하고 열등처우의 원칙, 즉 도움을 받는 사람은 최하층 노동자와 동등하거나 그 이상의 처우를 받아서는 안 된다는 원칙이 강조되었다. 또 급여를 결정하는 지방행정 기관에 전문직 공무원이 배치되고 중앙정부의 지방정부에 대한 관리 감독은 더욱 강화되었다. 이후 1905년부터 1909년에 걸쳐 구빈법 개혁을 위한 왕립위원회가 설치되었다. 위원회의 논의는 빈민은 게을러서 자립성이 없으므로 구제는 최소한에 그쳐야 한다는 다수파와 빈곤은 사회경제적 원인이므로 사회적 빈곤 대책이 필요하다고 강조하는 소수파로 대립하면서 하나의 결론은 도출되지 않았다. 그러나 그 후 자본주의 경제의 불안정성과 경제공황을 거치면서 사회경제적 원인으로 발생하는 실업 문제에 초점이 집중되면서 소수파의 주장이 더 공감을 얻게 되면서 내셔널미니멈(National Minimum) 사상이 보급되었다.

3. 산업혁명과 사회보험의 등장

산업혁명은 세상을 크게 변화시켰다. 새로운 산업의 발생뿐만 아니라 도시화가 진행되고 도시 지역의 노동자가 증가하면서 장시간 노동, 가혹한 아동노동, 열악한 노동조건을 규제하기 위하여 사회정책이 필요해졌다. 영국에서는 오웬(Robert Owen)의 노력 등도 더하여 1802년에 최초의 공장법이 성립하고 방직업에서는 9세 이하의 아동 고용이 금지되었다. 또 18세 이하의 노동시간은 12시간으로 규제되었다. 1833년에는 공장법의 적용 범위가 확대되고 아동 노동의 금지, 노동시간 규제, 공장 감독관의 배치 양성화가 이루어지고 1847년에는 10시간 노동 시간법이 제정되었다. 한편 산업화와 국민국가 성장이 늦어진 독일은 비스마르크가 1883년 질병보험, 1884년 산재보험, 1889년 노령연금보험법을 도입하여 다른 유럽 국가에도 영향을 끼쳤다. 영국에서는 웹 부부(Sidney Webb & Beatrice Webb)가 국가에 의한 의료정책과 실업보험 도입을 주장하고 1890년에 산재보험, 1908년 노령연금, 1911년 국민보험법이 출발하면서 신구빈법의 역할은 크게 변하였다. 스웨덴에서도 1913년에 국민연금법이 발족하였다. 그 후 서구 사회에서 산재, 의료, 연금, 실업보험 순으로 사회보장제도가 진행되었고 실업과 빈곤이 개인의 도덕적 문제는 아니라는 인식이 확대되었다(駒村康平・渡辺久里子, 2023 : 75-76).

4. 복지국가의 등장과 자본주의의 한계

제1차 세계대전을 거쳐 1929년 경제 대공황을 경험한 미국에서는 뉴딜 정책으로 총수요를 통제하는 한편, 1935년에 사회보장법을 제정하였다. 더욱이 1938년에 뉴질랜드가 세계에서 처음으로 사회보장제도를 확립하였다. 또 제1차 세계대전 베르사유 조약의 일환으로서 1919년 ILO가 설치되면서 사회보장・사회보험의 국제적인 보급이 이루어지게 되었다. 제2차 세계대전 후 서구 복지국가의 기초가 된 것이 1942년 영국 베버리지 보고서다. 독일의 전쟁 국가에 대항하여 복지국가의 길을 제시한 베버리지 보고서는 빈곤・질병・무지・불결・나태, 이른바 5대 사회악을 극복하기 위하여 아동수당・완전고용・포괄적 보건의료 시스템의 정비를 전제로 하는 소득보장의 국가책임을 제시하고, 그를 위하여 직역이나 지역과 관계없이 전 국민의 균등한 보험료 납부 및 급여라는 사회보험과 내셔널미니멈의 조합을 제안하였다. 영국에서 베버리지 보고의 주요 내용은 노동당 정권에 의해 정책으로서 실현되었다. 1948년에 국민부조법이 성립되면서 300년 이상 계속된 구빈법 제도는 폐지되었다. 국민부조법은 사회보험을 보완하고 최저소득을 보장하는 기능을 하게 되었다.

1944년의 완전고용과 복지국가를 목표로 하는 ILO의 필라델피아 선언이나 ILO 보고서 「사회보장으로의 길」도 최저생활의 보장 목표를 내걸었다. 베버리지 보고서는 여러 국가의 사회보장제도에 영향을 끼치고 복지국가의 이론적 밑바탕이 되었다. 그 배경에는 선진국에 공통적이었던 전후 부흥 속에서 경제성장과 완전고용, 성별 역할 분업의 정착이 있었다. 이를 계기로 정부의 총수요 정책에 의한 완전고용을 전제로 하는 이 시기의 복지국가를 케인즈 - 베버리지형 복지국가로 부르게 되었다.

1960년대에 들어 미국의 베트남전 참전 등에 따라 선진국 경제성장을 지탱해 온 미국의 무역적자는 심화되었고 변동환율제가 도입되었다. 특히 1973년, 1979년 두 차례의 석유 위기가 발생하면서 선진국을 비롯하여 세계의 경제성장이 크게 둔화되고 불황과 실업률 상승, 높은 인플레이션의 동시 발생이라는 스태그플레이션에 직면하게 되었다. 복지국가에 대한 국민 의존이나 조세 부담, 규제가 경제활력을 해친다는 믿음에 따라 복지국가에 대한 비판이 확산되었다. 그 결과 정부 기능을 축소하고 규제를 완화하고 조세 부담을 낮추는 작은 정부에 대한 지지가 확산되었다. 1970년대 후반부터 영국의 대처 정권, 미국의 레이건 정권에 의해 신고전파 경제학에 기반한 국영기업의 민영화, 공공주택의 매각, 의료개혁이나 사회보장 지출 삭감이 시도되었다. 1990년대는 소련의 붕괴와 거품경제의 붕괴, 경제의 세계화가 진행되면서 선진국은 높은 실업률과 재정적자에 직면하였다. 이러한 가운데 각 국가의 정부는 재정적자를 극복하기 위하여 사회보장을 개혁하고자 하였다. 복지국가에 대한 비판은 영국의 블레어 노동당 정권, 미국의 클린턴 민주당 정권뿐만 아니라 대표적인 복지국가인 스웨덴 등 북유럽도 예외는 아니었다. 1990년대 이후, 서구 각 국가에서 이루어진 사회보장 개혁을 '제3의 길'이라 부르게 되었다.

1990년대 동서냉전이 종식되고 경제의 세계화가 속도를 내고 국제적인 자본이동이 급격히 늘어났다. 값싼 노동력을 찾아서 선진국에서 개발도상국, 신흥국으로 생산기지가 이전되었다. 개발도상국과 신흥국은 외국자본의 유입에 따라 제조업 공장이나 관광 및 상업시설의 건설 등 근대화가 진행되고, 특히 BRICs(브라질 · 러시아 · 인도 · 중국)가 세계의 공장으로 빠르게 성장하였다. 그 결과 대량생산과 대량소비를 통하여 개발도상국과 신흥 국가의 소득은 상승하였다. 그렇지만 선진국 내에서는 상위 1%의 소득은 늘어났지만, 중간층과 저소득층의 실질소득은 거의 증가하지 않았다(駒村康平・渡辺久里子, 2023 : 77; Lakner, C., & Milanovic, B, 2013).

2000년대 이후 대다수 복지국가는 실업확대와 복지재정 부담 문제로 고심하면서 생존의 보장보다도 고용 중심 접근에 초점을 두고 특히 근로능력자에게 취업을 강조하는 빈곤대책이 강화되고 있다.

CHAPTER 04

빈곤의 측정

1. 절대적 빈곤의 측정
2. 상대적 빈곤의 측정
3. 주관적 빈곤의 측정
4. 박탈의 측정

04

CHAPTER

빈곤의 측정

1. 절대적 빈곤의 측정

절대적 빈곤은 최저생계를 유지하는 데 필요한 수준을 금전 가치로 환산하여 빈곤선을 결정한다. 즉, 최저생활에 필요한 구체적인 품목과 해당 품목의 물량을 선정하여 화폐가치로 환산한다. 이를 마켓바스켓 방식이라고 하며 가장 많이 등장하는 절대적 빈곤 측정 방법이다.

이 방법은 다시 전물량 방식과 반물량 방식으로 나눌 수 있다. 전물량 방식은 기초생활필수품으로 인정되는 모든 품목의 목록을 만들고 각 품목에 해당하는 최저한의 지출비용을 각 품목에 따라 계산한 후 이를 합산하여 빈곤선을 산출한다. 라운트리 빈곤 조사 연구에서 활용한 방식이다. 반물량 방식은 기초적인 생활필수품 가운데 특정한 하나의 품목에 대한 목록을 만들고 이를 기초로 빈곤선을 계산한다. 이 방식은 미국의 공식적인 빈곤선 결정 방식이기도 하다. 예를 들어, 식품과 같은 특정한 마켓바스켓을 설정한 후 이것을 구성하는 품목들을 선정하여 목록을 작성하고 각 품목의 소비량과 단위 가격을 계산한 후 해당 바스켓에 대한 최저비용을 계산한다. 또한 해당 바스켓의 최저비용이 소득에서 차지하는 엥겔계수의 비율을 산출한 후, 그 비율의 역수를 해당 목록의 가장 낮은 지출 비율에 곱하여 빈곤선을 도출한다. 이러한 방식은 최소한의 객관적인 품위를 유지하는 데 필요한 수준이 무엇인가에 대한 논란은 있을 수 있지만, 통상적으로 기본적 욕구가 충족된 상태로 이해할 수는 있다. 아울러 사회 구성원 사이에 바스켓에 포함해야 할 품목이 무엇인지 합의하는 과정이 필요하다.

보다 구체적으로 미국의 마켓바스켓을 구성하는 방법을 살펴보자. 미국의 공식 빈곤선을 책정하는 데 사용하는 바스켓은 농림부가 발표하는 영양 권장량을 충족하는 식품 마켓바스켓이다. 미국 농림부의 식품군은 육체적 효율성을 유지하는 데 필요한 영양량을 충족하는 식품이다. 이 식품군을 중심으로 식단을 구성하는데, '가장 풍요로운 식단', 다음으로 '적절한 식단', 이어서 '저비용 식단', '검소한 식단', '공식 유형의 식단' 순이다. 이 식단 중 '검소한 식단'을 중심으로 공식적 빈곤선을 책정한다. 여기서 검소한 식단은 '저비용 식단' 비용의 75~85% 수준에 해당한다. 저비용 식단 비용은 가장 낮은 범위에 속하는 가계 식단으로서 식료품비를 아끼려는 빈민을 위하여 식품을 할당하는 기준으로 오랫동안 사용되었다(김기원, 2019 : 65).

하지만 이 방법에 대하여 식품의 다양한 성분 특성으로 인한 품질과 가격 평가 문제, 도시화로 인한 선택할 수 있는 대안의 증가, 상점별 가격 편차, 부정확한 정보 제공 때문에 정확하지 않다는 비판은 제기된다. 따라서 오늘날 저소득층의 소비 행태, 가구 특성이나 지출, 저축, 주거 특성, 연금 정보, 식품 소비 지출에 대한 대규모 조사를 바탕으로 마켓바스켓을 구성한다. 이때 기본적 욕구를 충족시키는 일상생활 필수품목의 소득탄력성을 조사하여 해당 품목들을 우선하여 마켓바스켓에 포함시킨다. 최저생활에 필요한 마켓바스켓에 포함되는 절대 및 일반 필수품과 같은 품목은 수요의 탄력성이 1보다 작은 경우에 선택한다. 물론 전문가의 판단에 따라 소득 탄력값이 1보다 작아도 최저생활 유지에 불필요한 품목은 제외하고 탄력값이 1보다 더 크다고 해도 최저생활 유지에 필요한 품목은 포함한다. 이후 평균 소비자 물가를 마켓바스켓의 품목에 곱하여 빈곤선을 상정한다. 여기에 저소득의 생활 실태를 조사하여 품목의 질을 상·중·하로 구분하고 각 단가를 구한 후 이를 마켓바스켓에 곱하여 계측한다.

이렇게 산정하는 방식에 따라 마켓바스켓은 몇 가지로 구분할 수 있다. 첫째, 기본적 욕구를 의식주로 규정하고 식품 이외에 의복 및 주거를 추가로 고려해 빈곤선을 설정하는 방식이다. 최소한 필요한 식품, 의복, 주거 바스켓을 만들어 각 품목의 최저비용을 계산한 후 합산하여 빈곤선을 산출한다. 둘째, 식품, 의복, 주거 이외에 의료, 교통, 대인서비스, 아동 양육까지 기본적 욕구를 확대하여 최소한으로 필요한 바스켓 목록을 계산하는 방식이다. 각 마켓바스켓의 최저비용을 계산한 후 합산하여 빈곤선을 산출한다. 셋째, 육체적 생존뿐만 아니라 사회생활 전체에 걸쳐 필요한 욕구를 충족할 수 있는 수준에서 빈곤선을 계산하는 방법이다. 교통, 통신, 구직활동에 필요한 자원들, 즉 여가, 전화, 교육비, 학용품, 장난감, 책, 전기, 수도, 가스 등의 자원이 목록에 포함되어 최소한의 필요한 양을 설정하여 최저비용을 합산 산출하여 빈곤선을 설정한다(김기원, 2019 : 62-72; 노병일, 2022 : 40-42).

〈표 4-1〉 **미국 가구 유형별 공식 빈곤선(2020년)** (단위 : US $/월)

가구규모	가중평균 빈곤선	18세 미만 아동 수								
		0명	1명	2명	3명	4명	5명	6명	7명	8명+
단독가구(개인)	1,098									
65세 미만	1,122	1,122								
65세 이상	1,034	1,034								
2인 가구	1,394									
65세 미만 가구주	1,451	1,444	1,487							
65세 이상 가구주	1,305	1,304	1,481							
가구원수별										
3인	1,715	1,687	1,736	1,738						
4인	2,208	2,225	2,261	2,187	2,195					
5인	2,617	2,683	2,722	2,638	2,574	2,535				
6인	2,964	3,086	3,098	3,034	2,973	2,882	2,828			
7인	3,376	3,550	3,573	3,496	3,443	3,344	3,228	3,101		

8인	3,751	3,971	4,006	3,934	3,871	3,781	3,667	3,549	3,519	
9인 이상	4,461	4,777	4,800	4,736	4,682	4,594	4,473	4,364	4,337	4,170

〈표 4-2〉 미국의 빈곤지침(2021년) (단위 : US $/월)

가구원 수	워싱턴 D.C. 포함 48개주	알래스카주	하와이주
1명	1,073	1,341	1,235
2명	1,452	1,814	1,670
3명	1,830	2,288	2,105
4명	2,208	2,761	2,540
5명	2,587	3,234	2,975
이후 매 1명 증가 시	+378	+473	+435

* 빈곤지침은 미국 보건복지부에서 공식 빈곤선을 행정적인 목적으로 간소화시킨 빈곤 기준으로 연방정부와 주정부에서 지급하는 다양한 복지수급 판정을 위한 자격기준으로 사용함.

〈표 4-3〉 빈곤지침을 수급자격으로 활용하는 제도 목록

부 처	제도 목록		
보건복지부	지역사회서비스보조금(CSBG)	헤드스타트	저소득가정연료지원제도(LIHEAP)
	의료비지원제도(Medicaid)	힐버튼비보상서비스제도	에이즈약품지원제도
	아동건강보험제도	건강보험(Medicare) – 처방전약품지원	
	보건소	이민자보건센터	가족계획서비스
	의대학자금대출–장애학생대상	간호사지원제도(HCOP)	취약계층의대장학생제도
	저소득층대상취업지원제도	독립지원자산형성시범사업	
농무부	보충영양지원프로그램(SNAP)	여성 · 유아 어린이 대상 특별영양섭취지원프로그램(WIC)	
	국립학교점심급식프로그램 및 학교아침식사프로그램		아동 및 성인 보호급식프로그램
	식품영양교육프로그램		
에너지부	저소득층 주택에너지효율개선사업		
노동부	직업훈련프로그램(Job Corps)	농업종사자구직지원프로그램	저소득중고령자직업훈련제도
	청소년대상직업능력투자제도		

재무부	저소득납세자클리닉		
국가 · 지역사회 봉사단	조부모보호자프로그램	노인동반자프로그램	
법률서비스 지원단	저소득층법률지원서비스		

* 위의 자료는 미국 보건복지부 기획평가차관보실 홈페이지를 통해 확인할 수 있다.
(http://aspe.hhs.gov/frenquentry-asked-questions-related-poverty-guidelines-and-poverty)

출처 : 한신실(2021). 미국의 공식 빈곤 기준 지표 소개 및 시사점. 2021 연금이슈 & 동향분석, pp. 7-8 재인용.

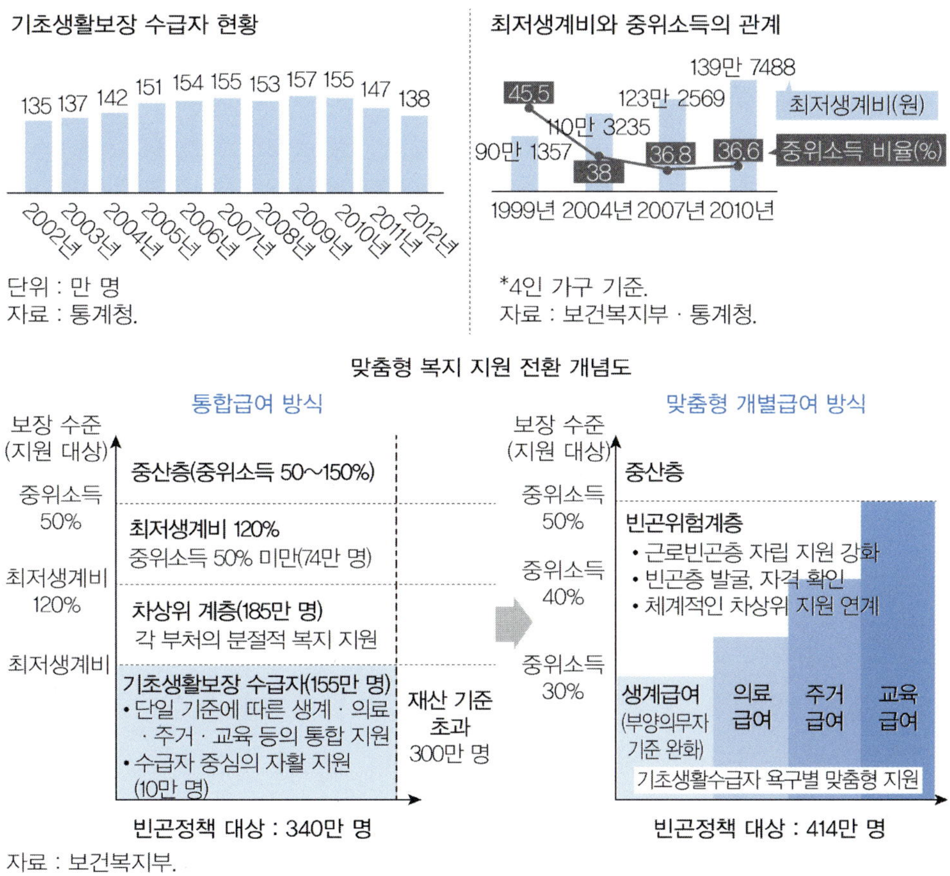

❙그림 4-1❙ 최저생계비 폐지 : 2015년 맞춤형 개별급여 체계의 출범

출처 : 한겨레21(2013. 8. 12). "최저생계비가 사라진다"(https://h21.hani.co.kr/arti/politics/politics_general/35156.html, 2024. 2. 14. 인출).

[성명]

보건복지부와 여당의 최저생계비 폐지 시도 즉각 중단하라

국민의 인간다운 생활을 보장하는 기준이자 모든 사회보장급여의 최저 기준인 '최저생계비'는 반드시 존치돼야 한다

최근 '최저생계비'의 폐지를 골자로 하는 국민기초생활보장법(이하 "기초법") 개정 법률안이 국회에서 통과될 위기에 처했다. 이에 참여연대 사회복지위원회(위원장: 이찬진 변호사)는 국민의 최저생활 보장에 대한 권리를 보장하는 기준인 최저생계비를 국민의 동의 없이 폐지하려는 국회와 정부의 시도를 강력하게 규탄한다. 이번 기초법 개정은 인간다운 삶을 보장받아야 하는 국민의 권리를 명백히 빼앗는 것이며, 국민의 권리를 강화하기 위한 요구를 차단하는 정부여당의 폭력적 시도임을 천명하는 바이다.

출처 : 참여연대사회복지위원회(2014). 보건복지부와 여당의 최저생계비 폐지 시도 즉각 중단하라, pp. 61-63.

빈곤선과 관련하여 정부가 민간 최종 소비 지출의 증가에 대해 경제전망을 한 후, 이를 기초로 정부의 보호를 받는 세대와 그렇지 않은 세대의 소비수준 격차를 축소하는 조정을 할 수 있다. 해당 연도의 국민 소비 지출의 증가분과 목표 격차 축소 분량을 더하여 빈곤선이나 최저생계비 수준을 설정할 수 있다.

빈곤 기준은 고정적인 것이 아니므로 절대적 기준에 대한 논란이 있을 수 있다. 특히 인구 집단의 차이에 따라 기준이 탄력적으로 적용되어야 하는 문제가 발생한다. 또한 전문가의 기준과 실제 현실의 가격 기준이 다를 수 있다. 재화나 서비스의 종류와 양이 절대적 불변일 수 없기 때문이다. 따라서 경제적 가치로 환산하는 과정에서 공정성 확보와 관련된 논란이 제기될 수 있다.

2. 상대적 빈곤의 측정

첫째, 평균 소득 기준으로 측정할 수 있다. 가처분 소득을 기준으로 평균 소득의 50% 이하를 빈곤선으로 설정하고 그 이하의 소득을 가진 사람들은 빈민으로 간주한다. 서로 다른 대표적 가족 형태의 모형을 구분하여 각자의 평균 소득을 계산해서 기준으로 삼아 어떤 특정한 가구의 평균 소득이 그가 속한 가족 형태의 평균 소득의 80%, 50% 이하인 경우를 빈곤으로 정할 수도 있다. 또 개발도상국과 선진국을 구분하여 개발도상국의 경우 평균 가구소득의 1/3, 선진국의 경우 1/2을 빈곤선으로 설정하기도 하고, 성인 1인당 지출의 전국 평균 60%를 정할 수도 있다.

둘째, 중위소득 기준의 측정이다. 중위 가구 소득의 40~50%를 빈곤선으로 간주한다. 전체 인구 중 빈곤 위험에 처한 인구의 비율을 의미하므로 상대적 빈곤선을 설정한 후 이를 바탕으로 빈곤율을 계산할 수 있다. 현재 한국은 전체 인구의 중위소득의 50%를 기준으로 하고 있다. 예를 들어, 2024년 4인 가구 기준 중위소득 572만 9,913원의 50%를 곱하면 2,864,956원이 되며 이 금액에 해당하는 인구의 비율을 산정하면 상대적 빈곤율도 도출할 수 있다.

셋째, 소득분위에 근거한 빈곤과 비빈곤의 격차 측정이다. 이는 빈곤의 규모보다 고소득부터 저소득까지 소득분포의 형태를 파악하기 위한 지표를 산정하는 방법이다. 이 지표를 통해 소득 빈곤의 불평등 정도를 알 수 있다. 전체 가구의 소득분포를 일정 비율로 나누어 단계별로 나열한다. 상위 10%의 평균 소득을 하위 10%의 평균 소득으로 나누어 비교(10분위 배율), 상위 20%의 평균 소득을 하위 20%의 평균 소득으로 나누어 소득점유율을 비교(5분위 배율)한다. 산정한 값이 클수록 소득 불평등 정도가 크고 그만큼 빈곤으로 인한 박탈감이 심각하다는 의미도 될 것이다. 이에 더하여 10분위 분배율은 전체 가구를 소득의 크기에 따라 정렬한 후 가구를 10등분하고, 하위소득 40% 가구의 총소득을 상위 소득 20% 가구의 총소득으로 나누어 산정한 값이다. 5분위 또는 10분위 배율과 반대로 산정한 값이 클수록 소득분배가 양호한 상태라고 할 수 있다.

물론 상대적 빈곤 측정도 문제가 없을 수 없다. 빈곤층 소득 파악에 한계가 있을 수 있으며 소득을 중심으로 할지, 지출을 중심으로 할지 논란이 있을 수 있다. 또한 당연히 기준과 비율의 공정성에 대한 문제 제기가 있을 수 있다.

- (최하위 40% 소득점유율) / (최상위 20% 소득점유율)
- (불균등) 0 ≤ 10분위 분배율 ≤ 2(균등)

소득하위계층 ➡ 소득상위계층

1~4분위	5	6	7	8	9~10

10% 20% 30% 40% 50% 60% 70% 80% 90%

$$\frac{\text{하위 40\% 가구 소득 비중}}{\text{상위 20\% 가구 소득 비중}}$$

통상 10분위 분배율이
0.45 이상이면 분배상태가 양호한 수준
0.35~45 사이는 중간 수준
0.35 미만이면 나쁜 수준

아래 표에서 분배상태는 어떻게 변화했는가?

소득 분배 추이					
구 분	2017	2018	2019	2020	2021
10분위 분배율	0.486	0.473	0.471	0.478	0.490
소득 10분위 배율	25.0	23.5	22.5	20.2	21.2

*이해를 위한 가상의 자료이다.

3. 주관적 빈곤의 측정

주관적 빈곤은 사람들의 주관적 평가에 기반한 개념이다. 사람들의 생활에 직접적이고 구체적인 판단이 반영될 수 있고 전문가의 서로 다른 판단에 의한 혼란이나 자의적 판단 문제를 해결할 수 있다. 물론 주관적 개인의 평가는 전체 사회 구성원의 생활 상태를 대표할 수 없다는 한계도 있다.

주관적 빈곤을 측정하기 위해서는 우선 사람들이 살아가는 데 필요한 최소한의 비용이 얼마인지를 직접 묻고 응답한 금액의 평균을 계산하여 설정한다. 예를 들어, 현재 당신이 생활하는 지역에서 가족이 살아가는 데 필요한 최소 소득이 얼마라고 생각하는가와 같은 질문이다. 또한 1인 가구가 근근이 살아가는 데 필요한 최소 소득이 얼마인가와 같은 질문이다.

조금 더 나아가 다음과 같은 방식도 가능하다. 자신의 상황을 고려하여 살아가는 데 필요한 최저생계비 또는 최소 소득이 얼마인가를 질문하고, 이를 바탕으로 그 사람이 판단하는 최저한의 소득과 실제 소득의 관계를 분석하여 결정한다. 일반적으로 사람들의 실제 소득이 높아질수록 주관적으로 판단하는 최저한의 소득은 높아질 것이다. 저소득층은 실제 자신의 소득이 스스로 생각하는 최저소득 수준보다 낮다고 판단하는 반면 고소득층은 실제 소득이 자신이 최저소득이라 생각하는 수준보다 높다고 판단한다. 이러한 구도를 그래프로 나타내면 그 두 소득의 교차점이 발생하는데 이 지점이 주관적 빈곤선이 될 것이다.

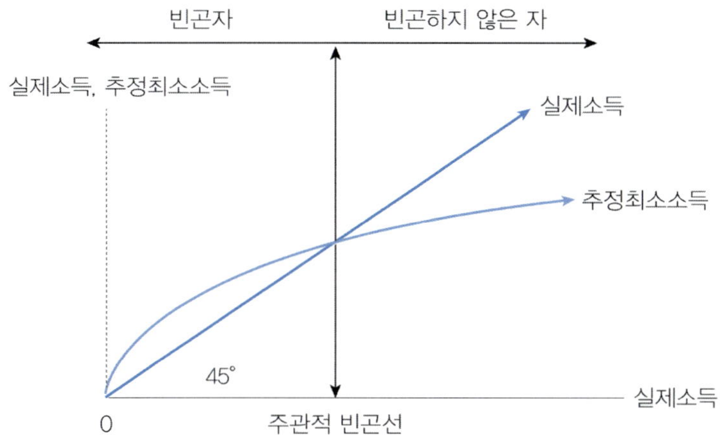

| 그림 4-2 | 주관적 빈곤선 측정(라이덴 방식)

출처 : 김기원(2019). 빈곤론, p. 81.

4. 박탈의 측정

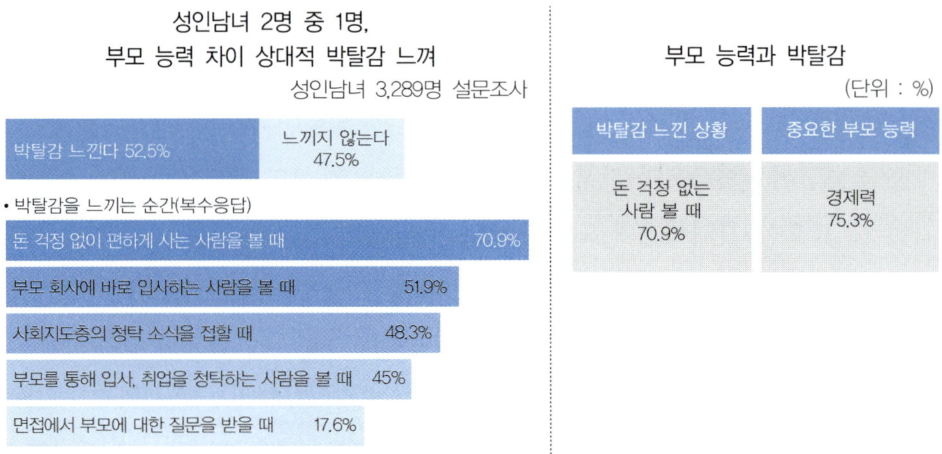

| 그림 4-3 | 사회적 성공과 부모의 능력

자료 : 취업포털 사람인.
출처 : https://www.womancs.co.kr/news/articleView.html?idxno=54039

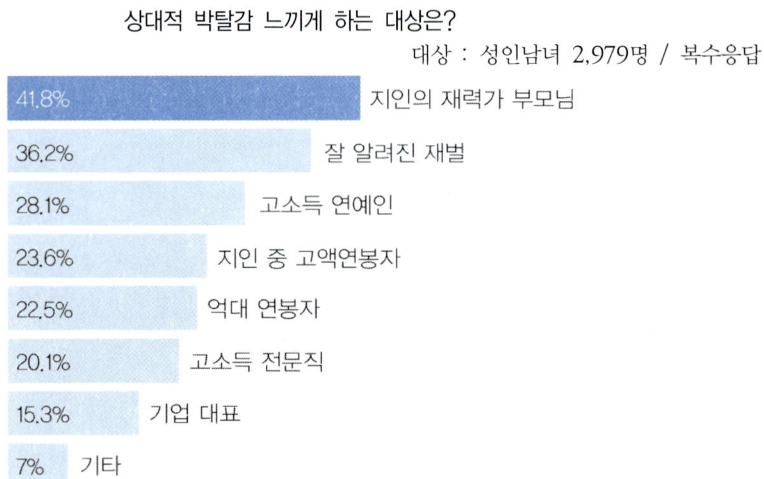

| 그림 4-4 | 상대적 박탈감의 대상

자료 : 취업포털 사람인.
출처 : https://digitalchosun.dizzo.com/site/data/html_dir/2015/05/12/2015051212074.html

20. 계층이동

2년 전과 비교할 때, 본인 세대의 계층 상승 가능성은 증가하였으나 자식 세대의 계층 상승 가능성은 감소하였다고 생각함

□ 우리 사회에서 노력한다면 본인 세대에서 개인의 사회·경제적 지위가 높아질 가능성이 높다고 생각하는 사람은 26.4%로 2년 전보다 1.2%p 증가함

- ○ 19세 이상 인구 중 자식 세대의 계층 상승 가능성에 대해서 높다고 응답한 사람은 29.1%로 2년 전보다 0.2%p 감소함

□ 현재 본인의 사회·경제적 지위를 높게 생각하는 사람일수록 본인 세대와 자식 세대의 계층 상승 가능성이 높다고 생각함

계층이동 가능성「높다」

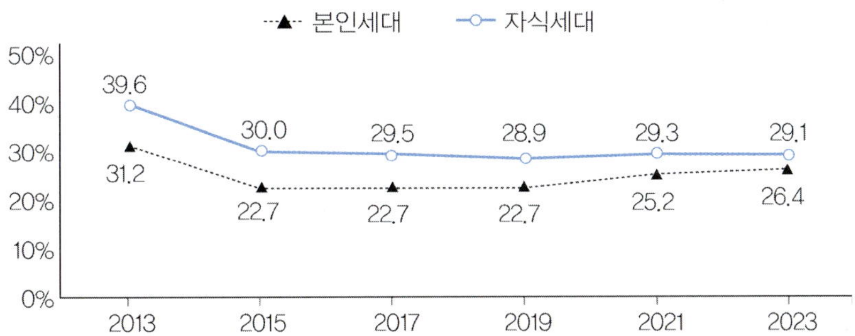

출처 : 통계청(2023. 11. 8). 2023년 사회조사 결과 보도자료.

상대적 박탈이란 어떤 사람들이 다른 사람들보다 소득이나 물질적 소유물을 더 적게 가지고 있다고 인식하고, 자신들도 더 많은 소득이나 물질을 받을 자격이 있다고 믿고 정당하지 않다고 느끼는 것이다. 다시 말하면 사람들이 사회에서 보통 가질 수 있는 영양, 의복, 주택, 주거시설, 취업, 환경적인 측면이나 지리적인 조건에 관해서 물질적 기준에 부족하거나 일반적으로 사회에서 받아들여지는 고용, 직업, 교육, 레크리에이션, 가족활동, 사회활동이나 사회관계에 참여하지 못하는 상태라고 할 것이다(Dinetto, D. M., & Dye, T. R., 1987). 박탈은 물질적 박탈과 사회적 박탈로 구분할 수 있는데, 물질적 박탈은 영양, 의복, 주택, 주거 설비, 환경, 지리적 조건, 노동 등의 결핍이다. 이어서 사회적 박탈은 고용의 권리, 가족활동, 사회참여, 정상적인 사회제도 참여, 여가와 교육 등의 결핍이다.

상대적 박탈 지표를 개발한 타운센드는 사람들이 자신이 거주하는 지역사회의 일상적인 생활 상태를 누리지 못하면 박탈 빈곤으로 간주하였다. 그는 이러한 생활 상태를 측정하기 위해 60개의 지표를 만들고 어떤 사람이 이러한 지표 중에 결핍된 것들이 있으면 일정한 박탈 점수를 부여하여 총체적 박탈 점수를 계산하였다. 이후 이 점수를 소득수준과 비교해서 일정한 소득수준 이하에서 박탈 점수가 급격히 떨어지는 지점이 있으면 그 지점(breakdown point)을 박탈 빈곤선으로 결정하였다. 여기서 중요한 것은 그 사회의 일상적인 생활 상태를 대표할 수 있는 박탈 지표를 어떻게 정할 것인가, 즉 객관성과 과학성을 담보할 수 있는가이다.

지표 중의 몇 가지를 살펴보면 다음과 같다. ① 돈이 없어서 본인이나 가족이 끼니를 거른 적이 있다. ② 2개월 이상 집세가 밀렸거나 집세를 낼 수 없어서 집을 옮긴 적이 있다. ③ 공과금을 기한 내에 납부하지 못한 적이 있다. ④ 전기세, 전화세, 수도세 중 하나 이상을 내지 못해 전기, 전화, 수도 등이 끊긴 적이 있다. ⑤ 자녀의 공교육비를 한 달 이상 주지 못한 적이 있다. ⑥ 추운 겨울에 난방을 하지 못한 적이 있다. ⑦ 본인이나 가족이 병원에 갈 수 없었던 적이 있다. ⑧ 가구원 중에 신용불량자가 된 적이 있는 사람이 있다.

〈표 4-4〉 타운센드의 상대적 박탈 지표의 예

1	지난 12개월 동안에 가정 외부에서 1주일 동안 휴가를 보내지 않았다.
2	성인만 : 과거 4년 이내에 식사나 가벼운 식사를 위해 친척이나 친구를 가정에 초대하지 않았다.
3	성인만 : 과거 4주 이내에 친척이나 친구와 식사나 가벼운 식사를 위해 외출하지 않았다.
4	아동만(15세 이하) : 과거 4주 이내에 친구와 놀거나 차를 마신 일이 전혀 없다.
5	아동만 : 최근 생일 파티를 하지 않았다.
6	최근 2주 이내에 오락을 위하여 오후 또는 저녁에 외출을 하지 않았다.
7	1주일 가운데, 4일 동안 (외식도 포함하여) 신선한 고기를 먹지 않았다.
8	과거 2주일 이내에 조리가 더해진 식사 없이 하루 이상 보냈다.
9	1주일 가운데, 대부분 조리가 더해진 아침 식사를 하지 않았다.

10	가정에 냉장고가 없다.
11	가정에서 일요일에 함께 어울려 식사를 하지 않는 것이 보통이다(4회 중 3회 하지 않는 경우도 포함).
12	가정에 다음 네 가지 실내 전용 시설이 없다 : 수세식 화장실, 세면대 및 수도꼭지, 욕조 또는 샤워 시설, 가스 또는 전기 조리기

출처 : Townsend(1979), p. 250, 志賀信夫(2022), p. 95 재인용.

〈표 4-5〉 연구에서 활용된 박탈 지표의 보기

우리 가정에서는,		
상대적 박탈	기초 생활(식생활, 의생활)	1. 평균적으로 일주일에 한 번 이상 고기나 생선을 사 먹는다. 2. 평균적으로 일주일에 한 번 이상 신선한 과일을 사 먹는다. 3. 가끔 기호식품(차, 커피, 과자류, 아이스크림, 음료 등)을 사 먹는다. 4. 매우 추운 날 입을 수 있는 외투(코트, 파카, 털이나 가죽옷 등)를 두 벌 정도는 가지고 있다. 5. 예식장 갈 때와 같은 특별한 날에 입을 수 있는 여름과 겨울 각각의 정장을 한 벌 정도는 가지고 있다.
	주택 및 주거환경	6. 춥지 않도록 난방이 적절히 갖춰진 곳에서 생활하고 있다. 7. 가족 수나 구성원의 연령에 맞게 적정한 방을 나누어 사용하고 있다. 8. 걸어서 10분 안의 거리에 버스 정거장이나 전철역이 있다. 9. 옥탑방이나 (반)지하가 아닌 지상에 거주하고 있다. 10. 전용 수세식의 화장실 및 온수 목욕시설을 갖추고 있다.
	의료 및 건강	11. 질병으로 오랫동안(3개월 이상) 앓고 있는 경우 정기적으로 진료받고(받을 수) 있다. 12. 이가 아프면 치과에 가고(갈 수) 있다. 13. 의사에게서 처방받은 의약품이나 필요한 (일반)의약품을 구입하고(할 수) 있다.
	문화생활 및 사회적 지지	14. 1년에 한 번 이상 (가족 또는 자녀와) 2~3일 정도의 여행(피서)을 다녀온다. 15. 가족의 생일 등 특별한 날을 기념(외식 등)하고 있다. 16. 정기적으로 혹은 종종 가족 또는 자녀와 취미생활이나 여가활동(영화, 공연)을 할 수 있다. 17. 어려울 때 이야기를 나누고 위로를 받을 수 있는 친척이나 친구가 있다.
	미래 대비	18. 일상적이지 않은 지출에 대비(저축 등)하고 있다. 19. 노후를 위해 (국민, 개인)연금에 가입하거나 저축하고 있다. 20. 사회보험 외의 사적 보험(의료보험, 종신보험, 생명보험 등의 보장성 보험)에 가입해 있다.
	자녀 양육 및 교육	21. 자녀에게 고등교육(전문대학 및 대학교 이상)을 시키고 있다(시킬 수 있다). 22. 자녀가 원하는 경우 학원수강이나 과외를 시키고 있다(시킬 수 있다). 23. 자녀에게 필요한 기본 참고서나 도서를 사주고 있다(사줄 수 있다). 24. 자녀의 고등학교 졸업 때까지 양육(경제적, 사회적, 정서적)을 책임질 수 있다.

절대적 박탈	경제적 어려움	25. 식사의 양을 줄이거나 식사를 거른 적이 있다. 26. 공과금(사회보험료와 전기요금, 전화요금, 수도요금 등)을 기한 내 납부하지 못한 적이 있다. 27. 전기요금, 전화요금, 수도요금 중 하나 이상을 내지 못해 전기, 전화, 수도 등이 끊긴 적이 있다. 28. 추운 겨울에 난방을 하지 못한 적이 있다. 29. 본인이나 가족이 병원에 갈 수 없었던 적이 있다. 30. 집세(월세 · 전세금)가 밀렸거나 또는 그 이유로 집을 옮긴 적이 있다. 31. 자녀(대학생 포함)의 공교육비를 한 달 이상 주지 못한 적이 있다.

자료 : 한국보건사회연구원(2016). 사회통합 실태 및 국민 인식 조사 조사표.
출처 : 여유진(2020). 박탈 경험이 사회통합 인식에 미치는 영향. 조사연구, 21(1), 59-89.

〈표 4-6〉 연령별 · 박탈 항목별 박탈의 비율 (단위 : %)

분류	구 분	항 목	전 체	연령별		
				35세 미만	35~64세	65세 이상
상대적 박탈	기초 생활	1주일 1회 이상 육류 섭취	6.99	4.35	6.50	16.99
		1주일 1회 이상 과일 섭취	7.12	6.49	6.07	14.73
		기호식품 구입	2.99	1.35	2.51	10.23
		동절기 의류 2벌 이상	4.04	2.38	4.38	6.67
		계절 정장 보유	9.26	9.25	8.55	13.27
	주택 및 주거 환경	적절한 난방	2.07	0.99	2.28	3.90
		적절한 방 수	3.56	3.86	3.66	2.22
		10분 내 대중교통	2.34	1.19	2.52	4.54
		옥탑방이나 (반)지하 아닌 지상 거주	5.46	6.38	5.13	4.76
		전용 수세식 화장실 및 온수 목욕시설	0.96	0.53	1.00	1.92
	의료 및 건강	만성질환에 대한 정기적 진료	7.84	7.80	7.99	7.14
		치과 치료	4.35	3.44	4.12	8.15
		처방전에 따른 의약품 구매	1.35	1.07	1.36	2.10
	문화생활 및 사회적 지지	1년 1회 이상 가족여행	26.10	21.86	24.17	48.65
		특별한 날 기념	11.07	8.35	11.06	18.63
		취미생활이나 여가활동	26.65	17.70	26.64	51.32
		위로받을 수 있는 친척이나 친구	5.43	2.77	5.65	11.54

상대적 박탈	미래 대비	비일상적 지출에 대비(저축)	26.28	24.20	23.28	48.87
		노후 대비 연금이나 저축	25.40	30.06	19.47	45.96
		사보험 가입	16.74	18.67	11.72	39.67
	자녀 양육 및 교육[1]	자녀 고등교육 가능	5.30	2.19	6.12	11.84
		학원 수강이나 과외 가능	9.79	5.79	10.80	19.54
		기본 참고서나 도서 구매 가능	2.61	1.28	2.57	17.26
		고등학교 졸업 때까지 양육 책임	3.26	1.71	3.30	17.26
절대적 박탈	기초 생활	결식, 절식	5.20	4.40	5.69	4.62
		공과금 미납	5.64	4.49	6.73	2.74
		전기, 전화, 수도요금 미납으로 인한 단전, 단수 등	2.34	1.37	2.86	2.03
	주택 및 주거 환경	추운 겨울 난방 불가	3.13	1.02	3.73	5.58
		집세 체납으로 인한 이사	2.38	2.25	2.75	0.63
	의료 및 건강	질병에도 불구하고 병원에 못 감	2.79	1.57	3.16	4.02
	자녀 양육 및 교육[2]	공교육비 1개월 이상 체납	3.77	2.90	4.06	3.69

주 : 1) 2) 현재 대학생 이하 자녀를 둔 사람만을 대상으로 조사함. 조사된 사람 대비 비율임.
자료 : 한국보건사회연구원(2016). 사회통합 실태 및 국민 인식 조사 원자료.
출처 : 여유진(2020). 박탈 경험이 사회통합 인식에 미치는 영향. 조사연구, 21(1), 59-89.

〈표 4-7〉 빈곤율(중위 50% 기준) 및 절대적 박탈 경험률 (단위 : %)

구 분	전 체	35세 미만	35~64세	65세 이상
소득 빈곤율	12.3	4.3	9.8	48.4
재산 빈곤율	26.1	32.2	22.0	32.7
절대적 박탈 경험률	10.3	8.6	11.5	8.2

주 : 1) 소득은 1인 균등화된 가구소득 기준이며, 재산은 가구총재산 기준임.
2) 절대적 박탈은 7개의 박탈 중 1개 이상을 경험한 사람의 비율(%)임.
자료 : 한국보건사회연구원(2016). 사회통합 실태 및 국민 인식 조사 원자료.
출처 : 여유진(2020). 박탈 경험이 사회통합 인식에 미치는 영향. 조사연구, 21(1), 59-89.

박탈의 수준이 높을수록 사회통합에 부정적일 수 있으며 사회적 포용에 대해서도 낮게 인식할 것이다. 또한 박탈 경험이 많을수록 사회에 대한 신뢰가 낮고 부정적 태도를 가질 수 있을 것이다. 문화적 박탈이 높으면 사회의 포용력과 신뢰에 대해 부정적 성향을 띠게 될 것이다. 가족 여행 등 가족과의 여가 시간, 위로받을 수 있는 친척이나 친구의 존재와 같은 사회적 네트워크가 부족할수록 사회적 포용과 신뢰에 대한 인식도 부정적으로 나타날 것이다. 기초생계 박탈과 문화적 박탈, 그리고 미래 대비에서의 박탈이 사회통합에 부정적 영향을 끼칠 것이다. 특히 청년들은 사회 첫 출발부터 결핍을 안고 시작한다면 사회에 대한 신뢰와 통합에 부정적 인식을 가질 수밖에 없을 것이다(여유진, 2020 : 59-89). 따라서 전반적인 사회통합의 수준과 사회적 포용, 사회적 신뢰를 높이기 위해서는 기초적인 생활에서의 박탈뿐만 아니라 삶의 질을 높일 수 있는 문화적 복지와 안정적 미래를 준비할 수 있는 복지제도의 역할이 무엇보다 중요할 것이다. 아울러 노동시장의 불안정과 불평등을 해소하고 기초생계를 해결할 수 있는 사회경제 정책도 필요할 것이다.

CHAPTER 05

스티그마와 포착률(take-up rate)

1. 스티그마의 개념
2. 의존의 스티그마와 포착률
3. 포착률의 영향 요인

05
CHAPTER

스티그마와 포착률(take-up rate)

1. 스티그마의 개념

'스티그마(stigma)'의 단어 뜻은 '치욕', '오명' 등 부정적 의미를 가지고 있다. 사회복지적 의미로 해석하면 영국 구빈법에서 사용된 수급 억제의 수단으로 활용된 자산 및 능력조사의 엄혹함에서 파생된 용어이다. 처음에는 육체적 표시를 나타내는 단어, 즉 범죄자나 반역자임을 알리기 위해 신체에 남기는 낙인을 의미하였다. 다른 사람과 다르다는 점을 알리는 속성, 바람직하지 않은 속성을 뜻하는 것이기도 하다. 나아가 존엄의 상실, 부적절한 처우, 억제, 시민권의 부정, 수치와 불이익, 실패와 부적응에 대한 비난, 급여 신청 시의 굴욕감, 열등감 등과 비슷하게 이해할 수 있다. 아울러 개인, 집단 등 실제 사람과 사람 사이의 관계에 의해 발생하는 문제, 부정적 이미지의 특성을 가진 사람과 그렇지 않은 사람과의 관계성, 타인에 대해 부정적으로 작용하는 관계성의 문제라 볼 수 있다. 따라서 타인에 의한 차별과 편견에 의한 스티그마가 부여되고 자신에 대해서 스티그마가 발생한다.

빈곤정책, 특히 공공부조의 자산조사 과정은 스티그마 부여의 과정이지만,

그에 따라 굴욕감이 발생하면 스티그마를 당하는 상황이 발생한다. 하지만 신체적 또는 정신적 장애, 실업 등의 속성을 스티그마 자체로 생각할 수는 없다.

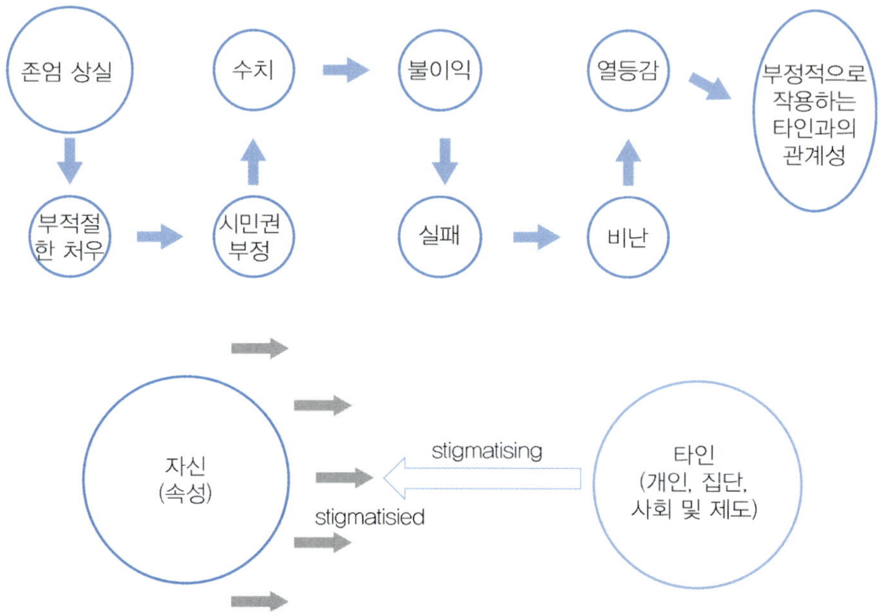

| 그림 5-1 | 스티그마의 과정

출처 : Paul Spicker(1984). Stigma and Social Welfare. St. Martin's Press 참조하여 필자가 작성.

2. 의존의 스티그마와 포착률

빈곤한 사람은 타인의 도움이 필요하며 이때 의존의 속성이 발생한다. 의존의 속성은 신체적·물리적·심리적 의존을 낳게 되고 타인에 의한 스티그마가 부여된다. 의존상태에 처한 사람은 지위의 저하를 통해 개인의 자유를 제약당하고 선택의 범위가 좁아져서 생활의 자율성을 상실한다.

모든 사회서비스는 교환 시스템이지만 사회서비스는 주는 자와 받는 자의 등가성 문제가 발생한다. 자조 중심의 자본주의 사회에서 의존은 사회적 일탈로 이해되기 쉬우므로 사회적으로 스티그마를 안게 된다. 이때 사회는 일탈자를 선별하기 위한 자산조사를 필연적으로 수행하고 선별적 제도를 작동하게 되므로 포착률에 영향을 끼친다. 따라서 스티그마를 줄이는 것은 포착률 상승 효과와 연결된다. 개인적 자산조사에 의존하지 않고 특정 범주, 집단, 지리적 기준, 욕구 기준에 따라 사회적으로 제공되는 선별적 서비스가 발전하고 수용될 수 있는 가치나 기회가 제공되어야 한다.

2015년 유럽 연합의 보고서에 의하면 영국의 경우 수급권자의 약 1/3이 신청을 회피하고 있다고 한다. 수급을 신청하지 않을 경우, 학교급식부터 자원봉사 고용프로그램까지 다른 서비스 이용에도 영향을 끼치게 된다. 포착률 향상은 빈곤 삭감으로 연결되므로 물질적 복지 향상, 건강, 고용과 취업으로 연결되어 산출을 개선시킨다. 따라서 폭넓은 포착은 직접적으로는 지방자치단체의 보조금 배분에도 유리하게 작용하고 간접적으로는 의료서비스 향상에도 영향을 끼칠 것이다. 이러한 점은 복지개혁과 긴축재정 시대의 맥락에서 보면 매우 중요하며 포착률 향상은 가난한 개인의 소득 감소를 완화하는 역할을 하게 될 것이다.

이런 점에서 영국 노동당 정부의 대응은 참고할 만하다. 노동당 정부는 빈곤 삭감에 우선순위를 두고 고령자 연금공제나 근로소득 세액공제 등을 확대해 왔다. 아울러 지방자치단체의 포착률 향상을 위한 캠페인과 아웃리치 활동을 강화하였다. 긴축재정을 기조로 삼고 있는 중앙정부의 복지급여 삭감의 영향에 대비하기 위하여 지방정부는 빈곤 대책 및 서비스에 대한 포착 강화를 전개하였다. 먼저 당사자가 급여자격을 인지하기 위해서는 정보가 결정적이므로 출생등록 때나 처음 취직하여 일을 시작할 때 급여자격을 알 수 있도록 정보 제공에 역점을 두었다. 따라서 지역의 복지행정 담당 부서가 주민에게 복지권을 확인하게 하고 신청을 이끌기 위하여 노력하였다. 이러한 포착 캠페인의 비용은 지방자치단체의 부담 없이 중앙정부가 부담하였고 지방정부는 보건의료 종사자나 지역복지 단체와 협력하면서 정보 제공에 힘쓰고자 하였다.

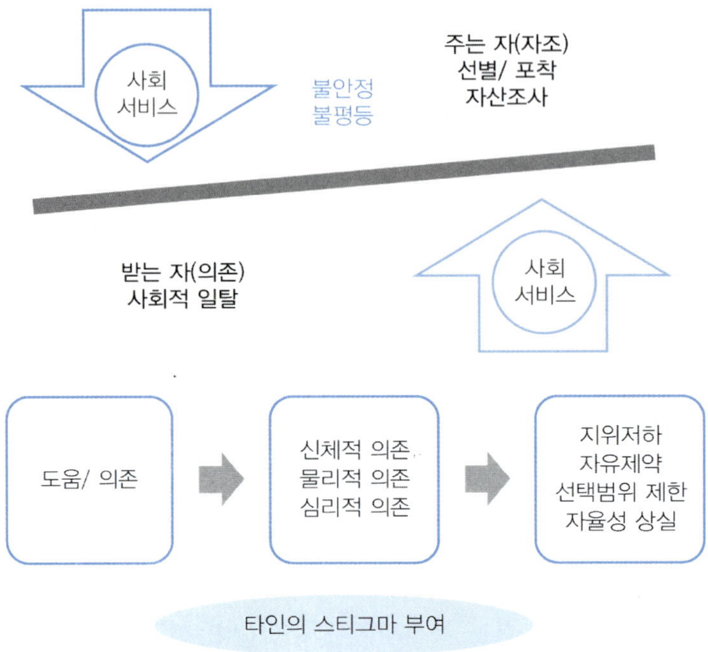

▌그림 5-2▌ 스티그마의 결과

〈표 5-1〉 유럽 주요국의 포착률 동향

국 가	사회부조의 명칭	포착률
영 국	소득보조/고용지원수당	77~89%
	구직자 수당	77~81%
	재가급여	79~82%
	지방세 급여	62~69%
	연금 크레딧	61~64%
	아동수당	96~97%
	아동급여 조건부세액공제	86~90%
	취업급여 조건부세액공제	64~69%
프랑스	RSA	36%
독 일	근로능력층 사회부조	58.50~65.20%
	퇴직연령층 사회부조	50.05~58.35%
	장애인 등 사회부조	57.00~66.20%

출처: Eurofound(2015). Access to social benefits: Reducing non-take-up. Publication Office of the European Union. Luxembourg.

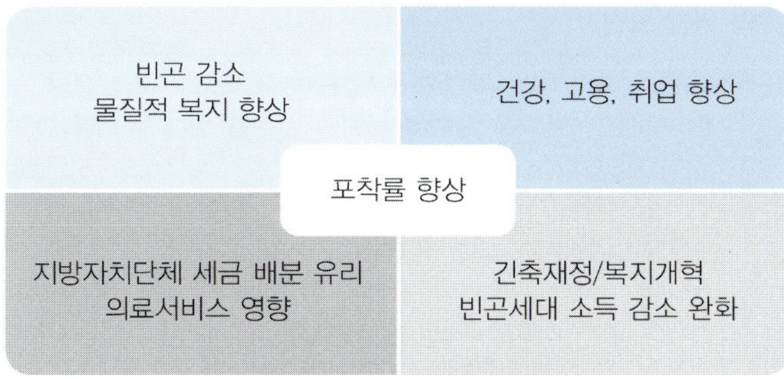

| 그림 5-3 | 포착률의 영향

3. 포착률의 영향 요인

유럽 연합 차원의 조사에 의하면 포착률에 영향을 주는 요인을 다음과 같이 분류하여 정리하고 있다.

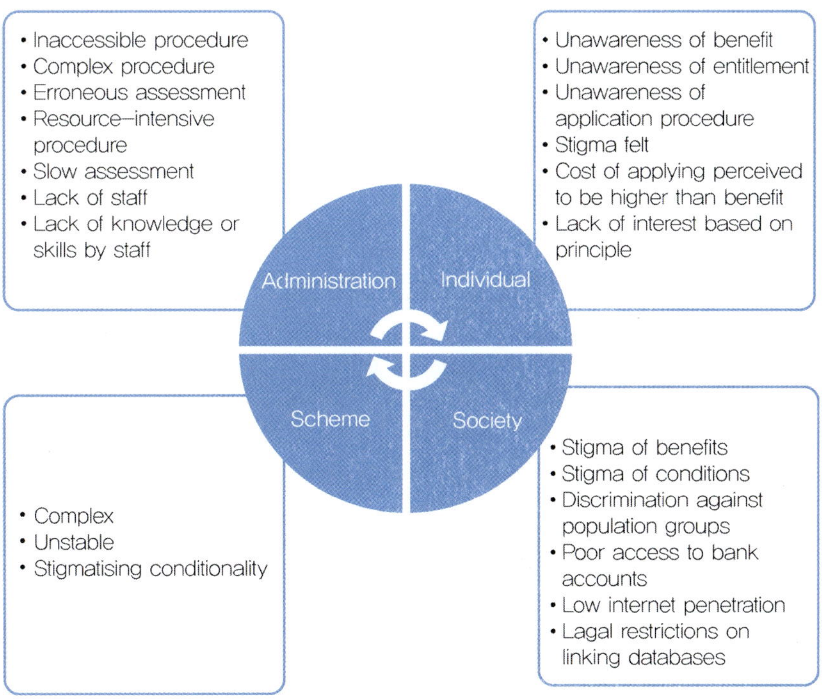

| 그림 5-4 | 포착률의 영향 요인

출처 : Eurofound, building on Van Oorschot(1995).

〈표 5-2〉 포착률의 영향 요인

행정 (administration)	• 신청 절차가 너무 복잡하여 사람들이 신청하거나 신청할 수 없을 수도 있다. 복잡한 언어로 된 여러 복잡한 양식을 작성해야 할 수 있으며, 영업 시간이 제한되고 잠재적인 수혜자와 일정 거리가 있는 사무실에서 대면 회의를 위해 약속이 필요할 수 있다. 또한 문맹률이 높거나 알츠하이머와 같은 질병이 있는 사람 또는 정보 및 응용 프로그램이 온라인으로 제공될 때 인터넷에 액세스할 수 없는 사람과 같이 복잡성으로 인해 특히 지연되는 사람들에 대한 지원이 부족할 수 있다. • 예를 들어, 청구 과정에서 지역 공무원이 장애 또는 빈곤에 대한 대면 평가를 해야 하기 때문에 그것이 더욱 스티그마의 원인이 되어 사람들이 포착되지 못할 수 있다.
제도 (scheme)	• 수급자격 기준이 복잡하고 오해하기 쉬워 수급자격이 없다고 생각하는 사람이 있을 수 있다. • 급부가 특별히 취약한 상황에 중점을 두고 있는 경우, 그것을 포착하는 것이 스티그마로 인식되는 경우가 있다.
개인 (individual)	• 사람들은 문해율이 낮거나 일이나 돌봄 이행 등으로 인해 절차를 충분히 이해할 시간이 부족하기 때문에 지원 절차가 어떻게 작동하는지 파악하지 못할 수 있다. • 친구들 앞에서의 실패나 수치심 때문에 다른 사람보다 스티그마의 영향을 받기 쉬운 사람도 있다.
사회 (society)	• 프라이버시법에 의해 데이터베이스 연결이 복잡해질 가능성이 있으며 특정 지역에서 고등교육 접근이 제한되어 문맹률이 매우 높을 가능성이 있다. 또한 인터넷 보급이 제한되어 간결한 애플리케이션 시스템 접근이 제한될 가능성도 있다. • 스티그마 수준은 사회에 따라 다르다. 예를 들어, 수급자나 수급조건(실업, 저소득, 장애 등)은 언론에서는 다르게 묘사된다.

우리나라의 상황에 맞게 정리하자면 다음과 같이 요약할 수 있겠다.

첫째, 신청 과정의 스티그마 발생이다. 서류 준비의 복잡성과 어려움, 준비 과정에서 의심받기 등으로 스티그마가 부과된다.

둘째, 선정 기준의 스티그마 발생이다. 불합리한 자격조건과 밀어내기식 대응방식이다.

셋째, 제도 접근의 스티그마 발생이다. 신청을 원하는 사람들의 정보 접근이 제한되고 문제가 발생했을 때 이의를 제기하기가 어렵다는 것, 사회적으로 부정적 통념이 지배하고 있다는 것이다.

한마디로 수급 신청과 선정 과정에서 조건화에 의한 스티그마화가 작동하여 포착률에 영향을 끼친다고 할 수 있겠다. 즉, 빈곤층 대상 정부의 대책이 기존의 소득과 재산만으로 선별하는 장치로는 부족하며 급부 조건의 증명 및 이행을 통해 행동 변용까지 유도하는 조건화(conditionality) 방법이 강화되는 것이다. 이는 곧 현대 빈곤은 사회문제가 아니라 개인의 자조 문제라는 인식이 강화되는 것이기도 하다. 하지만 빈곤과 격차는 사라지지 않고 존속되고 있다. 과학적이고 효율적으로 점수를 매기는 조건화된 제도들이 사람들의 복잡한 빈곤 현실을 파악하는 데 실패한다면 빅데이터 등을 더 잘 발굴하는 방식을 확대하더라도 근본원인을 찾기는 어려울 것이다.

CHAPTER 06

빈곤 원인론과 대물림

1. 빈곤의 원인
2. 빈곤의 대물림

06
CHAPTER

빈곤 원인론과 대물림

1. 빈곤의 원인

빈곤이 사회적 차원에서 발생한다는 지적은 현대 산업사회에서 상식적인 논의이다. 하지만 여전히 빈곤 원인을 개인으로 돌리는 전통적인 관점은 강하게 남아있다. 따라서 여기서는 빈곤의 원인을 개인의 속성이나 역량에 초점을 두는 관점과 사회의 기능이나 구조에 초점을 두는 관점 중심으로 간략히 살펴보고자 한다.[1)]

먼저 개인적 속성이나 역량에 초점을 두는 관점으로 정리해 보자. 개인의 재능과 능력이 열등하면 나쁜 일자리로 이끌게 되고 그 결과 소득의 중단이나 상실을 가져와 빈곤에 빠지게 된다는 논리이다. 첫 번째로 능력 중심의 관점이다. 개인의 능력에 따라 사회경제적 지위와 권력이 배분되므로 기회가 공평하게 제공되면 개인적 능력이 우수한 사람일수록 능력에 따라 선발되어 높은 사회적 지위와 자원 등을 획득한다. 하지만 빈부 격차가 커지고 불평등은 강화될 수 있다. 개인의 능력을 판별할 수 있는 대표적인 척도로 지능지수를 들 수 있

1) 빈곤 원인을 설명하는 다양한 이론을 총괄적으로 조사한 연구에 대해서는 김기원(2019)의 「빈곤론」 제5장(pp. 102-123) '빈곤의 원인'을 참조하기 바란다.

다. 지능지수가 일정 기준 이하인 사람은 정상적인 사회생활이 불가능하게 될 것이다. 따라서 당사자는 사회활동 능력과 소득 능력이 떨어지는 결과로 이어져 빈곤해질 가능성은 상대적으로 높아진다. 예를 들어, 개인적 능력이란 추진력과 역동성, 의지력, 성실과 자제 등을 들 수 있는데, 능력이 부족한 사람은 이러한 능력이 부족하여 그렇지 않은 사람보다 좋은 직업을 얻을 수 없으므로 빈곤 위험성이 높아진다는 것이다.

두 번째는 인적 자본의 부족으로 보는 관점이다. 열악한 인적 자본이 빈곤을 초래한다는 것이다. 빈곤 탈출을 위해서는 임금 소득이 매우 중요한데, 임금 수준은 노동의 한계 생산성으로 결정되고 여기에 인적 자본은 큰 영향을 끼친다. 즉, 낮은 수준의 지식과 기술은 낮은 인적 자본을 형성하므로 노동의 한계 생산성이 낮아지고 임금 수준도 저하될 수밖에 없어 빈곤으로 연결되는 것이다. 따라서 집중해야 할 사회적 대책은 지식과 기술 수준을 높일 수 있는 교육이나 직업훈련에 대한 투자가 될 것이다.

세 번째는 개인의 취업 경쟁력을 중심으로 보는 관점이다. 낮은 학력 수준 때문에 빈곤이 발생하는 것이다. 따라서 학력 수준은 개인의 생산적 능력의 높고 낮음을 가장 쉽게 판단할 수 있는 척도가 되므로 학력 수준이 낮은 사람은 빈곤해질 가능성이 커진다. 고용주의 경우 노동자의 생산능력에 대한 정보가 불확실하므로 현실적으로 교육수준과 같은 특성을 통해 생산성의 높고 낮음을 평가하고 선발하려 할 것이다. 따라서 선발 도구로 쉽게 활용할 수 있는 것이 학력이다. 좋은 학교 교육을 받은 사람은 생산성이 비교 우위에 있으므로 더 높은 임금을 지급해야 할 것이다. 생산성이 높은 근로자는 교육수준이 높은 근로자이므로 학력이 높은 사람이 보상을 더 많이 받는 것은 당연하다. 학력의 효과가 가장 중요하다는 믿음이 변화 없이 계속될 경우, 높은 학력을 취득한 사람은 계속 높은 임금을 받을 수 있을 것이다. 하지만 학력 이외에도 노동자의 경쟁력에 대한 정보가 많이 알려지고 성과가 있다는 점이 계속 드러나면 학력주의는 서서히 약해질 것이다.

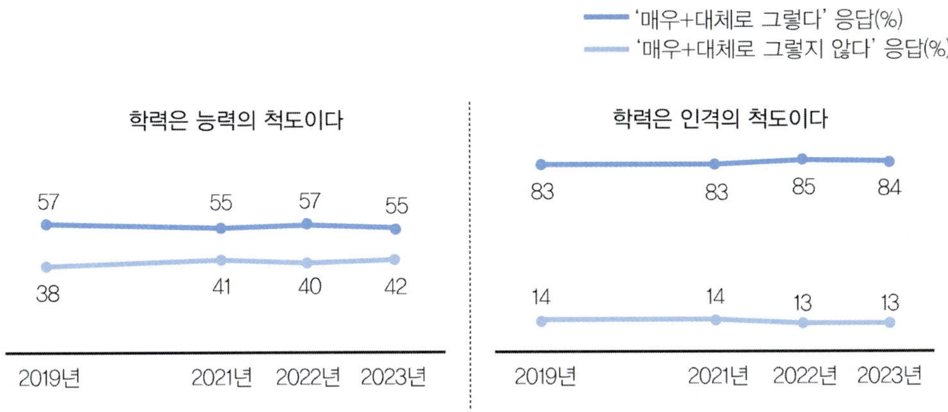

┃그림 6-1┃ [2023 교육인식조사] 대학 진학 및 학력에 대한 인식

출처 : 한국리서치 여론 속의 여론(hrcopinion.co.kr).

네 번째는 직무 경쟁력의 관점이다. 직무를 수행할 때 상대적으로 더 낮은 훈련비가 들고 적응 능력이 뛰어난 노동자일수록 좋은 직무를 차지하므로 빈곤할 가능성은 적어진다. 따라서 누가 어떤 직무를 차지하는가에 따라서 빈곤 여부가 결정되므로 노동자의 훈련 가능성과 적응력이 중요하다. 훈련비가 많이 들어갈 것으로 판단되는 노동자는 상대적으로 나쁜 직무를 갖게 될 것이다. 필요한 훈련비의 정도에 따라 노동자의 서열이 정해지고 고용주는 노동자의 교육수준, 나이, 지능과 같은 배경을 이용하여 선택하려 할 것이다. 따라서 배경이 좋은 노동자는 높은 서열과 좋은 일자리를 차지하여 높은 소득을 올리게 될 것이다. 고용주는 학업 능력과 좋은 배경 등을 포함한 직무 경쟁력이 높은 노동자는 근무태도가 좋고 이직할 가능성도 없으며 건강 상태까지 좋다고 판단할 것이다. 이러한 상관관계가 능력을 나타내는 정보로 간주되므로 교육수준이 중요한 판단기준이 된다. 노동자에게도 교육수준은 고용 기회를 증가시켜 빈곤을 예방할 수 있는 중요한 요인이라 판단할 것이다. 따라서 학벌과 학점, 토익, 어학연수, 자격증, 인턴 경험 등 스펙 경쟁이 매우 치열해지고 이러한 경쟁 구도 속에 가난한 사람들이 진입하기란 매우 어려워질 것이다.

다음으로 사회적으로 원인을 보는 관점이다. 첫 번째로 기능주의적 관점이다. 사회는 여러 부분의 기능이 모여 전체적으로 조화와 균형이 이루어져 발전하게 된다. 따라서 사람이 제대로 사회적 기능을 발휘하지 못하고 사회발전 및 안정에 도움이 되는 과업을 수행하거나 전혀 수행할 수 없게 되면 보상을 받을 수 없게 되고 빈곤해질 것이다. 따라서 빈곤한 사람에 대하여 기능이 제대로 작동하는 사회제도를 만들어 대응해야 할 것이다. 빈곤이 존재하는 사회는 공공부조와 같은 사회보장제도가 기능 부진에 빠졌기 때문이다. 즉, 사회제도가 실패한 결과로 빈곤이 발생하는 것이다. 또 노동 공급과 수요가 일치하지 않고 기능이 부진할 때 빈곤이 발생할 수도 있다. 이런 경우 빈곤은 노동시장 제도가 실패한 결과가 될 것이다. 따라서 사회적 대책의 기능 강화가 시급한 과제가 될 것이다. 그런데 빈곤이 과연 긍정적 기능이 있을까? 기능적 관점에서 볼 때 여전히 빈곤이 존재하는 이유는 빈곤의 기능이 있기 때문이다. 예를 들어, 빈민이 하는 일은 주로 다른 사람이 선호하지 않는 직종일 경우가 많다. 또 저임금 돌봄 노동은 빈민이 수행함으로써 빈곤자가 아닌 사람이 더 높은 소득을 올리는 일에 종사하도록 돕는다. 한마디로 값싼 노동력을 제공하여 사회발전의 밑거름이 되기도 한다는 것이다. 빈곤 비즈니스와 같은 시장이 형성되고 있고 또 스포츠 스타들의 성공 이면에는 헝그리 정신이 있다는 점, 다시 말해 사회적 성공의 원천으로 기능한다는 극단적인 시각도 존재한다. 따라서 매우 제한적이며 소극적인 약자 중심의 빈곤 대책에 주목할 수도 있다.

두 번째는 계급 갈등의 관점이다. 빈곤은 정치적·사회적·경제적 권력을 가진 자본을 독점한 지배계급이 그들의 더 많은 이익을 위해 노동력만 가진 피지배 계급을 착취하는 구조 때문에 발생하는 것이다. 빈곤을 해결하는 가장 효과적인 방법은 스스로 상황을 변화시킬 수 있다는 믿음을 주는 것이다. 따라서 집단적 투쟁능력을 발휘하여 지배계급이 누리는 착취 구조를 해체하는 사회적 대응이 중요하다. 빈곤은 사회구조에 근본 원인이 있으므로 현재의 복지제도는 당장 표출되는 불만을 다른 방향으로 돌리는 임시방편에 불과하다. 근본적인 개혁이 불가능하므로 개인의 자립 능력을 키워주지 못한다. 권력을 독점하는 정부나 자선단체와 같은 비영리조직도 빈곤 문제 해결을 위한 주도권을 가질 수 있지만, 임시방편에 불과하며 실제로는 빈곤으로 인한 이익을 누리고 있다는 것이다.

세 번째로 노동시장의 문제로 보는 관점이다. 즉, 빈곤의 원인은 노동시장이 분리되고 단절되어 있기 때문이다. 예를 들어, 이차 노동시장[2)]이나 외부노동시장에 고용된 노동자는 상대적으로 낮은 임금에 노출되어 빈곤에 빠지기 쉽다. 이른바 일차 노동시장[3)]이나 내부 노동시장과 임금 결정방식도 다르며 보수가 높고 안정적인 다른 일자리로 이동하기도 어렵다. 내부 노동시장은 임금 결정 과정이 수요와 공급 등의 변수에 의해 지배되는 외부로 개방된 경쟁 노동시장과 분리되어 형성된다. 따라서 내부 노동자는 승진과 연봉 등에 있어 외부경쟁 없이 보호받으며 안정적인 고용을 누리게 된다. 한편 자본이 독점화된 부문과 그렇지 않은 경쟁 기업들로 이루어진 이른바 주변부 부문은 경제 규모와 시장규모, 자본집중도와 조직구조 등에서 뚜렷한 열세를 보이며 분리되어 있다. 빈민은 사회경제적으로 불리한 처우에서 이렇게 외부적이고 분리된 노동시장에 종사할 수밖에 없다. 따라서 불안정한 일자리에 익숙해지면 더욱 일차 노동시장으로 진입하기는 어려워진다. 일차 노동시장과 이차 노동시장 분절이 뚜렷해질수록 진입은 더욱 어려워지고 일차 노동시장 진입을 위해 교육 훈련을 더 열심히 하기 위한 동기는 약해진다. 분리된 노동시장에서 임금도 형편없이 낮고 노동조건도 나쁜 이차 노동시장에 고용된 사람은 더욱 빈곤해질 가능성이 커진다. 따라서 일자리 연계를 통한 빈곤 프로그램 추진에 있어서 노동시장 개혁 문제도 주목해야 할 것이다.

2) 이차 노동시장은 저임금과 낮은 소득, 낮은 복지, 고용불안, 사회보험 사각지대의 특징이 있다. 예를 들어, 무기계약직, 민간 대기업의 비정규직, 민간 중소기업의 정규직, 민간 중소기업의 비정규직, 공공부문의 비정규직, 비임금근로자인 자영업자 등을 들 수 있다.

3) 일차 노동시장은 고임금과 고소득, 질 높은 복지, 고용안정 등의 특징이 있다. 예를 들어, 민간 대기업 정규직, 공공부문 정규직, 안정적인 자영업자 등을 들 수 있다.

2. 빈곤의 대물림

빈곤은 개인적 고통과 사회적 폐해를 모두 초래하므로 효과적인 대책이 마련되지 않는다면 대물림될 수 있다. 빈곤의 부정적 결과를 받아들이지 않지만, 빈곤에서 탈출할 수 없는 것이다. 예를 들어, 아동 시기의 빈곤 경험을 했던 성인이 이후 계속 빈곤 상태에 있다면 빈곤은 대물림되고 있다고 판단할 수 있을 것이다. 따라서 빈곤한 가족에서 성장한 아동이 성인이 된 후의 소득 상태가 어떠한가를 기준으로 빈곤의 대물림 여부를 평가할 수 있다. 아동 시기 특정 시점이 아니라 아동의 성장 과정, 그리고 성인이 된 후에도 추적조사가 필요할 것이다. 소득 격차와 세대 간 소득탄력성의 국제 비교 연구에 의하면, 특정 나이 시기에 부모의 소득이 높았던 경우, 아동이 부모와 동일한 나이가 되었을 때 그 소득이 어떤 영향을 받았는가와 관련하여 소득 격차가 큰 나라일수록 부모와 성인이 된 자녀의 소득 관계가 강하고 가구 간의 유동성이 낮다는 결과를 보여주고 있다(駒村康平 外, 2024 : 193). 예를 들어, 자유주의 국가는 소득 격차가 상대적으로 크므로 부모 자녀 사이의 격차 대물림이 강하다. 미국은 성공의 기회가 넘치는 국가라고 생각되지만 실제로는 그렇지 않으며 어떠한 부모 밑에 태어났는가에 따라 인생의 가능성이 결정되는 국가이다. 반면 북유럽 국가는 격차의 세대 간 대물림이 약한 국가이다. 미국과 북유럽의 차이를 살펴보면, 미국은 종합적인 보건 및 의료 서비스가 모든 국민에게 보장되지 않고 보육서비스나 초등교육의 질도 소득계층에 따라 큰 차이가 있다. 따라서 언어능력 등은 부유층과 빈곤 가구 아동이 3세까지 1년 격차가 발생한다는 연구도 있다. 북유럽과 비교하면 인생의 출발부터 소득계층에 따라 큰 차이가 있다(駒村康平 外, 2024 : 194).

빈곤의 대물림과 관련된 연구에 의하면 소득, 건강, 지역사회나 주위의 환경, 부모와 자녀 간 지능과 능력과 같은 유전적 요인, 생활습관, 가치관, 심리적 요인, 친구 관계 등이 서로 복잡한 요인으로 얽혀 있다. 소득의 부족은 진학기회와 학력 향상을 제한하고 좋은 일자리를 얻을 가능성에도 영향을 끼친다. 부모의 소득에 따라 학력이나 진학률에 차이가 생긴다는 건 상식에 가깝다. 빈곤 대물림과 아동의 건강과 관계에서 부모로부터 물려받은 건강상의 문제, 건강에 관한 지식이나 문해력의 부족, 영양결핍, 건강 및 보건 서비스에 대한 접근성 문제가 생길 것이다. 육체적 효율을 충족할 수 없는 수준의 식사를 계속하는 사람의 비율은 소득계층에 따라 격차가 크게 나타날 것이다. 저소득층 아동은 채소, 과일, 육류 등을 충분히 섭취하기 어렵고 부실한 음식으로 끼니를 채우는 비율이 높다. 또 현재 거주하고 있는 지역사회 등 빈곤한 환경도 영향이 크다. 빈민층이 많은 지역에서는 고등교육 기관에 진학하는 아동이 적다. 실직 부모나 무직 부모가 많은 지역 상황이 아이의 성취동기에 큰 영향을 끼칠 것이다. 사회적으로 고립된 상태와 사회적 규범에 대한 지역 주민의 낮은 의식 상태도 아동의 행동에 해로운 영향을 끼칠 것이다.

그리고 인적 자본과 사회적 자본 형성도 문제가 될 것이다. 부유층 가구의 아이는 부모로부터 유리한 사회적 연결, 친구와 이웃을 계승할 수 있다. 즉, 상대적으로 유리한 이웃효과를 누릴 것이다. 더구나 지역의 윤리의식, 법 준수 정도, 자원봉사 의식, 정치 참여 수준 등 지역사회의 문화와 가치관, 또 학교, 병원, 도서관 등과 같은 공공서비스 접근성도 우월할 것이다. 빈곤율이 높은 지역에서 성장한 아동은 그렇지 않은 지역에서 성장한 아동보다 대학 진학률이 낮고, 연봉도 낮다는 것이 확인되고 있다(Philip Jepherson, 2021 : 220).

따라서 가족이나 개인의 노력뿐만 아니라 지역사회 자체가 안고 있는 문제를 해결하는 빈곤 대책이 중요하다. 부모 - 자녀의 유전적 요인은 지능지수에도 주목한다. 이미 지적한 것처럼 능력주의 관점에서는 지능지수가 높을수록 학력이 높고 소득도 높다. 부모의 지능지수가 낮아서 아이도 낮아지고 빈곤이 대물림되는 것이다. 이처럼 출생이 중요한 요인이 될 수 있지만, 부모 소득의 영향이나 지능지수와 같은 유전적 요소를 빈곤의 대물림의 근거로 하는 논거는 절대적인 것은 아니다. 물론 빈곤이 초래하는 스트레스, 사회적 배제와 고립, 학대와 같은 환경이나 경험이 아동 발달과 심리, 인지 능력이나 뇌 기능에 영향을 끼치는 건 분명하다(駒村康平 外, 2024 : 196). 하지만 사회정책을 통해 충분히 빈곤의 대물림을 극복할 수 있으며 통제할 수 있을 것이다.

빈곤 대물림의 원인이 소득뿐이라면 충실한 소득보장 대책으로 이 문제는 해결될 수 있을 것이다. 하지만 소득의 부족이나 상실 이외에도 다양한 불리한 요인이 영향을 끼친다. 아동기부터 자기 긍정이나 인내에 기반하여 자기 제어 기술을 익히는 것은 학습 능력 향상뿐만 아니라 건강 관리 등 생애에 걸쳐 큰 영향을 끼친다. 올바른 건강습관에 따라 영양보충과 체력 관리를 하고 약물 남용을 멀리하는 등 자기 관리법도 익힐 수 있을 것이다. 어느 정도 성공의 경험이 없으면 학습 의욕이나 건강습관이 만들어지지 않는다. 지속적인 빈곤은 이러한 성공 경험을 해치는 원인이 될 것이다. 또 나쁜 양육 환경 자체가 아이의 학습 능력에 악영향을 끼칠 가능성도 있다. 즉, 오랫동안 빈곤 상태에 노출되면서 파생되는 스트레스가 아이의 기억력에 나쁜 영향을 끼쳐 학습을 관장하는 뇌 기능 발육에 나쁜 영향을 끼칠 수도 있을 것이다.

빈곤은 스트레스를 거쳐 인지 기능, 기억 기능에 나쁜 영향을 끼쳐 학습 능력과 자기 긍정을 해칠 가능성도 있다. 예를 들어, 인생 초기의 학습 부진은 등교 거부, 반사회적인 공격적 행동을 유발할 가능성도 있다. 스트레스는 건강 측면에서도 면역 능력을 떨어뜨릴 것이다. 빈곤에 수반되는 스트레스로 인지 능력과 학업 능력이 낮아지면 빈곤 대물림은 더욱 강해질 것이다. 이처럼 빈곤은 직업이나 건강에 직접 영향을 끼칠 뿐만 아니라 빈곤에 수반되는 스트레스, 열등감, 자존감 상실, 학대 등이 아동의 정신과 지능 측면에 심각한 악영향을 끼친다는 건 분명하다. 특히 영양부족 문제는 태아시기부터 문제를 일으킨다. 저체중이나 발육 부진은 성인 이후에도 질병에 대한 내성을 떨어뜨려 질환이나 감염 가능성을 높인다. 출생 직후의 극심한 빈곤은 아동에게 회복 불가능한 정신적・신체적・심리적 손상을 끼친다(Starfield et al., 1991; 駒村康平 外, 2024 : 198-199).

빈곤 상태가 오래 계속될수록 빈곤 상태에서 벗어나기 어렵다. 즉, 빈곤은 지속 시간의 의존성이 있다. 성인의 실업 상태가 계속되면 기능적·정신적 측면에서 취업 의욕이 낮아질 수밖에 없을 것이다. 더구나 아동 시절의 빈곤 경험은 더 장기에 걸쳐 빈곤 리스크를 일으킬 것이다. 미국의 장기추적 데이터(PSID : Panel Study of Income Dynamics)를 이용한 과거의 연구에 의하면 15세 미만 시기에 빈곤 경험이 없는 사람은 그 후 인생에서 빈곤을 경험할 비율이 최대 4~5%라고 한다. 반면 1년이라도 빈곤 경험이 있으면 그 이후의 빈곤율은 전혀 빈곤 경험이 없는 사람과 비교하여 급격히 높아졌다. 0~15세 빈곤 기간이 장기화될수록 성인이 된 후의 빈곤 리스크는 상승하였다(Wagmiller & Adelman, 2009). PSID 데이터를 이용하여 조사 대상자로부터 태어난 아동을 추적 조사한 결과 15세 이하의 빈곤 경험 기간과 성인이 된 후의 빈곤율에는 상관관계가 있으며 백인보다 흑인의 빈곤 대물림이 높다는 결과도 제시되었다(Corcoran & Adams, 1997).

영국의 경우, 2세대를 초월한 빈곤의 대물림 실태를 세대에 걸쳐 분석한 2000년대 초반의 연구 결과에 따르면 10대의 빈곤과 성인이 된 후의 빈곤의 인과관계는 강하다(Blanden & Gibbons, 2006). 1970년대의 10대 세대층과 1980년대의 10대 세대층은 빈곤에 이르는 과정에 차이를 보인다. 1970년대의 경우, 저학력이나 무직의 부모 등 가정환경 원인의 빈곤이 많지만, 1980년대는 빈곤 그 자체의 영향이 강했다. 10대에 빈곤을 경험한 사람이 성인 후에 빈곤해질 확률은 1980년대 10대 세대가 2배 높게 나오고 있어 젊은 세대일수록 빈곤의 세대 간 대물림이 강해졌다는 점을 지적하고 있다. 그리고 블레어 정권 시기에 「아동 빈곤 퇴치」가 공약으로 내세워져 2004년 9월 정부보고서(Office of the Deputy Prime Minister) 「Breaking the Cycle : Taking stock of progress and priorities for the future」에서 영국의 아동 빈곤 상황, 불리함의 대물림으로 연결되는 사회적 배제의 실태가 상세히 분석되고 10대의 빈곤 경험과 성인이 된 이후 소득과의 상관관계를 인정하고 있다.

이 외에도 가정 내에서의 부모 자녀 대화의 양과 질에 집중한 연구(ダナ・サスキンド, 2018)에서는 빈곤층, 노동자 계층, 전문직 계층에 따라 부모 자녀 대화의 양과 내용을 분석하였다. 이 결과 빈곤층과 그 이외 계층을 대비하면 3세까지 약 3,100만 개 단어 차이가 발생하였다. 그 내용도 빈곤층에서는 부정적이고 명령적인 대화가 많고, 긍정적이고 지지하는 대화는 적었다(駒村康平 外, 2024 : 202-203). 이러한 결과를 볼 때 빈곤 경험이 언어 능력이나 인지 능력에 큰 영향을 끼친다는 점을 확인할 수 있다.

빈곤 경험이 아동의 가능성을 박탈하여 대물림되지 않도록 대책을 수립하려면 아동에 대한 학습 능력 향상, 교육 강화를 위한 지원이 중요하게 여겨진다. 학습 능력 테스트와 같이 점수로 수치화할 수 있는 지능은 인지 능력이다. 이에 비하여 테스트 등으로 수치화하기 어려운 내면적인 기술 인지 능력은 비인지 능력이다. 비인지 능력의 정의는 자기인식, 의욕, 인내력, 자제심, 자기인식, 협조성이라 할 수 있다. 1960년대에 미국에서 진행된 약 40년간의 교육프로젝트 연구에 의하면, 교육지원 프로그램에 무작위로 선발한 아동 참여자가 참여하지 않은 아동보다 성인 후 더 안정적인 생활을 하고 있었다. 즉, 프로젝트 대상이었던 아동과 대상이 아니었던 아동 비교에서 양쪽 모두 인지 능력에는 큰 차이가 없었지만, 프로젝트 대상의 아동은 학습 능력이 높고 중퇴나 유급은 적었다. 이후 성인이 된 후 더 안정적 사회생활을 보내고 범죄율이나 실업, 공공부조, 마약 사용자도 적었다는 사실이 확인되었는데, 이는 비인지 능력이 높았던 점을 확인하는 것이었다. 또 프로젝트 비용 1달러마다 약 9달러에 이르는 투자 효과가 나타났다. 이는 인생의 출발 시점에서 운이 나빴던 아이에 대한 지원이 사회적으로 매우 높은 투자 수익률을 낳을 수 있다는 것을 보여준다(Ludger Woessmann & Gabriela Schuetz, 2006).

빈곤의 세대 간 대물림은 다양한 경로에서 발생하므로 입체적인 특단의 대책이 필요하다. 세대 간 대물림을 해소하기 위한 정책으로서 매우 유명한 대책으로 널리 알려진 것은 헤드 스타트(Head Start) 프로그램이다. 1965년 존슨 대통령이 도입한 것으로 3세부터 4세 사이의 저소득 아동을 선별적으로 지원하는 사업이다. 이는 교육뿐만 아니라 건강, 영양, 부모를 포함한 서비스를 제공하고 현재도 중요한 정책이 되고 있다. 영국에서도 1998년부터 슈어 스타트(Sure Start) 정책이 채택되어 아동에게 인생의 최선의 출발을 제공한다는 목표로 육아와 조기교육, 건강, 가족지원 개선 대책을 추진하였다. 그 후 영국에서는 아동의 빈곤 해소 정책을 계속 추진하여 2020년까지 상대적 빈곤율 60%를 밑도는 연 수입 가정의 아동을 10% 이하로 하겠다는 목표가 제시되었다. 이후 「아동의 빈곤 전략 2014-2017년」도 제정되었지만, 캐머런 보수당 정권에 의해 「생활 기회 전략(Life Chance Strategy)」으로 교체되었다. 이 전략은 단순한 기회의 평등을 추진하는 조치에 머물지 않고 그 사람의 특성, 노력, 태도에만 의존하는 게 아니라 사회의 계층이동 구조를 형성하려는 것이다. 구체적인 대응 방향은 모든 아동과 약자가 더 발전하기 위한 평등한 기회를 보장하는 방법 이상의 것을 추진하는 것이다. 즉, 자원분배가 사회 전체적으로 공평하게 되는 방법을 찾는 것이다.

우리나라의 경우, 예를 들어 아동 빈곤 경험이 청년에 미치는 영향을 분석한 연구(김태완 · 이주미, 2018)에 의하면 청년(만 18~23세) 열 명 중 세 명은 아동기에 빈곤을 경험한 것으로 나타난다. 또 장기적으로 빈곤을 경험한 청년층의 대학 진학률(29.1%)은 빈곤 경험이 없는 청년층(79.3%)에 비해 2배 이상 낮았다. 특히 빈곤을 경험하지 않은 청년층의 23.2%가 상용직에 근무하는 반면, 6년 이상 장기간 빈곤을 경험한 청년은 4.2%만이 상용직에 종사하고 있었다. 반면에 비경제활동인구가 72.2%로 다른 빈곤 경험 청년층에 비해 큰 것으로 나타났는데, 비경제활동 사유의 대부분은 학업이었지만, 구직활동 포기(1.2%)보다는 근로 의사가 없음(18.4%)이 특징적으로 나타나고 있어 다른 빈곤 경험 기간 청년이나 경험하지 않은 청년과 큰 차이를 보여주었다(김태완 · 이주미, 2018 : 23). 결론적으로 아동기 빈곤 경험이 청년기에도 일정하게 영향을 미치고 있었으며, 아동기 빈곤은 청년 본인의 책임보다는 이전세대, 즉 부모세대에 의한 영향이라는 점을 알 수 있다. 따라서 대책으로서는 빈곤 아동에 대한 보호를 강화함으로써 학업에 있어 차별과 배제를 받지 않도록 해야 하며, 중등 및 고등 시기의 학교 밖 학생에 대한 지원과 주기적이고 중점적인 종합상담 서비스 제공을 통해 빈곤 가정 아동이 학교를 벗어나거나 조기에 노동시장 내로 진입하여 불공정한 노동참여를 방지하는 대책을 마련할 것을 제안한다. 또 부모세대에 의해 아동이 빈곤을 경험하고 이는 결국 빈곤 대물림과도 연계될 수 있다는 점에서 아동을 가진 부모에 대한 취업 알선과 직업훈련, 불공정한 근로환경 개선 등 노동시장을 떠나지 않도록 지원하는 대책 강화도 제시하였다. 무엇보다 빈곤 대물림을 방지하기 위해서는 2018년 세계불평등 보고서에서 강조하듯이 불평등개선을 위한 노력이 필요하며, 그중 하나로 저소득층 혹은 빈곤층을 대상으로 한 좋은 교육과 일자리 접근성 강화(Alvaredo, F., 2018 : 268)는 기본적이고 필수적인 방향이라 할 수 있다.

CHAPTER 07

빈곤 문화론

1. 개 념
2. 배 경
3. 특 징

07 CHAPTER

빈곤 문화론

1, 2. 당시 사당동 어느 집이나 대문을 열면 부엌이 나타나고 장지문을 열면 온 식구가 모여 지내는 방이 보였다. 3. 1988년 사당동. 중산층 아이에게는 무서운 재개발 현장이 그곳 아이들에게는 놀이터였다. 4. 1988년 철거 현장을 둘러보고 있는 연구 조교. 조은 교수는 1986년 여름 인류학자, 남녀 대학원생 등 3명과 함께 연구 현장을 찾았다. 5. 1988년 사당동에 마지막으로 남은 구멍가게 앞을 한 주민이 지나가고 있다. 6. 아파트가 들어설 때까지 한 집이 철거를 하지 않았다.

출처 : 주간동아(2012. 6. 8). 빈곤문화 확대재생산 계급이동통로 꽉 막혔다(donga.com).

1. 개 념

문화란 인간이 주어진 환경을 변화시키고 본능을 적절히 조절하여 만들어낸 생활양식과 그에 따른 산물을 말한다. 따라서 가난한 가정에서 자란 아이들이 빈곤의 문화를 가질 경우 범죄나 실직, 가난 등에 평생 시달리고 그 후손도 그렇게 될 가능성이 높다는 결론에 이른다. 그렇다면 빈곤 문화란 개인의 의지와 관계없이 주어진 조건 때문에 그러한 생활방식에 익숙해진 것일 가능성이 크다. 경제적으로 어려운 환경에 처한 사람에 대해 사회적으로 편향된 시선으로 보는 경우도 많다. 따라서 그들은 주류 문화에 적응하고 참여하기 어렵다.

사회적으로 혜택을 받지 못하고 자라난 사람들은 자신들의 사회적 지위가 낮다는 점을 인식하게 되면서 지위 불안에 시달리게 될 것이다. 또한 가난한 사람들은 게으르고 무능하다는 편견 때문에 일을 할 때 충분히 실력을 발휘하지 못할 수도 있다. 여기서 가난이라는 말은 배제를 낳는 또 다른 표현이다. 따라서 이러한 특성이 대물림되면 가난한 환경에서 자란 사람은 외부의 평가가 두려워 자신과 비슷한 형편의 사람만 사귀려는 경향을 보일 수도 있다. 이러한 가능성을 이론적으로 대변하는 논리가 빈곤 문화론이라 할 수 있다.

2. 배 경

빈곤 문화는 오스카 루이스(Oscar Lewis, 1914~1970)의 멕시코 빈민촌을 배경으로 한 『산체스네 아이들 - 빈곤의 문화와 어느 멕시코 가족에 관한 인류학적 르포르타주(1961)』에서 출발한다. 다음 그림은 산체스네 가족의 가계도이다. 멕시코 까사그란데(커다란 단층 연립주택으로 된 베씬다드 빈민촌으로 157개의 방 1칸짜리 연립주택 구역으로 700명 주민이 거주)에 대한 참여 관찰과 녹취로 이루어진 문화적 기록이다.

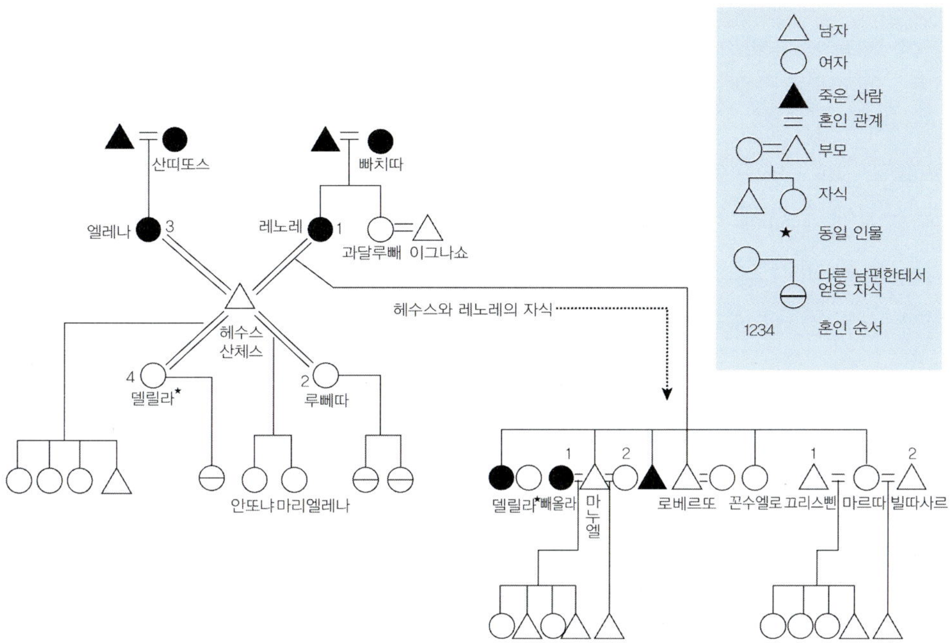

▌그림 7-1▐ 산체스 가계도

출처 : 오스카 루이스 저, 박현수 역(2013). 산체스네 아이들, p. 41.

루이스의 이 책은 빈곤 문제를 직접 언급하는 기록이라는 찬사를 얻으며 인류학 역사상 가장 탁월한 업적 중의 하나라는 평가도 있다. 피델 카스트로는 이 책이 5만 편의 정치 팸플릿보다 가치 있다고 평가했으며 타임지는 이 책을 당시 10년간 나온 최고의 책 리스트에도 올렸다(오스카 루이스 저, 박현수 역, 2013 : 11). 산체스 가족의 1인칭 증언은 엄청난 반향을 불러일으켰고 고발 청원까지 제기되었다. 심지어 루이스는 FBI 요원이라는 비난을 받았으며, 옹호자와 반대자들은 다섯 달 동안 격렬한 논쟁을 벌였다. 책 출간 후 1965년까지 멕시코 법무부의 결정으로 판매가 보류되었고 암시장에서 복제본은 서너 배 가격으로 팔려나갔다. 이후 멕시코 법무부가 이 책이 공중도덕이나 질서를 위협할 가능성은 매우 희박하다고 판단하였지만, 오히려 이 책의 유명세만 더 크게 하는 결과를 가져왔다. 이 책은 제목에서처럼 가난한 어느 한 가족의 역사와 성격, 그 역동적 관계에 관한 내용이며 동시에 가난의 구체적 모습을 보여주는 가장 유명한 기록 중의 하나라고 볼 수 있다.

이 기록의 출발은 1956년 루이스의 전통적인 인류학 현지 조사로 시작되었다. 멕시코시티로 상경한 농촌 이주민에 대한 추적 연구로 시작했지만, 그 사람들이 살고 있는 베씬다드를 조사하는 과정에서 산체스 가족과 만나게 된다. 그 과정에서 산체스 가족이 날카로운 관찰력과 뛰어난 입담을 지닌 사람들이라는 것을 파악한 후 산체스 가족의 집을 수차례 방문하면서 인터뷰 조사를 시작하였다. 그 과정에서 집에 찾아가 함께 생활하고 축제, 일터에도 참가했으며 친척이나 친구와도 만나고 순례여행, 교회, 영화관, 운동 경기 등에도 함께하면서 조사를 수행하였다. 인생 초기의 꿈, 희망, 두려움, 기쁨, 고통, 직업 그리고 친구나 친척, 고용주와 맺는 관계, 성생활, 정의나 종교, 정치에 관한 관념과 지리, 역사에 관한 지식 등 세계관에 대해서도 인터뷰를 진행했다. 산체스는 멕시코 혁명이 시작된 1910년 베라크루즈의 작은 마을에서 태어났고 그의 자식들은 1928년과 1935년 사이에 멕시코시티의 빈민가에서 태어났다. 그는 자동차, 영화, TV, 라디오도 없고 의무교육이나 자유 선거, 출세할 희망이나 치부할 희망도 품을 수 없던 시대, 고된 노동과 극기 등을 강조하는 권위주의 전통 아래에서 자랐다.

이야기의 주된 배경은 멕시코 중심가에 위치한 까사그란데라는 커다란 단층 연립주택으로 된 빈민가이다(오스카 루이스 저, 박현수 역, 2013). 책에서 이곳은 조그만 창고, 공장, 공중목욕탕, 삼류영화관, 콩나물 시루 같은 학교 천지로 묘사되고 있다. 또한 살인, 술주정과 범죄로 손꼽히는 우범지대이며 동네는 항상 사람들로 붐빈다. 까사그란데는 700명의 주민이 살고 있으며 대다수 주민은 가난한 장사꾼과 노동자로 기술되어 있다. 대부분 가족은 15~30년 동안 살아왔으며 1/3 정도는 친척 관계로 맺어져 있다. 같은 그룹에 속해 있는 청년들은 일생 동안 교우 관계를 맺고 결혼 상대도 여기에서 고른다. 긴급한 사정이 있을 때는 이웃이 서로 돕지만 특별히 상호부조가 두드러지는 것은 아니다. 산체스는 하루에 약 1달러를 받고 식당에서 재료 구매를 담당하는데 까사그란데에서 중간 소득에 속한다고 한다. 당연히 이 소득으로 먹고살기 어려우므로 가축 등을 키우며 부수입을 올린다.

이 책을 둘러싼 논점은 빈곤에 대한 관점의 차이다. 즉, 빈곤이 자본주의 계급 체제에 의해 만들어지고 지속되는가, 아니면 빈곤의 문화 때문에 가난이 만들어지고 대물림되는가이다.

3. 특 징

빈곤 문화를 지지하는 관점에서 빈곤은 견고하고 지속적이며 대물림되는 생활양식으로서 구성원에게 사회적·심리적 영향을 끼친다. 과연 빈곤 문화는 사회적·경제적으로 제일 밑바닥에서 생활하는 가난한 노동자, 가장 빈곤한 농민, 공장 노동자, 다양한 영세 장인이나 장사꾼에게만 해당되는가. 적어도 루이스의 빈곤 문화론은 지역의 차이나 민족적인 차이까지 초월하는 어떤 보편적인 특징을 가지고 있다고 생각하는 듯하다(오스카 루이스 저, 박현수 역, 2013 : 33).

빈곤 문화 지역 인구의 특징은 사망률이 높고 평균 수명이 낮다. 청년층 인구의 비율은 높고 미성년 노동자나 여성 노동자가 많다. 지역성이 강하므로 그 구성원은 국가에 통합되지 못하고 대도시 중심부에 살면서도 배제된 채 살고 있는 주변인이다. 가난한 사람은 교육이나 문해력 수준이 매우 낮고 노조나 정당에 가입하지 않는다. 의료혜택이나 국가 복지를 통한 이익도 누리지 못하고 은행이나 병원, 백화점, 박물관이나 공항을 이용할 기회도 거의 없다. 생존을 위한 끊임없는 투쟁과 실업과 불완전 고용, 저임금, 미숙련 직업, 미성년 노동, 무저축, 만성적인 금전 부족, 비축 식료품의 부재, 고리대금 이용, 중고 의류나 가구를 이용하는 데에 친숙하다.

또 주거 공간의 부족, 사생화 보장 불가능, 군집 동거, 알코올 중독, 작은 폭력과 배우자 학대, 이른 시기의 성 경험, 자유로운 결혼, 처자식의 유기, 모계 중심의 특성을 보인다. 욕망을 제어할 능력이 부족한 찰나주의, 어렵다는 이유로 어쩔 수 없다는 체념론과 숙명론, 남성 우월주의, 여성의 희생정신 강조, 정신병리 문제를 안고 있지만 참고 견딘다. 기존의 사회제도나 기관을 통해서 해결할 수 없는 문제점을 지역 차원에서 해결하려고 시도한다. 친인척에게 이자 없이 돈을 빌리거나 민간요법 등을 이용하여 출산한다. 사회 주류의 가치와 제도에 비판적이고 경찰을 증오하며 정부나 고위 관료를 불신한다. 따라서 빈곤의 문화는 다양한 배경에서 나오는 특수한 생활양식이기도 하지만 잔여적 특수문화라는 성격을 가진다.

〈표 7-1〉 빈곤문화의 특징

보편적 특징	사회적/심리적 특징
• 높은 사망률 • 높은 청소년층 • 노동조합 무가입 • 정당 무가입 • 낮은 교육수준과 학력	• 사생활의 결여, 집단 거주 생활, 알코올 중독, 아동 훈육에 폭력 사용 • 아내 폭행, 조기 성관계, 자유로운 동거와 결혼 • 부인이나 자녀 유기 • 권위주의

빈곤 문화가 자생적이고 대대적으로 전수된다는 루이스의 견해는 가난한 사람들의 생활이 결국 그 나름의 생활양식을 만들어 내고 그 자식은 이를 습득해 적용한다는 의미이므로, 다시 말하면 결국 대를 이어 가난하게 살게끔 결정되어 있다는 주장과도 연결된다. 빈곤 문화론의 이러한 특징은 결국 풍요한 사회에서 빈곤은 아주 작은 규모에 불과하며 계급은 없다. 중산층의 가족주의 가치관이 풍요를 이끌었기 때문이다. 만일 빈곤이 경제사회 구조, 사회 다수의 가치체계, 기회 부족, 인종과 계급 구조의 불평등, 정치경제 구조 등 사회구조와 관련된다면 빈곤 문화론은 설 자리가 없다. 반면 규범을 이탈한 개인이나 비정상 집단, 규칙 위반, 개인과 가정의 탓, 심리 사회적으로 비정상적인 가치관과 태도의 문제라면 빈곤 문화론은 계속 살아남을 것이다.

하지만 문화란 개념이 워낙 광범위하고 애매모호해서 문화라는 한 단어로 빈곤을 파악하기에는 모호하다는 비판도 유효하다. 또 빈곤의 결과로서 일정한 특성이 나타나는 것은 사실이지만 이것이 세습되는 고정불변의 문화인지, 특수한 상황 때문에 발생하는 일시적 특성인지는 보다 장기적으로 시계열적 사례를 검토한 후 어느 정도 파악할 수 있을 것이다. 만일 사회적 노력에 의해 가난한 사람들이 자신의 종합적인 상황을 다시 인식하고 문제 해결을 위한 잠재 능력을 개발할 수 있도록 교육과 노동의 기회가 제공된다면 빈곤의 문화가 상수로서 존재한다고 단정할 수 없을 것이다. 따라서 가난에 머물게 하는 전략이 아니라 삶의 주인으로서 불평등한 사회구조에 대항하는 사회적 연대가 가능한 도전적 사회개혁이 성공한다면 빈곤 문화론은 설 자리가 없을 것이다.

빈곤 문화론은 빈민의 생활이 숫자나 비율로 표현되어 추상화되는 허구성을 극복할 수 있다. 어쨌든 가난한 사람들이 자신의 의견을 적극적으로 표현할 기회를 줌으로써 역동성을 불어넣었다는 점에서 평가할 만하다. 또 도시 하류 계층 사람들의 특수한 삶의 양식이 민족이나 국가와 관계없이 공통적인 부분이 존재할 수 있다는 점을 알려준다. 여러 가지 비판이 제기될 수 있지만, 역시 도시 빈민의 생활을 보다 생생하게 이해할 수 있는 기회를 제공했다는 점은 인정해야 할 것이다. 나아가 빈민 가족들의 생활 지원 계획 수립 등 당사자 중심의 대책 수립에 유용한 방법을 제공할 수 있을 것이다.

CHAPTER 08

사회적 배제

1. 사회적 배제와 포용
2. 사회적 배제의 등장 배경
3. 자유와 자기 결정형 참여
4. 실질적 자유의 확대와 사회적 배제
5. 권리의 옹호와 보장
6. 사회적 포용의 방향성과 과제

08
CHAPTER

사회적 배제

사회적 배제(Social Exclusion) 개념과 관련하여 배제된 사람으로 일컬어지던 대상은 시설 아동, 비행자, 알코올 및 약물 의존자 등이었다. 1980~1990년대 이후 사회적 배제 개념이 확산되고 그 과정에서 다양한 학술적 담론이나 정치적 담론이 전개되었다. 이러한 이유를 근거로 배제의 의미는 조금씩 변화되었다. EU는 사회정책의 중요 과제로서 사회적 배제와의 투쟁을 내세우고 있다.

1. 사회적 배제와 포용

사회적 배제는 과거의 빈곤 개념처럼 경제적 어려움뿐만 아니라 시민에게 보장되어야 할 다양한 접근이 저해되고 있는 상태까지 문제로 보고 전통적인 빈곤 대책과 함께 대응을 전개하고 있다. EU의 이러한 문제의식과 대응이 사회적 배제에 대한 투쟁이라는 정책 이념으로 제시되는 것이다.

사회적 배제는 과정 및 결과의 상태 모두를 가리키는 역동적인 개념이다. 사회적 배제는 여전히 소득의 결핍을 나타내는 것으로 이해되는 빈곤 개념보다 포괄적이다. 사회적 통합과 정체성을 이루는 구성요소나 권리에서 특정한 개인과 집단이 배제되는 메커니즘, 사회적인 교류 참가로부터 특정한 개인이나 집단이 배제되는 메커니즘과 같은 다차원적인 성격을 강조한다. 이는 단순히 노동생활의 참가만 의미하는 것이 아니다. 즉, 사회적 배제는 주거, 교육, 보건, 사회서비스와 같은 영역까지지도 나타날 수 있는 것이다(European Commission, 1992).

사회적 배제는 현대 사회에서 일상적으로 이루어지는 사회참여 활동, 여러 권리로부터 배제되는 사람들을 만들어 내는 복합적이고 변동적인 여러 요소에 관련되어 있다. 빈곤은 그중 가장 명백한 요소라 할 수 있지만, 또한 주택, 교육, 건강, 서비스에 접근할 권리로부터의 배제도 의미한다. 개인이나 집단, 특히 도시나 지방에서 따라서는 차별당하고 격리되기 쉬운 사람들에 불리한 영향을 끼친다. 그리고 취약한 사회적 기반과 불평등한 이중구조 사회를 처음부터 고착시킬 위험을 안고 있다. 따라서 EU 위원회는 사회적 배제가 어쩔 수 없는 현대사회의 문제 현상이라는 데 반대한다. 모든 EU 시민이 인간의 존엄을 존중할 권리를 지니고 있다는 것을 믿어야 하기 때문이다(European Commission, 1992).

이러한 사회적 배제의 정의에 공통적인 의미는 '권리'와 '사회참가'다. 여기에서 제시되는 권리는 사회적 권리가 중심이 되고 있다. 이러한 권리는 생존권, 교육을 받을 권리, 노동의 권리 등이 포함된다. 빈곤과 사회적 배제에 대한 포용적 대응책이 결합되어 진행되지 않으면 권리에 실질적으로 접근할 기회는 계속 낮아질 것이다. 따라서 사회적 배제와 포용이라는 개념은 여러 사회경제적 대책이 권리보장이라는 목표를 중심으로 통합적으로 진행되어야 한다는 이념을 기본으로 하고 있다.

사회적 배제 개념이 EU에서 일반화되고 사회적 포용을 향한 대책이 빈곤 문제에 대한 대응과 하나가 되어 이루어지면서 생긴 중요한 변화는 소득의 보장뿐만 아니라 권리의 보장도 해당할 것이다. 상대적 빈곤론이 가부장적 공동체의 신뢰에 근거하는 역할수행형 사회참가를 중요시했던 데 대하여 사회적 배제 이론은 시민의 여러 권리에 근거하여 자기가 스스로 결정하는 사회참가를 중요시한다. 여기서 가부장적 공동체의 신뢰란 공동체에서 남성 및 여성에 기대하는 역할을 실제로 수행할 것이라 예상하는 상황을 전제로 하는 구성원의 자격과 신분에 관한 것, 즉 시민사회라는 공동체에서의 구성원 자격 및 신분을 말하는 것이다. 타운센드의 빈곤 이론은 남성 또는 여성에게 기대되는 역할을 충실히 수행하는 데에 있어서 지역사회의 생활 상황에 초점을 두고 있다. 따라서 자기결정의 요소는 너무 앞서간 개념이다. 한편 사회적 배제 이론은 권리를 강조한다. 여기서 권리란 기대되는 역할에 근거하여 행사하는 것이 아니며 자신의 인생을 풍요롭게 완성하는 데에 필요한 힘이다. 따라서 권리는 자신의 인생을 스스로 결정하면서 형성하는 자기결정의 힘을 뜻한다.

2. 사회적 배제의 등장 배경

소득 보장 중심의 빈곤 이론은 자본 - 임노동 관계에 대한 비판적 검토가 없고 자본에 유리한 가치 규범을 사람들에게 내면화시키고 있다. 계급론 관점에서 비판적으로 살펴보면 다음과 같은 논리가 가능하다. 경제성장이 진행된다고 반드시 부의 분배와 재분배가 이루어지지 않는다. 한편 경제성장이 정체되거나 후퇴하는 경우, 노동자 계급은 상대적으로 항상 불이익을 당할 수 있다. 자본가 계급이 제시하는 합리적 판단과 노동자 계급이 대응하는 합리적 판단이 충돌할 수 있는 것이다.

예를 들어, 경영자는 정규직 노동자를 한 사람 고용하기보다 비정규 노동자를 고용하는 것이 단기적 이윤을 증가시키는 데 합리적 경영전략이라 판단할 수 있다. 즉, 비정규직을 선호하는 이유로서 노동비용을 절약하기 위한 이유도 합리적 선택지로 제기되는 것이다. 이는 자본주의에 내재하는 이윤율 저하의 법칙 때문이다. 개별 자본은 자신의 이윤을 극대화하려는 동기로 작동하므로 상호 경쟁하고 거기에서 우월한 입지를 확보하기 위해 비정형 노동을 선호할 것이다. 하지만 중장기적으로 보면 그러한 행동이 지속되면 결국 자본 전체의 일반 이윤은 끊임없이 하락하게 될 것이다.

중장기적으로 자본의 이윤율이 저하된다면 개별 자본 입장에서는 인건비를 억제하고 이윤을 증가시키는 것이 합리적 판단일 것이다. 그러한 판단이 대세를 이루게 되면 경제성장과 노동의 창출이 반드시 정적인 상관관계로 연결되지 않는다. 기업이 부담하는 조세나 노동자와 나누어 부담하는 사회보장 비용에 대해서도 기업에서는 인건비 지출 부담으로 연결되므로 최대한 절감하고 싶을 것이다. 따라서 개별 자본은 연대하여 정치에 압력을 가해 조세 부담을 줄이거나 인건비를 낮게 설정하는 등 다양한 방법으로 제도를 관리하려 할 것이다. 결국 노동을 통한 분배뿐만 아니라 사회보장을 통한 재분배도 점차 억제될 수 있다.

이러한 상황이 되면 노동자 가족은 남성의 불안정하고 낮은 노동 수입으로만 가계를 유지하기 어려워지므로 여성이 어떤 일자리라도 찾아 나서려 한다. 산업구조의 변화, 산업 분할과 외주화, 고령화, 서비스 산업의 발달과 같은 배경 때문이기도 하지만, 숙련된 기술이 필요 없는 저임금 고용은 오히려 증가한다. 노동의 작업이 단순화되고 매뉴얼화 되면서 경영자는 상대적으로 낮은 임금 수준으로도 고용할 수 있는 사람들을 동원할 동기가 커진다. 노동시장에서 여성과 노인 취업과 같은 형태가 확대된다. 자본은 저임금으로 노동자를 고용할 수 있다면, 해당 노동자의 성별이나 나이 등은 문제가 되지 않는다.

실업이나 고용 불안정이 길어지면 굳이 가족을 꾸리지 않고 독신으로 사는 생존전략이 합리적이다. 점차 저출생 고령화가 확산되고 누군가는 돌봄을 담당해야 하지만 그것도 불가능해진다. 따라서 돌봄서비스가 유료화되고 주로 여성이 유료 돌봄 노동에 참여한다. 시간의 빈곤은 노동시장에서 임금 획득 기회의 박탈이나 고용기회의 불리함을 초래한다. 급기야 영케어러(young carer) 문제까지 등장하면서 아이와 청소년까지 돌봄에 내몰리게 된다.

빈곤의 이해도는 사회의 변화나 규범의 변화에 맞추어 변한다. 빈곤을 생각할 때 자신의 선택에 근거하는 사회의 참여라는 요소가 더 중요하게 여겨져야 한다. 자신의 선택이 가능하기 위해서는 선택하고 결정할 수 있는 선택지의 모음이 필요하다. 이 선택지가 자유의 범위라 할 수 있다. 사회 전체가 보장하려고 약속하고 법으로서 제도화한 자유의 범위는 '권리'이다. 이 권리를 가진 사람이 '시민'이다. 권리는 자유의 공동체적 표현이며 법적으로 부여된 본인이 선택할 수 있는 이익이라 할 수 있다. 따라서 권리는 무질서한 자유에 의한 자기만의 이익이 아니라 상호 관계 속에서 성립된 것이다.

빈곤과 자기결정 개념이 연관되면서 논의되기 시작한 것은 빈곤 개념에 자유와 권리의 요소가 포함되어 있다는 점 때문이다. 즉, 사람에게 보장되어야 할 생존의 형태에 대한 역사적 변화는 '동물적 생존'에서 '공동체적 생존'으로, 더 나아가 '시민적 생존'으로 발전한 것이다. 그리고 빈곤 대책에서 보장되어야 할 사회참여의 형태는 산업사회의 역할수행형에서 시민사회의 자기 결정형으로 변화했다고 정리할 수 있다.

1980년대 이후 시민적 생존이나 자기 결정형 사회참여가 부정되는 상태를 사회적 배제의 상태라 표현하고 있다. 그것은 있어서는 안 되는 생활 상태로 개념화되었던 빈곤 개념이 새롭게 사회적 배제의 개념으로 정리되었다는 것을 의미한다.

3. 자유와 자기 결정형 참여

타운센드의 이론은 소비생활 측면만 아니라 친구나 가족과의 식사 등과 같은 사람과의 관계성도 포함되어 있다. 따라서 이 개념이 현대의 빈곤을 설명하는 데 더 적합하다는 주장도 있다.

사회적 배제 개념의 새로움은 자유, 권리의 실효성에서 사회참여를 묻는 데에 있으므로 새로운 이론적 시도가 필요하다. 하지만 타운센드의 빈곤 이론의 지표만으로는 자유, 권리의 실효성을 충분히 설명할 수 없다. 여기에서 자유, 권리, 자기결정을 키워드로 사회적 배제를 이론적으로 정리해 보자.

절대적 빈곤 개념에서 상대적 빈곤 개념으로 빈곤 개념이 확대되었을 때 거기에 새롭게 추가된 요소는 사회적 관계, 즉 참여의 개념이었다. 그리고 상대적 빈곤 개념에서 사회적 배제로 확대되었을 때, 거기에 새롭게 추가된 요소는 자유와 권리 개념이었다.

상대적 빈곤 개념에서 사회적 배제로 확대된 과정에서는 사회참여 개념은 유지되고 있지만, 산업사회의 역할수행형 참여로부터 시민의 자기 결정형 참여로 변한다. 자기 결정형 사회참여는 자유와 권리가 실질적으로 보장되어야 가능하다.

자기 결정형 사회참여가 침해되고 있다는 점을 부각하는 사회적 배제는 '있어서는 안 되는 새로운 생활 상태에서의 빈곤'을 인식한 것이다. 빈곤 개념의 확대는 과거 빈곤으로는 설명할 수 없는 박탈 상태가 심각해지는 과정에서 1960~1970년대 빈곤의 재발견 때처럼, 1980년대 이후는 또 다시 '새로운 빈곤'이라 할 수 있는 생활문제가 재발견되었다.

하지만 현대의 빈곤은 절대적 빈곤이나 상대적 박탈 개념으로 설명할 수 없는 사례도 많이 포함된다. 새로운 빈곤은 과거의 빈곤이 완전히 극복되었다는 것을 의미하지 않는다. 새로운 빈곤 문제는 자유와 권리에 근거하는 사회참여의 저해까지 포함된다. 현대의 빈곤 대책은 상대적 빈곤에 대한 대응뿐만 아니라 사회 속에서 개인의 자유와 권리가 실질적으로 달성되고 있는지도 다루고자 한다. 따라서 경제적 보장은 빈곤 대책의 필수 불가결한 조건이기는 하지만 충분조건이라고는 할 수 없다. 그러므로 현대의 빈곤 대책은 다음 세 가지 요소에 집중해야 할 것이다. 첫째, 소득 및 자산의 부족, 둘째, 능력이나 속성에 대한 배려의 결핍 또는 불충분성, 셋째, 사회환경의 미정비에 대한 것이다. 자기 결정형 사회참여는 자기의 선택이 가능한 사회가 기본 전제다. 그 때문에 자기결정을 가능하게 하는 여러 조건을 확인해야 한다. 그를 위해서는 실제로 선택지가 존재해야 한다. 선택할 수 있는 선택지가 있다는 점은 어떤 행위와 관련되는 참여와 퇴출이 모두 확보되어 있다는 것이다.

예를 들어, 먹는 행위에 대해 자기결정의 성립은 '먹는다'와 '먹지 않는다' 양쪽의 선택지를 고를 수 있는 상태가 기본 전제가 되어야 한다. 만일 '먹는다'는 선택지만 있다면 자기결정은 부정된다. 만일 어떤 사람이 배가 비어있으므로(공복) 결과적으로 먹는 행위까지 연결되었다고 해도 한편에 먹지 않는 선택지를 고를 수 있는 조건이 아니라면 그것을 자기결정이라고 볼 수는 없을 것이다. 굶주린 상태에서 무리하게 뭔가를 먹어야 하는 강요된 사태와 자기결정에 근거하여 먹는다는 상황은 다르다. 배가 고프지만 먹지 않겠다는 선택을 스스로 결정하는 경우도 있다. 단식으로 종교적 진리에 접근하려는 사람에게 먹지 않겠다는 결정을 할 수 있는 것은 '먹겠다'와 '먹지 않겠다'는 두 선택지가 준비되어 있기 때문이다. 이러한 사례를 통해 자유란 참여와 퇴출이라는 두 조건이 존재하는 것이 중요하며 참여와 퇴출 조건이 확보되는 선택지의 묶음이 존재해야 한다.

4. 실질적 자유의 확대와 사회적 배제

사회적 배제를 생각한다면 빈곤 대책은 최저한의 소득의 평등뿐만 아니라 최저한도의 자유의 평등에도 주목해야 한다. 물론 소득 보장이 중요하지 않다는 것이 아니다. 자본주의 사회에서 돈이 없으면 생계 및 생활 유지가 불가능한 것은 경험적으로도 분명하다.

소득이 적은 사람과 많은 사람을 비교해 보자. 소득이 많은 사람은 소득이 적은 사람보다 생활에서 자유도가 높은 경우가 많다. 이 사회에서 개인의 일정한 자유의 확대를 보장하려면 소득 보장은 필수적 요소이다. 그렇지만 최저한도의 소득 보장이 최저한도의 자유의 보장을 항상 달성하지는 않는다. 그 사람의 능력이나 속성 등도 관계한다. 같은 소득이지만 건강한 사람과 병든 사람을 비교하면 병든 사람은 의료비에 그 소득을 낭비할 수밖에 없다. 건강한 사람에 비하여 생활에 자유의 폭이 제한되는 것이다. 이때 두 사람 사이에는 자유의 격차가 생긴다. 소득의 평등만을 보면 자유의 격차를 보지 못할 가능성이 생긴다.

반면에 '자유의 평등'에도 초점을 맞추면 소득뿐만 아니라 개인의 능력이나 속성도 고려해야 한다. 속성뿐만 아니라 능력이라고 할 때 능력은 노력의 성과물이며 역시 개인의 책임으로 귀속해야 할 요소가 생길 수 있다. 그러나 능력이 어떠한 상태이든 그 사람의 생활을 보장하려는 사고방식이 드러나고 있는지가 현대 빈곤 대책의 긍정적인 특징이라 평가할 수 있다.

자유의 평등을 생각할 때, 소득뿐만 아니라 능력 및 속성을 고려해야 한다고 설명하지만, 그것만으로는 충분하지 않다. 사회적 환경에 대해서도 생각해야 한다. 이 사회적 환경이란 지역에서의 시설, 기관, 공공 교통, 사회정책 등이 포함된다. 이에 대해서는 같은 소득과 능력, 같은 속성을 가진 두 사람을 비교하면 알 수 있다. 대도시와 지방도시의 경우 사용할 수 있는 공공교통기관의 발달 정도가 다르다. 또한 그 공공교통기관을 사용하여 접근할 수 있는 여러 시설과 기관의 선택지도 차이가 있다. 그렇게 되면 같은 소득을 사용하여 접근할 수 있는 생활자원이나 사회자원, 의료기관, 교육기관, 문화시설 등에 큰 격차가 생긴다. 여기에서도 자유의 격차가 문제가 된다. 나아가 사회적 환경 요소에는 건물 구조도 포함된다. 다리에 장애가 있어 보행이 어려운 사람이 엘리베이터 없이 계단으로만 각 층을 이동해야만 하는 건물, 문턱이 많은 건물은 이동의 자유를 제한하게 된다. 이러한 상황에 개인 소득 차원으로만 대응하기는 거의 불가능하다. 이동의 자유에 대한 격차 해소는 능력과 속성에 대한 배려와 사회적 환경의 적절한 정비가 이루어져야 해결할 수 있다. 만일 다리에 장애가 없는 두 사람이 엘리베이터 없이 계단으로만 이동하는 건물에 살아야 한다면 이동의 격차는 거의 없을 것이다. 이처럼 자유의 격차를 낳는 것은 능력과 속성, 사회적 환경의 조합이다.

사회적 환경 요소에는 다른 제도와 정책 등이 포함된다. 시간의 흐름 속에서 어떤 인물의 소득에 변동이 없었다고 해도 의료비의 자기부담 비율이 변하면 그 전후로 그 사람이 누릴 수 있는 자유에는 차이가 생긴다. 같은 소득을 가진 두 사람이 사는 각자의 지역에서 지방자치단체의 독자적인 역량에 의해 의료비의 자기부담 비율이 달라진다면 자유의 격차가 생긴다. 이러한 격차가 지나칠 수 없을 정도로 확대되면 사람들은 그것을 불평등이라고 판단하고 문제 삼는다.

중요한 것은 최저한으로 보장해야 할 자유의 평등을 어떻게 달성할 것인가이다. 언제, 어디에 살더라도 그것이 어떤 사람이라도 최저한도의 실질적 자유의 평등이 확보되는 것이 한 사람도 배제하지 않기 위한 조건이다. 이러한 자유의 평등 없이 권리의 실질적 보장은 이룰 수 없다. 과거의 빈곤 이론은 소득의 결핍에만 초점을 두므로 자유와 권리가 배제되어 있었다. 이러한 논의가 중심이 되면 빈곤 대책은 소득 부족만 문제로 다루는 왜소화된 방향이 된다. 따라서 사회적 배제 개념으로 정의하는 빈곤 이론은 지금까지 주류에게 독점되었던 자유를 그 외의 사람과 배분하는 특성이 있다. 그뿐만 아니라 지금까지 배제되었던 사람들의 자유를 확대하는 개척자적 빈곤관을 이끌 가능성도 가지고 있다.

사회적 배제에 대한 대응 개념은 사회적 포용이다. 배제 이론의 의의는 자기결정에 근거하여 사회참여의 중요성을 주장할 수 있다는 데에 있다. 그렇지만 빈곤 대책을 산업 질서(자본 - 임노동 관계)의 유지나 치안 유지의 수단으로 생각하는 사람은 다른 관점을 지지하고 있다. 사회적 포용이라는 형태를 옹호하는 것이다. 즉, 기존 사회로의 통합 또는 과거의 차별적 노동시장으로의 통합이야말로 추구해야 할 사회적 포용이라는 것이다. 이는 배제되고 있는 당사자를 교정하여 기존 사회에 적합하게 맞추려는 방법일 가능성이 높다. 이러한 입장은 사회변혁이 아니라 빈곤이나 차별을 당할 수밖에 없는 사람들의 인식이나 행동 변용을 유도하는 것이다. 예를 들어, 노동시장으로 배제 상태에 있는 사람들을 통합하려는 것이다.

한편 자기결정에 기초한 사회참여를 통해 빈곤자를 지원해야 한다는 점을 강조하는 사람도 있다. 빈민 지원에 관여하고 있는 사람들은 자율 지원의 중요성을 주장하고 있다. 사회적 배제를 초래하는 여러 조건의 개선은 생각하는 방향에 따라 다르지만, 사회적 배제에 대한 투쟁은 인간의 보편적 이익에 기여할 가능성이 있다. 왜냐하면 빈곤이나 차별의 피해자였던 사람들의 구체적 요구는 인류 전체의 자유를 확대하고자 투쟁해 온 역사와 일치하기 때문이다. 따라서 차별과 배제의 피해자들은 특수한 이익을 요구하는 사람이면서 동시에 보편적 이익을 추구하려는 주인공이 될 수 있다. 우리는 통합을 가장한 배제성을 경계해야 한다. 자칫 선택지가 없는 일방적인 지원을 자유의 확대이며 불평등의 축소를 위한 대책이라 해석할 수 있기 때문이다.

5. 권리의 옹호와 보장

배제되고 있는 사람들은 권력이 박탈된(powerless) 상태에 있다. 이러한 팩트에 근거하지 않고 스스로 싸워서 권리를 획득할 수 있는 상태라 추정하여 이론을 제시하는 것은 피해야 한다. 권력이 박탈된 상태에 있는 사람에 대해서는 임파워먼트(empowerment)가 필요하다. 개인의 여러 권리를 옹호하는 실천 활동이 필요하다. 권리침해로부터 지키는 실천도 중요하지만, 권리의 보장을 요구하면서 임파워먼트를 이루어 나가는 실천이다. 즉, 권리 옹호를 통하여 권리보장을 성취하는 것이다. 권리는 자유의 공동체적 표현이지만 이 공동체의 대표자가 현재는 국가이다. 국가는 언제 어디에 살고 있거나 어떤 인물에 좌우되는 일 없이 개인의 자유를 보장하는 주체이다.

이러한 임파워먼트 실현을 통해 일부 사람의 탈빈곤이 달성되면 빈곤 문제가 어느 정도 완화될지도 모른다. 그러나 배제와 주변화를 낳고 불평등과 차별을 이용하는 사회구조에는 아직 근본적인 대응책이 필요하다는 점을 기억해야 할 것이다. 차별을 비판하고 적극적으로 차별을 고쳐나가는 대응이 필요하다. 반빈곤과 반차별을 철저히 실천하기 위해서는 자본과 임금노동의 관계에 관한 근본적인 사회문제에 대한 대응이 필요할 것이다. 자본은 차별을 이용하여 끊임없이 자본축적의 이익을 추구한다. 자본축적을 강력히 추진하는 동기는 개별 자본가의 본성이 아니라 자본의 특성에 의한 것이다. 따라서 차별을 철저히 비판하고 교정할 뿐만 아니라 차별을 이용하려는 자본 중심의 사회까지 개혁할 수 있어야 한다.

자본주의를 비판하기 위해서 대표적으로 계급적 관점이 주목을 받았다. 계급적 시각을 가진 노동자에 의한 사회운동 방향은 계급 관계(자본 - 임노동 관계)를 폐지하고 사람들이 돈벌이의 상호 수단이 아니라 목적으로서 활동할 수 있는 사회적 관계를 만드는 것이다.

자본 - 임노동 관계를 폐지하려는 이유는 그것이 빈곤의 근본적 원인이라 생각하기 때문이다. 빈곤은 자연현상이 아니라 자본과 노동 계급 사이의 사회관계에서 생기는 것이다. 이 사회관계의 재생산은 이미 인간의 손에서 벗어나 전개되고 있으며 선의의 자본가 또는 노동자 개인의 노력으로 멈추는 것은 불가능하다.

자본 - 임노동 관계를 근본적으로 폐지하려는 목표는 현재 시점에서는 실현되지 않지만, 실현되지 않는다고 해서 그것을 폐기할 이유는 없다. 상호 인간으로서 존중하는 사회의 실현을 요구하는 것은 자본 - 임노동 관계가 계속되어도 충분히 가치 있는 시도이다. 또한 현재 시점에서 자본 - 임노동 관계를 폐지할 수 없어도 자본의 무제한적 폭주에 비판의 목소리를 제기할 수 있다. 이러한 목소리는 인간을 서로 목적으로 하는 사회를 향해 현재를 바꾸는 것이다. 또한 모든 인간을 존중한다는 윤리적 요청, 여러 종류의 인권선언이나 인권 및 권리에 관한 국제적인 조약이나 규약에 명시되어 있는 방향과도 일치한다.

〈표 8-1〉 누가 배제되고 있으며 누구에게 우선 대응해야 하는가?

유형	구체적 사례	종 래	현 재	노동시장의 접근	정치적 접근	포용의 방향성
A	공무원, 조직노동자, 안정된 자영업자	포용 일급시민	포용 일급시민	전형고용 · 자영	압력단체 · 정당	기득권 옹호
B	실직남성, 경영난의 자영업자	포용 일급시민	안에서 배제 2급시민	비전형고용 · 실업	개인의 투표행동	복지국가의 재구축
C	여성, 저능력 청년층, 고령자, 장애인	안에서 배제 2급시민	안에서 배제 2급시민	비전형고용 · 실업	개인의 투표행동	복지국가의 liberal 화
D	외국인노동자, 이민, 난민	밖에서 배제 비－시민	밖에서 배제 비－시민	불법취업	배제 (UN · NGO)	Transnational 한 포용
E	파탄국가의 주민	밖에서 배제 비－시민	밖에서 배제 비－시민	노동시장의 외부	배제 (UN · NGO)	글로벌한 포용

출처 : 亀山俊朗(2007). シティズンシップと社会的排除.

〈표 8-2〉 사회적 배제의 측정 지표

구분	측정변수	측정항목	출처
독립변수	경제배제	① 공과금이나 기타 청구서를 지불하는 데 어려움이 있음 ② 물건을 사는 것이나 먹는 습관을 바꾼 일이 있음 ③ 필요한 병원진료를 받지 않은 경우가 있음 ④ 여가나 레저활동에 드는 비용을 줄여야 한 적이 있음 ⑤ 집안의 냉방이나 난방의 사용을 자제한 경우가 있음	SEU (2006) 김태준 (2010) 임동현 (2013) 박요한 (2014) 성낙현 (2014)
	사회배제	① 내가 사는 지역사회에 속해 있다고 느낌 ② 지역사회에 거주하면서 외로움을 느낌 ③ 지역사회 사람들 대부분은 믿을 수 있음 ④ 지역사회 사람들 대부분은 서로 친절함 ⑤ 어려움을 겪을 경우 지역사회 사람들은 나를 도와줄 것임	
	정치배제	① 사회적인 이슈가 있을 때 적극적으로 의사 표시함 ② 정치단체의 행사나 모임에 자주 참여함 ③ 시민 · 권익옹호 · 환경단체의 행사나 모임에 자주 참여함 ④ 지역의 주민 모임 또는 주민자치단체 활동에 적극적임 ⑤ 각종 서명활동에 자주 참여함	최재성 강영숙 김진욱 (2009)

➡ 삶의 만족도/임파워먼트

출처 : 황혜인 · 김연희 · 이희선(2018). 사회적 배제가 삶의 만족도에 미치는 영향 및 임파워먼트의 매개효과 분석. 한국공공관리학회보, 32(2).

〈표 8-3〉 브래드 쇼의 사회적 배제 측정 지표

사회적 배제 분류	구성요소	측정 지표	사회적으로 배제된 비율
수입/자원	저소득	중위 소득의 60% 이하	19
	사회적 필수품의 결여	2~3개의 품목이 부족할 때	26
	주관적 빈곤	주관적으로 선정한 필수 생활비와 실제 수입을 비교	20
노동시장	실직 상태	퇴직과 학생을 제외한 실업 상태	11
서비스	기본적인 서비스 접근의 결여 (전기, 수도, 교통수단, 물품구매, 금융 서비스 등)	3개 이상의 기본적인 서비스를 받지 못할 경우	13
사회적 관계	사회적 활동에 비참여	사회적으로 필요한 활동 중 3개 이상을 하지 못할 경우	20
	소외	매일 접하는 가족이나 친구의 부재	12
	지원	조사에 제시된 가사 및 정서적 지원(7개 상당)에서 4가지 지원의 부재	23
	이탈	지난 3년간 모든 조직 활동에 참여하지 않음	10
		선거만 참여하고 모든 활동에 참여하지 않음	28
	사회적 활동의 제한 (confinement)	여러 개인적 여건상 사회활동을 할 수 없음	29
		어둠 등 공포로 인한 제한	30

출처 : Bradshaw et al.(2000), 문진영(2004) 참조, 강신욱 외(2005), p. 102 재인용.

〈표 8-4〉 로빈슨과 오펜하임의 사회적 배제 지표

영 역	지 표
소 득	1. 빈곤(평균 소득의 50% 이하의 가구) 추이 2. 10분위 소득점유 추이 3. 인종집단별 5분위 소득점유 추이 4. 소득지원(공공부조) 수혜 기간
실 업	1. 장기실직률(2년 이상) 추이 2. 실업, 비고용(non-employment), 비근로(workless) 가구 추이 3. 비근로 가구(workless households)의 인적구성 및 비율

교 육	1. GCSE 평점 추이 2. 성별, 인종별, GCSE 평점별 취득 비율 3. 16세의 주요 소속별, GCSE 평점별 취득 비율 4. 근로연령에 있는 사람의 최고 교육자격 취득률 추이
건 강	1. 사망률 2. 신생아 평균체중과 저체중 신생아 비율

출처 : Bradshaw et al.(2000), 문진영(2004) 참조, 강신욱 외(2005), p. 103 재인용.

〈표 8-5〉 유럽 연합의 사회적 배제 지표

	지표(Indicators)	측정(Measurement)
1a	빈곤율 – 연령/성별	중위소득 60% 이하 가구에 사는 사람의 비율 – 연령대 : 0~15세, 16~24세, 25~49세, 50~64세, 65세 이상
1b	빈곤율 – 경제활동상태별	중위소득 60% 이하의 16세 이상 인구 중 주된 경제활동 상태별로 본 빈곤율(임금근로, 자영업, 실업, 은퇴, 비 · 경 등)
1c	빈곤율 – 가구유형별	중위소득 60% 이하 가구에 사는 사람의 비율 – 30세 이하 1인 가구, 30~64세 1인 가구, 65세 이상 1인 가구, 2인 무자녀 성인가구, 미성년자녀와 성인가구 등
1d	빈곤율 – 주거형태별	중위소득 60% 이하 가구에 사는 사람의 비율 – 자가, 임대(한국 : 자가, 전세, 월세, 임대주택 등)
1e	빈곤선	빈곤선 액수(중위소득 60%) – 단독가구, 2명의 성인과 2명의 자녀로 구성된 가구
2	소득분포	소득배율(S80/S20) : 상위 20% 대비 하위 20%의 소득점유율
3	빈곤지속성	3년간 지속적으로 중위소득 60% 미만 가구에 속하는 사람 수
4	상대적 빈곤격차	빈곤선 이하 소득자의 중위소득과 빈곤선 사이의 차이
5	지역적 응집도	지역 간 취업률의 편차
6	장기실업률	전체 경활인구 중 ILO 기준으로 12개월 이상 장기실업자 비율
7	실업가구의 가구원 수	실업가구에 사는 0~65세의 가구원 수
8	학업중퇴자율	18~24세 사이의 중등교육(ISCED 2[1]) 또는 그 이하의 교육을 받고 현재 교육 또는 훈련을 받지 않는 사람이 동연령대에서 차지하는 비율
9	평균 기대 수명	출생 당시의 평균 기대 수명
10	소득수준에 따른 주관적 건강 상태	소득 상위 20%와 하위 20% 집단에 속하는 16세 이상 인구 중 자신의 건강상태를 WHO 정의에 따라 나쁨 또는 매우 나쁨으로 정의한 사람의 비중
11	빈곤 산포(dispersion)	가구 균등화 소득이 중위소득의 40%, 50%, 70% 이하에 살고 있는 인구

12	특정 시점 빈곤율	1995년을 기준으로 – 1997년 상대적 빈곤율 – 1994/1996년 물가인상분을 고려한 1995년 상대적 빈곤율
13	이전소득 이전의 빈곤율	빈곤율 – 모든 공적 이전소득을 제외 – 연금 포함한 소득 – 모든 공적 이전소득 이후
14	지니 계수	로렌츠 곡선을 이용한 소득불평등도 산출
15	지속빈곤율 (중위소득의 50% 이하)	지난 3년간 최소한 2년 이상 중위소득의 50% 이하의 소득을 가진 소득자의 비율
16	장기 실직자 비율	전체 실직자 중 장기 실직자(12개월 이상 실직 상태에 있는 인구)의 비율
17	극 장기(very long) 실직자 비율	전체 경제활동 인구 중 극 장기 실직자(24개월 이상 실직 상태에 있는 인구)의 비율
18	저학력 비율	연령 집단별(25~34세, 35~44세, 45~54세, 55~64세)로 ISCED level 2 혹은 그 이하의 교육수준에 있는 사람들의 비율

주 : 1) ISCED(International Standard Classification Education) : 1970년대 초 UNESCO에서 개발한 국제비교를 위한 표준적인 교육단계로서 가장 낮은 단계인 0에서 7단계까지 있는데, ISCED 2는 교육년수로는 9년 정도 되는 낮은 중등교육(lower secondary education) 수준에 상응한다.

출처 : Social Protection Committee(2001), 강신욱 외(2005), pp. 105-106 재인용.

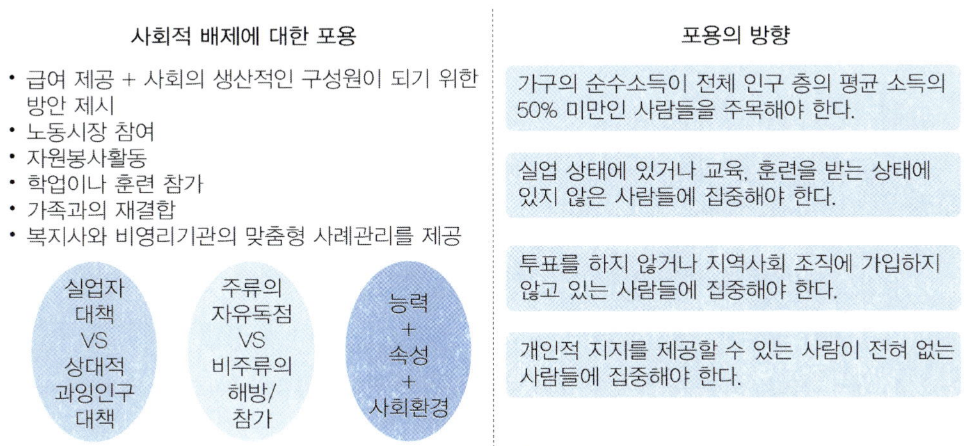

그림 8-1 배제에 대한 포용과 방향

6. 사회적 포용의 방향성과 과제

1) 방향성

사회적 배제 대책으로 제기되는 사회적 포용 전략은 노동시장으로의 포용만은 아니었다. 왜냐하면 사회적 배제가 노동시장에서의 배제 문제만 초래하는 것이 아니기 때문이다. 프랑스에서 사회적 배제가 문제가 되었을 때도 문제는 장기 실직 중인 청년층이 노동시장에 재참여하는 것이 불가능할 뿐만 아니라 제도의 구조적 문제 때문에 사회보험 급여를 받을 수도 없었다. 이러한 사회제도로부터의 배제는 배제에서 파생적으로 생겨난 이차적 배제라고 할 수 있다.

이러한 배제가 일어나는 원인으로서 물론 제도 구조 그 자체의 문제도 있지만, 사람들의 생활이 다양해지고 지금까지 유지되었던 제도의 구조에서는 대응할 수 없는 상황이 일어난 것도 지적할 수 있다. 산업화에 의해 노동자의 피용자화가 진행되고 더욱이 그 피용자 중에서도 유용한 경력 형성이나 결혼, 가족 관계 등 생활의 모든 요소가 다양해지면서 지금까지의 전형적인 방식으로 살아가는 개인을 상정해서 형성된 제도로는 대응할 수 없는 사태가 전개되었다. 더욱이 오늘날 피용자 중에서도 비정규 고용 등을 포함하는 다양한 취업형태가 있고 긱(gig) 노동과 같은 불안전 노동형태가 새롭게 등장하고 있다. 이러한 노동 방식 변화는 사회 시스템과의 연결을 변화시키고 과거의 사회제도에 포용되지 않는 사람들을 증가시키게 된다.

이러한 사람들의 생활 변화에 대하여 사회제도가 쫓아오지 못할 뿐만 아니라 거기에서 탈락한 사람들의 목소리가 전달되지 못하는 상황이다. 그것이 점차 특정한 집단의 빈곤 현상으로 나타나 그 발생 메커니즘이 분명하게 드러남으로써 사회적 배제로서 표출되었다고 할 수 있다.

이처럼 사람들의 생활이 다양해지면서 자본주의 경제의 발전을 통해 표출되는 사회적 배제도 있다. 다양한 것이 시장을 통하여 매매되게 되면 경제력이 있는 사람과 없는 사람이 생활이나 행동에 차이가 생긴다. 경제력이 큰 사람은 많은 선택지를 갖고 그 선택지 중에서 더 좋은 생활을 구해서 선택을 한 결과, 더욱 풍요해진다. 반면 경제력이 없는 사람은 그 반대의 상황이 생길 것이다. 이것은 이른바 격차의 구조다. 격차 구조는 그 사회에서 소득계층 사이에 의도적・비의도적으로 구축되는 사회적 배제의 구조가 만들어질 수도 있다.

사회적 배제 개념이 정착하고 그 대책으로서 사회적 포용이 확대되지만, 대응책은 국가에 따라 다양하다. 이미 지적한 것처럼 EU는 암스테르담 조약을 계기로 사회적 배제가 EU 전체의 대응 과제가 되고 있으며 사회적 포용은 EU 여러 국가에 공통적인 주제가 되었다. 그러나 실제로 어떻게 포용할 것인가. 포용을 위하여 어떠한 구조를 만들지에 대해서는 국가에 따라 이데올로기나 사회 상황의 차이에 따라 서로 다르게 나타나고 있다.

세밀한 차이가 있다고 해도 EU 국가에서 공동의 대응으로 전개된 것이 활성화 정책이다. 활성화 정책은 현금 급여를 제공할 때 취업지원 프로그램이나 사회활동 참가를 요구하는 것이다. 활성화 정책은 한편으로 노동력 동원 정책으로 이해되며 사회적 배제의 결과로서 노동시장 참가가 어려운 사람들의 취업을 통한 포용을 목표로 하는 사회적 포용 정책이다. 예를 들어, 공공부조 수급자가 담당 공무원과 함께 취업지원 계획을 수립하고 그에 따라 취업에 노력해야 하는 것이다. 사회적 배제는 노동시장으로부터의 배제만을 목표로 하는 것은 아니며 사회적 포용도 마찬가지로 다양한 포용의 방법을 생각할 수 있다. 그러나 유럽 국가 대부분은 노동시장 참가를 통한 포용을 노리고 있다. 적어도 사회적 포용을 위한 대응의 중심 대책으로서 사회적 배제의 대상이 된 사람들에 대한 취업지원형 서비스지원 제도로 활용되고 있다.

사회적 포용 대책으로서 취업지원형 서비스를 중심으로 하는 대책이 도입된 이유는 빈곤과 생활문제의 다양화와 사회적 인식 변화 때문이다. 빈곤 문제는 결국 경제적 빈곤 상태에 대한 문제로 귀착되므로 현금 또는 현물 급여가 주요 대책이었다. 그에 대하여 사회적 배제는 단순히 경제적 급여 확대보다는 사회적 포용 전략을 선호한다. 이러한 전략의 방향성은 사회적 배제 상태를 해소함으로써 개인이 사회 속에서 자립이나 정당한 활동을 할 수 있는 상태를 지향한다. 따라서 예방적 성격이 강하지만 직접적이고 물리적 충족을 수반하지 않는다.

사회적 배제의 문제에 대하여 이러한 대응이 우선되는 이유는 모든 사람이 생활문제를 안게 된 사회가 되었기 때문이다. 일부 저소득자나 노동 능력이 없는 사람만 빈곤한 문제에서 나아가 대부분 사람이 사회적 욕구나 불안을 안고 사는 상태가 되었기 때문이다. 이런 사회에서 일부 사람만이 이익을 얻는 선별적 급여제도는 스티그마를 높이고 수급자에 대한 강한 반감을 낳게 된다. 즉, 보통 사람들도 어려운 생활을 하고 있으므로 공적 급여를 받는 사람도 뭔가 노력이나 공헌을 해야 한다는 감정이 작동하기 시작한 것이다.

대부분 국가들이 안고 있는 국가 전체의 재정적 어려움도 급여 증가를 어렵게 하는 원인이다. 저성장과 반복되는 불황이나 경제위기에도 불구하고 사회복지 급여비는 증가하는 상황에서 사회복지 재정 확보도 쉽지 않다. 더욱이 사회정책 기조 속에 기회의 평등이나 공정한 경쟁의 실현이 중요하게 부각되면서 단순히 급여 제공을 통한 구제보다도 취업지원형 서비스가 정당한 방법이라는 인식이 확대되었다. 그러한 상황 속에서 사회적 배제 문제에 대한 대책으로서 빈곤에 대한 직접적 급여보다도 사회적 배제의 구조를 교정하기 위하여 개인의 자립을 지향하는 사회적 포용 전략이 선호되고 있다.

2) 정책의 과제

취업 지원과 현금 급여를 병행해야 한다. 유럽 각국의 사회적 포용을 위한 대응은 주로 노동시장 참가대책이다. 청년층을 중심으로 한 취업 지원이나 훈련 기회 제공을 들 수 있는데, 이 외에도 사회적 기업 등을 활용한 고용의 장을 창출하고자 한다. 이 경우 고용은 일반적인 취업과는 다른 훈련의 요소가 강하며 그 과정을 통해 일반적인 일자리로 연결하고자 한다. 즉, 중간적 취업이라고 할 수 있으며 이것이 사회적 포용이나 활성화 정책의 특징이라 할 수 있다. 지금까지 취업지원은 취업기능을 높이는 훈련이 중심이었다. 그러나 사회적 배제에 의해 노동시장 참가가 어려운 사람들 중에는 취업에 요구되는 기본적인 기능뿐만 아니라 커뮤니케이션 능력이나 생활규칙 등 기본적인 일상생활을 보내는 데 있어 문제를 안고 있는 경우도 있다. 그런 사람들에게 중간적 취업과 같은 장을 통하여 그러한 기술을 습득하게 함으로써 일반적 취업의 장으로 연결할 수 있게 된다. 이러한 중간적 취업 등을 거쳐 취업이 어려운 경우에 대비하여 공공부문 등에서 고용의 장을 준비하는 경우도 있다. 단, 어떠한 사회활동 참가를 목표로 하는 경우, 충분한 경제력을 획득하기가 어렵다. 그 때문에 지속적으로 또는 다른 형태로 현금 급여가 이루어지는 대책도 필요하다.

노동시장 이외의 포용도 과제이다. 사회적 포용은 노동시장으로의 복귀만으로 실현되지 않는다. 자본주의 경제 체제에서 사회적 배제의 결과가 경제력과 결부되어 주요 문제는 경제적 빈곤의 형태로 나타나고 있다. 또한 노동은 개인에게 있어서 단순히 경제력을 얻는 것 이상의 의미가 있다. 참가를 실현하고 역할이나 소속의 획득, 자기실현의 장이며 개인의 존엄 실현과도 연결된다. 그 때문에 사회적 포용을 노동시장 참가를 통하여 실현하려는 입장은 나름대로 설득력이 있다. 그러나 동시에 노동시장 이외에서의 포용도 필요하다. 북유럽은 사회적 배제 문제가 제시되기 이전부터 사회적 포용과 유사한 관점에서 제도를 정비해 왔다. 적극적 노동시장 정책이나 보육 서비스의 확충으로 노동 참가를 높이면서 사회서비스에 의한 기본적인 생활보장을 강화했다. 이른바 높은 탈상품화 수준을 유지하며 상품이 아니라 사회서비스에 의해 일정한 생활수준을 유지할 수 있는 체제를 정비했던 것이다. 이러한 제도 체제는 정부의 책임에 근거하여 사회적 포용을 추진해 왔다고 이해할 수 있다. 북유럽 국가에서는 이러한 체제에 따라 격차가 적은 상태를 유지하고 있으며 이는 사회적 배제 구조가 발생하기 어려운 상태라고 생각할 수 있다.

노동시장으로부터 이탈했을 때의 생활보장을 위한 제도도 중요하다. 실업보험이나 재취업을 위한 직업훈련이나 직업알선 등 제도는 노동시장에의 복귀를 앞당길 뿐만 아니라 본인과 그 가족의 생활 수준을 유지하고 노동시장 이외의 장으로 포용될 수 있도록 이끈다. 즉, 노동시장으로부터의 이탈 때문에 그 외의 사회시스템까지 단절하지 않도록 기능하는 것이다. 기타 교육이나 재활을 위한 활동 참가도 사회서비스로 보장함으로써 사회적 배제에 빠지는 것을 피할 뿐만 아니라 그러한 참가가 결핍된 경우의 불리함이 더욱 큰 배제로 연결되지 않도록 한다. 사회적 포용은 단순히 노동시장으로부터의 배제, 노동시장으로의 포용이라는 관점뿐만 아니라 다양한 사회 제도와 사회관계에 의한 포용이라는 관점에서 생각해야 할 것이다.

CHAPTER 09

시간 빈곤

1. 시간 빈곤의 정의
2. 시간 활용의 빈곤과 측정
3. 시간 빈곤의 유형과 함의

CHAPTER 09

시간 빈곤

1. 시간 빈곤의 정의

빈곤을 그럭저럭 살아가기에 부족한 생활 상태로 상정한다면 그럭저럭 살아가는 데 필요한 물질적·비물질적 욕구의 결핍이라 할 수도 있겠다. 물질적 욕구란 육체적 능률을 유지하기에 부족한 소득의 부족이라면, 비물질적 욕구란 균등한 기회와 돌봄, 시간에 대한 활용 가능성의 부족도 포함될 것이다. 여기서는 시간의 빈곤에 집중하여 논의하고자 한다.

빈곤과 복지는 소득과 시간의 관계로 이해할 수 있다. 일반적으로 임금노동시장에서 더 오랫동안 일하고 더 많은 소득을 얻을수록 빈곤의 위험은 줄어들 것이다. 만일 노동 단위당 적정한 임금이 보장된다면, 임금노동에 더 많은 시간을 투입한다면 시간의 빈곤은 늘어나지만, 소득의 빈곤은 줄어들 것이다. 그런데 이러한 소득과 시간 빈곤의 상관관계가 비례적으로 적용되지 않는 사람들이 존재한다. 예를 들어, 긴 시간 임금노동에 종사함으로써 시간 빈곤을 경험하지만, 임금이 충분하지 못하여 소득 빈곤을 동시에 경험하는 사람들이다. 장시간 저임금 노동을 수행해야 하므로 돌봄 노동에 시간을 투입하면 그만큼 임금과 노동시간을 줄여야 하므로 소득 빈곤을 초래할 수밖에 없을 것이다. 그렇다면 돌봄서비스를 가정 외부에서 구매해야 하는데, 그 결과 추가지출로 인한 소득 빈곤이 초래되어 빈곤 가능성은 높아질 것이다. 따라서 인간다운 생활에 영향을 미치는 요소로 소득과 시간의 이중 빈곤을 함께 고려해야 할 것이다.

이러한 관계를 고려하여 정리하자면 시간 빈곤이란 여러 과업이 서로 충돌하고 노동강도 증가를 초래하는 많은 상황 속에서 시간을 자유롭게 할당하고 선택할 수 있는 능력이 감소하고 개별적인 시간 사용에 대한 요구가 서로 더해지는 상황이다.

2. 시간 활용의 빈곤과 측정

소득의 정도와 무관하게 모든 개인은 시장이나 시장 외부에서의 장시간 노동으로 인해 시간의 결핍, 즉 시간의 빈곤을 경험할 수 있으며 여러 가지 활동 중 무엇을 수행할지 선택해야 한다. 소득이 부족하면서 거의 자산도 없는 사람이라면 대체로 자유롭게 활용할 수 있는 시간도 부족할 것이다. 더욱이 노동과 시간의 상충관계가 심각한 경우에는 시간 빈곤은 문제가 될 수 있다.

시장 노동 혹은 시장 외부의 노동과 무관하게 어떤 개인이 임금노동을 수행한 후 재생산에 필요한 시간이 없는 경우에 시간의 빈곤이라 판단할 수 있을 것이다. 또한 극단적인 시간 압력을 받는 개인이 필수적 또는 봉사적 활동을 위하여 시간을 할당할 수 없는 경우에도 시간의 선택 가능성이 빈곤한 경우라 할 수 있다. 한마디로 시간 빈곤이란 시간 할당에 대한 통제 수준이 낮아 자율적인 활용 시간이 빈곤한 상태인 것이다.

시간 빈곤의 측정을 위해서는 시간을 할당하도록 구분해야 한다. 예를 들어, 임금노동 시간, 돌봄과 가사에 드는 시간, 수면과 세면 등의 필수적인 시간, 여가를 위한 시간이다.

이렇게 시간을 구성한 후에 평균적인 필수시간을 24시간에서 차감한 시간을 개인이 보유한 시간으로 가정한다. 개인은 자신이 보유한 시간의 범위에서 시간 할당을 선택할 것이다. 예를 들어, 보유시간 중 돌봄과 같이 가구의 유지를 위한 최소 시간을 충족하지 못하면 시간이 빈곤한 상태로 간주할 수 있을 것이다. 개인이 임금노동 시간에 최종적으로 활용할 수 있는 시간 이상의 시간이 투입될 경우 다른 보유시간을 줄일 수밖에 없으므로 가구 유지를 위한 최소 시간은 부족해진다. 만일 활용할 수 있는 시간보다 임금노동 시간이 더 길면 최소 시간이 줄어들게 되므로 이것이 빈곤 시간이 될 것이다.

가사 및 돌봄노동에 필요한 최소한의 시간 요구를 가족 내부에서 충족하지 못하면 부족한 시간을 결국 시장에서 돈을 지불하면서 구매할 수밖에 없다. 추가적인 지출 때문에 소득이 감소할 수 있음을 의미하는 것이다. 이 추가적인 지출분, 즉 부족한 시간만큼 시간당 최저임금을 산정하여 소득 빈곤에 반영할 경우, 빈곤선은 그만큼 상승할 것이다.

2015년 한국에서 시간 빈곤 문제와 측정 방법이 방송에도 소개되었다. 여기서는 시간 구성을 다르게 하여 개인 돌봄 시간과 대비하여 산정하였다. 예를 들어, 24시간을 일주일 7일에 곱한 168시간을 전체 시간으로 산정한다. 이 시간에서 근무, 출퇴근, 보육, 가사시간을 차감한 시간을 개인별 돌봄 시간으로 산정한 후, 개인 돌봄 시간이 97시간보다 적으면 시간 빈곤으로 판정한다.

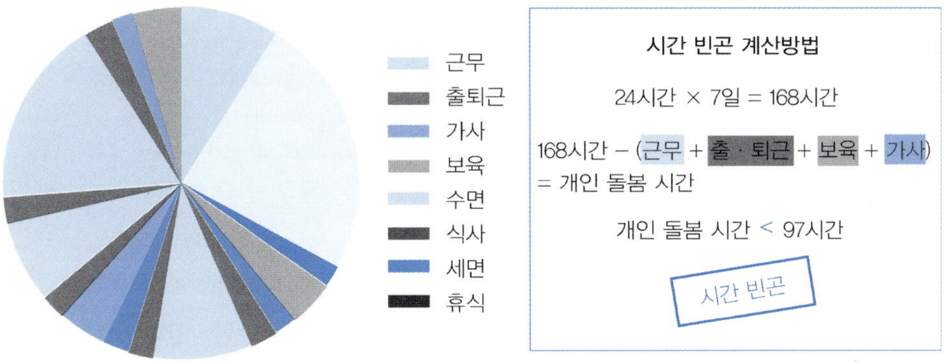

┃그림 9-1┃ 시간 빈곤의 계산

출처 : KBS한국방송(2015. 6. 23). 추적60분 '시간빈곤-엄마의 시간은 어디로 갔을까?'.

3. 시간 빈곤의 유형과 함의

시간 빈곤은 가구 유지에 필요한 최소한의 시간과 임금노동 시간의 상충관계를 중심으로 다음과 같이 유형화가 가능하다.

첫째, 소득과 시간 모두 빈곤한 경우이다. 가구 유지를 위한 최소한의 시간을 충족시키지 못하고 장시간 임금노동을 수행하지만, 소득은 빈곤선 이하에 머물고 있어 가난하다.

둘째, 소득과 시간 모두 빈곤하지 않은 경우이다. 가구 유지를 위한 최소한의 시간과 임금노동 모두 빈곤선 이상이며 가난하지 않다.

셋째, 소득은 빈곤하지 않지만, 시간은 빈곤한 경우이다. 가구 유지를 위한 최소한의 시간을 충족시키지 못하지만, 임금노동 투입량에 상응하는 소득을 올리므로 빈곤선 이상이며 가난하지 않다.

넷째, 소득은 빈곤하지만, 시간은 빈곤하지 않은 경우이다. 가구 유지를 위한 최소한의 시간은 충족하지만, 소득수준이 빈곤선 이하이므로 가난하다.

다섯째, 시간 조정을 하면 소득이 빈곤해지는 경우이다. 소득수준만 따지면 빈곤하지 않지만, 시간 빈곤을 경험하는 과정에서 필요한 추가소득을 반영하면 빈곤선이 상향되어 소득 빈곤으로 변하므로 가난에 빠질 위험이 커진다.

> 서울에서 13년 남짓 회사택시를 몰아온 김경진(가명, 52세) 기사는 하루 12시간씩 맞교대로 일한다. 새벽 4시에 나와서 오후 4시에 차를 넘기고 집에 들어간다. 저녁을 먹고 잠자리에 드는 때는 저녁 7시, 그래야 다음 날 새벽 3시 무렵에 일어날 수 있다. 김 씨가 하루 중 집안일을 하고 가족을 돌보며 여가를 보내는 시간은 채 3시간이 되지 않는다(한겨레신문, 2018. 10. 17. 저소득 생존법 시간을 헐다, 여 30%, 남 20% 시간 빈곤자).

생애노동시간의 국제 비교에 의하면 한국인은 생애 전반에 걸쳐 시간 빈곤을 경험하므로 생애에 걸쳐 시간이 빈곤한 피로 사회라 할 수 있다. 또한 한국 청년의 노동시장 진입은 외국보다 매우 늦다. 한국 청년(25~34)의 고등교육 이수율(69.8%)은 OECD 15개국(평균 45.5%) 가운데 1위다. 25~54세 주당 노동시간

(2020년 기준)의 경우 한국은 41.8시간을 기록하고 있다. 한국인은 OECD 평균보다 주당 평균 4시간 더 일한다. 주당 노동시간이 40시간이 넘는 나라는 벨기에(41.9시간)와 포르투갈(40.4시간)뿐이다. 한국의 15~64세 이상 생산가능 인구 중 주당 50시간 이상 장시간 일하는 취업자의 비중은 20%, OECD 평균은 13.6%를 기록하고 있다. 노동시간 퇴직 시기는 OECD 기준 남성은 63.4세, 여성은 62.4세인 반면, 한국은 남성 65.7세, 여성은 64.9세이다. 65세 이상 경제활동 인구 비율은 한국은 35.3%이며 OECD는 평균 15.3%이다(한겨레신문, 2023. 6. 15). 한국은 늦게 일하기 시작해서 더 길게 더 오래 임금노동에 종사하는 것이다. 따라서 임금노동 이외의 필수적인 최소한의 노동시간에 종사할 시간이 더 부족하고 상대적으로 추가지출을 경험함으로써 가난해질 가능성이 큰 사회, 피로하고 가난한 사회인 것이다.

〈표 9-1〉 **성별 및 연령대별 시간 빈곤율** (단위 : 명, %)

구 분		20대	30대	40대	50대	60대 이상	전체*
남성 (3,857)	시간 빈곤	35 17.07	212 25.63	185 16.47	126 12.61	74 10.53	632 16.39
	시간 비빈곤	170 82.93	615 74.37	938 83.53	873 87.39	629 89.47	3,225 83.61
Chi2(df=4)(p-value)		79.7104(.000)					
여성 (3,069)	시간 빈곤	67 26.91	187 34.38	200 24.18	203 24.20	86 14.10	743 24.21
	시간 비빈곤	182 73.09	357 65.63	627 75.82	636 75.80	524 85.90	2,326 75.79
Chi2(df=4)(p-value)		65.6137(.000)					

주 : 전체 시간 빈곤율 19.85%
출처 : 신영민(2021). 시간 빈곤인의 노동시간 특성에 관한 연구. 노동정책연구, 21(2), 31.

〈표 9-2〉 교육수준 및 직종별 시간 빈곤율 (단위 : 명, %)

구 분	교육수준				직 종					
	고졸 이하	전문 대졸	4년제 이상	계	관리/(준) 전문가	사무	서비스/판매	기술	단순 노무	계
시간 빈곤	715 19.91	248 22.50	412 18.45	1,375 19.85	310 19.10	286 19.83	294 22.69	265 19.79	220 17.94	1,375 19.85
시간 비빈곤	2,876 80.09	854 77.50	1,821 81.55	5,551 80.15	1,313 80.90	1,156 80.17	1,002 77.31	1,074 80.21	1,006 82.06	5,551 80.15
Chi2(df)(p-value)	7.6373(2)(.022)				9.9211(4)(0.042)					

주 : 1) 각 셀의 첫 행은 빈도 수(n), 두 번째 행은 집단의 백분율(%)임.
2) 비경제활동인구는 직종 응답이 없으므로 직종계와 교육수준계는 차이가 있음.
출처 : 신영민(2021). 시간 빈곤인의 노동시간 특성에 관한 연구. 노동정책연구, 21(2), 54.

〈표 9-3〉 경기도 한부모의 일을 하면서 느끼는 가장 큰 어려움 (단위 : %)

구분	자녀 양육시간 부족	일하는 시간 대비 낮은 임금	장시간 근로	불투명한 직업전망	일가정 병행으로 육체적 피로	자녀 돌볼 사람 구하기 어려움	한부모에 대한 편견과 차별	특별한 어려움이 없음	합계
전체	25.4	16.7	11.4	12.0	18.7	9.2	3.1	3.6	100.0
저소득 지원가구	28.7	24.7	6.7	15.7	15.2	5.1	–	3.9	100.0
일반가구	23.8	12.8	13.6	10.2	20.3	11.2	4.5	3.5	100.0
모자녀 가구	26.3	18.7	12.6	11.5	18.2	6.7	2.2	3.9	100.0
저소득 지원가구	30.2	20.9	7.2	15.8	18.7	2.9	–	4.3	100.0
일반가구	23.7	17.4	16.0	8.7	17.8	9.1	3.7	3.7	100.0
부자녀 가구	24.0	13.0	9.4	12.5	19.3	14.1	4.7	3.1	100.0
저소득 지원가구	25.0	38.9	5.6	13.9	–	13.9	–	2.8	100.0
일반가구	23.7	7.1	10.3	12.2	23.7	14.1	5.8	3.2	100.0

출처 : 노경혜(2021). 생활시간조사를 통해 본 한부모 시간 빈곤. 경기도 여성가족재단.

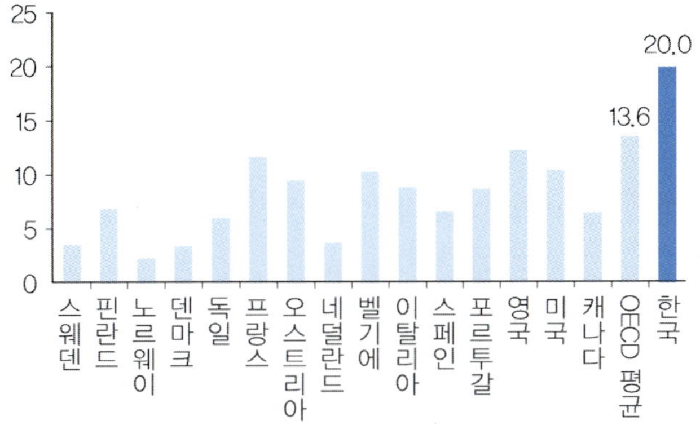

| 그림 9-2 | 주당 50시간 이상 장시간 일하는 취업자의 비중(2022년 기준, OECD)(%)

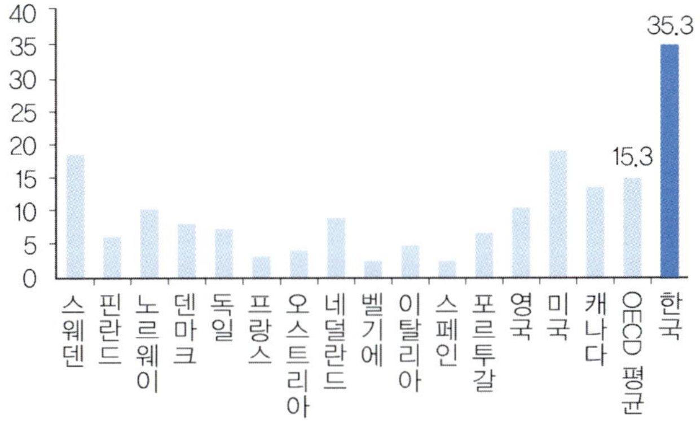

| 그림 9-3 | 65세 이상 경제활동참가율(2022년 기준, OECD)(%)

몇 가지 함의를 생각해 보자. 장시간 저임금 직종에 종사하는 사람일수록 시간 빈곤을 경험할 가능성이 높을 것이다. 따라서 공적인 돌봄서비스의 확충 없이 일자리만 강요하는 정책 방향은 시장에서의 돌봄서비스 구매비용만 증가시켜 오히려 가구 소득을 감소시킬 수 있을 것이다. 따라서 임금 향상을 통한 노동생산성 향상 없이 일자리 증가만 강조하는 정책의 효과는 한계가 있을 수밖에 없다. 장시간 유급노동과 가사 및 돌봄 노동의 병행은 시간 빈곤의 원인이다. 신영민(2021)의 연구에 의하면 시간 빈곤 남성은 주말 및 야간 노동시간의 차이가 크지 않지만, 시간 빈곤을 경험하는 여성은 단순노무직 및 서비스/판매 직종 여성일수록, 가구 소득이 낮을수록 주말 및 야간노동 시간이 길다. 또한 김진욱(2023)의 연구에 의하면 청년층, 여성이 시간 빈곤을 더 많이 경험하고 유급 및 무급 노동, 학습 등 다른 필수적인 활동에 대한 시간 부담이 클 때 청년의 시간 빈곤의 정도는 커진다. 아울러 부모의 지원을 받기 어려운 저소득 청년에 대한 정책이 필요하다. 특히 현금 지원은 과도한 유급 노동에 대한 부담을 줄일 수 있으므로 생활비 지원을 포함한 청년층에 대한 기본소득도 대안이 될 수 있다. 소득과 돌봄의 재분배를 균형적으로 추진하면서 기본소득과 결합한 근로 안식년 또는 사회 안식년 제도의 도입도 고려할 수 있다.

CHAPTER 10

빈곤 거버넌스와 조건화

1. 거버넌스의 이론
2. 거버넌스의 구성 요소
3. 지배의 거버넌스
4. 합리화의 거버넌스
5. 저항의 거버넌스
6. 조건 강화의 영향

10
CHAPTER

빈곤 거버넌스와 조건화

1. 거버넌스의 이론

거버넌스 연구는 1990년대 이후 시작되어 행정학, 정치학, 경제학, 경영학, 국제관계학 등 많은 분야에서 논의되고 있다. 거버넌스는 '통치' 개념을 넘어서 분권화, 네트워크, 합의 지향, 유연한 공사의 관계, 시민사회 지향 등 폭넓은 의미를 포함한다. 거버넌스는 제도의 창조, 강화를 지향하면서 다양한 행위자의 상호작용과 의사결정의 과정이다(Stoker, G., 2004 : Pierre, J., 2000).

거버넌스의 특징은 정부 행위자와 비정부 행위자의 상호작용에 의한 조정체제(arrangement)이다. 의사결정이 더 복잡하게 변하면서 그 과정에서 나타나는 통치의 형태를 말한다. 시장 메커니즘을 활용하여 자원을 배분하고 정부 규제의 범위 내에서 시장원리를 작동하려 한다.

민주주의를 기반으로 하면서 모든 이해 관계자와 보조를 맞춰 전체를 통치하며 어떤 공익을 달성할지를 결정한다. 거버넌스는 공식적 기관 사이에서 기능하는 정치 과정이며 가장 공식적인 기관인 정부의 구속력 있는 결정이 영향력이 크다. 네트워크 조직은 의사 결정력보다는 외부 행위자로서 통치 과정에 영향을 미칠 가능성이 높다.

거버넌스 편제에서 정부와 국가 관료는 하향식 영향력을 확장하려는 동기가 작동하지만, 참가형 거버넌스처럼 국가 주체의 통치 과정에 대항하는 시민이 참가하여 민주적 통제를 강화하고자 한다.

1980년대 로즈(R. A. W. Rhodes)의 '국가의 공동화론(The hollowing out of the state)'부터 거버넌스 논의는 본격화했다. 영국 등 정부 관련 기관의 기능이 약해지고 통치 기구의 단편화가 생긴 것에 기인한다. 유럽에서 EU 등 의사결정의 초국가적 통치 기구가 확대된 배경도 영향을 끼쳤다(山本隆, 2019 : 78-79).

로즈는 복지국가의 기능은 더 이상 팽창하지 않고 단편적으로 제한되었다고 주장한다. 중앙집권적인 강력한 통치는 더 이상 불가능하므로 조직의 상호의존, 네트워크 구성원의 상호작용, 신뢰에 근거를 둔 거래적 상호작용, 국가로부터의 자율성의 증가와 같은 상황을 배경으로 거버넌스 이론화를 시도하였다. 네트워크를 중요한 요소로 이해하고 케인즈형 복지국가에서 시장 원리주의를 매개로 한 네트워크 거버넌스론을 이끌었다. 이후 국가의 위상, 즉 국가 기능의 작동 방식과 권력 소재를 둘러싼 논쟁이 벌어졌다. 제솝(B. Jessop)은 국가의 재규모화를 강조하는데, 세계화로 국가의 경영관리 능력은 축소되고 국가 권력의 쇠퇴를 인정하지만 여전히 국가는 막대한 자원을 장악한 존재라는 점을 강조한다. 그는 오히려 국가의 재편성 양식에 주목하였다. 즉, 국가 규모의 재편성(재규모화) - 복지국가의 후퇴나 워크페어 정책에 초점을 두고 국가 범위의 확대나 국가의 메타 거버넌스적 역할의 증대에 주목하였다(Jessop, 2002 : 216-246).

도시 레짐론은 1980~1990년대 영미에서 진행된 비교 도시연구에 뿌리를 두고 있다(Stone, 1989). 도시 레짐론은 도시개발에서 정부나 비정부 행위자가 다양한 자원을 동원하고 조정하는 체제를 레짐 정치라고 부른다. 권력구조에 초점을 두지 않고 자원 조정이나 시민의 임파워먼트 수단으로서의 네트워크 거버넌스에 역점을 둔다. 네트워크나 파트너십에서 교섭적 대화의 결과로서 공공정책의 영역에만 관심을 둔다. 하지만 네크워크 활동은 통치에서 협치로 복잡성이 늘어나는 글로벌한 세계에서 시장 교환의 한계나 하향식 도시계획을 극복하는 도구로서 기대를 모았다. 네트워크를 통한 통치는 신뢰에 기반한 합의를 기초로 새로운 숙의적 다원주의를 초래하는 것으로 간주되었다. 영국의 거버넌스 문맥에서는 국가, 시장, 시민사회의 다양한 행위자가 관계하는 네트워크 구축을 낙관적으로 생각하고 있다. 예를 들어, 분화형 통치형태모델(DPM : Differentiated Polity Model)은 정부에 의한 케인즈형 복지국가로부터의 탈피를 수반하여 1980~1990년대를 거치면서 정치권력은 분산되었다고 판단한다. 즉, 통치 능력의 분산화에 의해 국가는 관료적인 편제로는 해결할 수 없는 '조정'의 문제에 직면한 상황이라고 본다(Davis, J. S., 2011).

베비어와 로즈(Bevir & Rhodes, 2010)는 기존의 '국가가 공동화하고 정책 네트워크의 다양성이 발생했다'는 이론과 '국가의 규제와 통제가 더욱 확대되었다'는 이른바 메타 거버넌스 모두 거부한다. 그들은 무국가(stateless)의 국가를 묘사한다. 국가는 다양한 신조와 전통에 의해 다양한 행위나 실천에 따라 생겨나는 것으로, 국가는 전통에 뿌리내린 행위자의 신조에 의해 만들어지는 다양한 행위나 정치 투쟁의 '우연'의 산물이라는 점을 논하고 있다. 영국의 신공공관리(NPM : New Public Management)는 정책 네트워크가 전통적 특징이며 대처 보수당 정권 시대에는 시장을 활용하여 기존의 네트워크를 우회하여, 정부의 통치 기술이나 합리화를 주요 수단(관리주의+시장화)으로 하였다. 관리주의는 민간의 경영기법 도입, 전문적 경영, 목표설정, 성과측정과 관리, 비용편익, 고객 만족 등을 지향한다. 시장화는 공공서비스 경제원리의 도입, 관료제의 해체, 유사시장, 아웃 소싱을 통한 경쟁의 확대와 서비스 선택 등을 지향한다(山本隆, 2019 : 81).

1990년대 초 독일이나 네덜란드는 상호작용형 거버넌스에 관심을 두고 공공과 민간의 여러 행위자 사이의 협동을 분석한 다차원 거버넌스 연구가 유행하였다. 이를 통해 거버넌스 네트워크, 파트너십, 참가형 거버넌스가 대두되었다. 토핑(J. Torfing)은 집합적 행위를 통하여 사회와 경제의 방향을 이끄는 과정을 고찰하였다. 국가의 통치 방법은 게임의 규칙을 설정하는 것이며 시장을 재설정하고 정책 부문을 다시 규제하고 새로운 윤리를 도입하는 등 위계의 장치를 한층 강력하게 작동시키게 된다. 대화의 조직화, 의미화나 신조의 정체성 생성, 행위자의 사고나 행위에 대한 영향 등을 활용한 방향키를 설정한다. 자금이나 권한의 배분 방법을 활용한 방향키를 설정하고 네트워크를 구성한 행위자 사이의 균형 조정과 변경, 대립의 조정, 통치 기구의 재균형 등 경계선을 정리하는 역할을 한다. 공공이나 민간 부문의 주요 의사결정자는 상호작용형 네트워크 거버넌스에 기대를 걸고 있다. EU를 비롯한 정부 섹터와 영리 섹터, 비영리 섹터 사이에서 정규 또는 비정규 수준에서 다양한 목적을 가진 네트워크 형성을 볼 수 있다. 이러한 거버넌스를 상호작용형 거버넌스로 이해한다. 상호작용형 거버넌스는 자생적으로 나타나는 것이 아니라 공적인 기관에 의해 추진되고 설계된다. 정부에 의한 상호작용형 거버넌스의 성과를 얻기 위해서는 전략적인 메타 거버넌스가 필요해진다. 핵심적인 위치에 있는 의사결정자가 거버넌스 네트워크를 효과적이며 정통적인 메커니즘으로 주목한다는 것이다(Sörensen & Torfing, 2007 : 4).

2. 거버넌스의 구성 요소

베비어와 로즈의 담론은 거버넌스의 구성 요소를 지배(rule), 합리화(rationalization), 저항(resistance) 세 가지로 제시하고 있다. 물론 엄밀한 정의화나 치밀한 실증분석이 있는 것은 아니다(Bevir & Rhodes, 2016). 그들은 『문화적 실천으로서의 국가(The State as Cultural Practice)』에서 국가의 통치에 대하여 다음과 같이 밝히고 있다.

지배는 중앙과 지방의 엘리트가 여전히 전략성과 상호작용을 통하여 제도와 정책을 만들어 낸다. 중앙 엘리트는 다양한 내러티브를 사용하여 자신들의 세계관을 구축하고, 특정 담론을 사용하여 전문성의 형태를 유지하려고 한다. 여기서 생기는 탈중심형(decentred) 접근은 다양한 요소나 지리적 공간을 넘어 정책을 확장하기 위한 합리성을 만들어 낸다(Bevir & Rhodes, 2010).

합리성은 통치행위에 대한 과학적 신조나 관련된 기술에 관계한다. 구체적으로는 성과 측정, 사업 목표 등의 기술을 구사하여 신자유주의적인 합리성이 정책 실천의 과정에서 형성된다. 규제 레짐도 합리성의 하나로 감사 등을 통하여 지방자치단체의 행위를 일정한 방향으로 유도한다.

한편 정책 주체가 주체적 행위를 소홀히 했을 때에 저항이 생긴다. 하나의 정책은 엘리트뿐만 아니라 다양한 전통을 배경으로 하는 서로 다른 견해나 이상을 가진 모든 행위자 사이에서 논의된다. 따라서 종속적인 행위자가 엘리트의 의도나 정책에 저항할 가능성은 부정할 수 없다.

베비어에 의하면 거버넌스는 고정된 특징은 없으며 전통, 딜레마, 신조, 정책체계의 구축과 그 실행이며, 책임을 담당하는 자들의 스토리라고 한다. 그가 주장하는 탈중심형 거버넌스론은 단선적 국가와 시민사회의 개념은 환상이며 중앙정부는 실천의 역할을 거의 가지고 있지 않다고 생각한다. 중앙정부의 위치는 지방 현장에서는 거의 보이지 않으며 탈중심형 접근은 방향 설정, 조정, 규제와 같은 외적 테두리를 설정하는 역할에 충실하게 된다. 이와 관련된 사례는 영국 블레어 정부의 연계형 정부(joined-up government)라 할 수 있다(Bevir & Rhodes, 2010).

3. 지배의 거버넌스

지배는 정책의 관철을 목표로 한다. 먼저 집권화 과정에서 정책적 의미를 도출할 수 있다. 가령, 집권체제로부터 분권화로 정부 간 관계가 변화하는 가운데 중앙부처에 의한 지침 행정, 보조금 작업에 의한 통제된 분권을 들 수 있다. 중앙에 의한 통제는 정책의 실천 장면에서 지방자치단체의 재량을 인정하면서도 보조금과 감사는 지방자치단체의 권한을 약하게 하는 효과를 가지고 있다.

일본의 생활보호제도의 경우 통지행정・보조금・감사 등 이러한 국가의 통제 거버넌스가 명확히 관철되고 있다. 특히 지배의 방식은 권한, 조직, 재정을 통해 지방공공단체를 통제하고 있다(平野, 2019 : 89-91). 사회복지사는 사무 처리에 쫓기는 등 직장의 폐해는 높아지고 있다. 중앙정부의 통제에 의해 사회복지사의 노동과정이 변질되고 있는 것이다. 매뉴얼화된 업무 방식에 의해 노동능력, 자산, 부양의무의 철저한 활용은 유지된다. 더욱이 감사에 의해 전문성이 부정되는 사회복지가 강화된다.

중앙부처와 지방정부의 지도 감사를 통해 볼 수 있는 관료적인 통제가 사회복지의 전문성을 후퇴시키는 사태를 불러왔다. 재정통제는 지방공공단체에도 비용을 분담시키는 형태로 나타났다. 빈곤 대책은 국가의 분명한 책임이지만 비용 부담은 지방정부도 분담하고 있다. 1990년대 이후, 빈곤・사회적 배제가 심각해지는 가운데 영국은 지역재생을 추진하고 종합적인 접근을 전개하였다. 국가로부터 광역자치단체로, 그리고 기초자치단체로 권한위양을 하는 지역 거버넌스 정책이었다. 정부 목표는 국가의 통합이므로 산업이 쇠퇴하는 가운데 도시의 경쟁력을 떨어뜨리는 지역문제를 해소하고 그 과정에서 지역사회 참가의 거버넌스를 추진시킬 수 있었다(山本隆, 2019 : 90).

NDC(New Deal for Community)는 가장 빈곤한 지역을 개선하기 위하여 그 지역에 다양한 자원을 집중시켜 빈곤과 사회배제를 줄이려는 사업이었다. 잉글랜드의 39개 빈곤 지역을 복합적 박탈 지표를 근거로 특정하여 집중적으로 빈곤 지역에 보조금을 할당하여 정책적 접근을 시행하는 것이었다. NDC의 혁신적 부분은 근린 지역을 대상으로 주택과 환경, 범죄, 건강, 교육, 고용과 같은 6개의 산출 목표를 설정한 것에 있었다. 기초자치단체 차원의 지역 거버넌스 확립이나 시민 참가 촉진을 위하여 의사결정 과정에 시민이 참가할 수 있는 파트너십 조직을 중요시하였다.

영국은 긴축재정이 단행되었으며 지방자치단체에 대해서는 긴축재정 체제를 통치 가능한 형태로 전개하여 사회보장 억제를 추진하고 있는 것으로 보인다. 이러한 긴축재정 아래 사회부조 등 예산은 삭감되고 그 영향은 주민이나 민간 복지단체에 나타나고 있다.

지배는 정부 내 조직의 연계를 도모하고 정부 외부의 자원을 동원하면서, 시장원리의 요소를 도입하여 시민 참가를 유도하는 것이었다. 하지만 거버넌스 과정에서 정부가 정하는 목표치, 자치단체 평가 등의 수량적 접근에 대하여 참가 구성들의 불만이 나오기 시작하였다. 또한 고용과 훈련 분야는 광역자치단체의 사무국에 권한이 있으며 NDC의 후반기에 이르러서는 기초자치단체로부터 광역 차원으로 확장되어 지배와 합리화에 균열이 생기는 사태가 발생하였다. 중요한 자금 배분의 경우 NDC가 지출을 결정하고 중앙정부와의 관계에서는 NDC 기관이 중앙정부와 절충할 수 있지만, 중앙기관이 행사하는 권한의 힘이 매우 강하다(山本隆, 2019 : 91).

4. 합리화의 거버넌스

영국 등 선진국은 신자유주의적인 운영관리로 합리성을 추구한다. 사업의 성과측정, 목표치 등의 기술을 사용하고 있다. 또한 규제 레짐은 감사 등에 있어서 지방자치단체의 활동을 점검하고 있다. '합리화'의 정책적 함의는 공공서비스의 제공에서 정책 주체는 스스로의 목적을 다하기 위해서는 실천 현장의 관계자에게 정책에 대한 헌신을 요구하는 데에 있다.

합리화는 그 구성 내용이 복합적이며 사회과학적으로 검토할 필요가 있다. 일반적으로 공공서비스의 개혁에 있어서 정책효과를 올리기 위하여 다양한 정책 주체가 연구에 나서고 있다. 서구의 맥락에서는 신자유주의적 관리주의에 따라 국가의 정책사업의 합리성을 실천하고 있다. 이데올로기로 무장한 관리주의를 통해 제도의 확장과 합리화를 도모하는 것이다. 구체적 방법은 사업의 성과측정 등의 기술을 개발하고 규제 레짐은 감사 등을 통해 지방자치단체의 활동성과를 평가하는 것이다.

합리화를 해석하기 위해서 나잠(Najam)의 정식화가 참고가 될 것이다. 그는 공공서비스의 목표와 전략에 주목하고 네 개의 모델을 제시하고 있다. ① 협력(cooperation)으로 동일한 목표, 동일한 전략, ② 대립(confrontation)으로 다른 목표, 다른 전략, ③ 보완성(complementarity)으로 동일한 목표, 동일한 전략, ④ 공동선택(cooptation)으로 다른 목표, 동일한 전략이다(Najam, 2000).

국가와 지방의 관계성은 협력이라는 환경으로 추진되지만, 지방에 여러 자원이 부족한 경우에 대립이 발생할 것이다. 또한 지역의 상황을 반영하여 지방정부가 국가의 보완책을 행하는 것도 가능하다. 단지 전체적으로 국가의 의도는 지방의 공동 선택을 지향하는 것이다.

정책 주체와 서로 협력할 것인가, 아니면 대립할 것인가, 또는 서로 보완하는 역할을 담당할 것인가, 공동으로 하는 방법을 선택할 것인가. 합리화는 복잡한 양상의 조합으로 이루어져 있다. 이러한 의미에서 정부 간 관계나 공사관계로부터 합리화를 이해할 필요가 있다. 그래서 협력, 대립이라는 관점에서 정부 간 관계 모델의 파트너십 모델과 에이전시 모델을 참고하는 것이 도움이 될 것이다.

파트너십 모델은 중앙정부와 지방정부를 대등한 파트너로 본다. 중앙정부는 지방정부에 조언을 제공하고 전국적인 최저 기준을 설정하며 지방정부의 개별 정책을 장려하고 재정적 지원도 제공한다. 지방정부는 주민에게 서비스를 제공할 책임을 진다. 경우에 따라서는 독자적인 정책을 실천하는 것도 가능하다. 자립적인 존재이지만 국가로부터의 제약에서 완전히 자유롭지는 않다.

에이전시 모델은 지방정부를 종속적 존재로 본다. 중앙정부로부터 지방정부에 위탁된 사무가 많아 지방정부의 자유도는 그다지 인정되지 않는다. 이 모델은 중앙정부의 집중도가 강하며 지방정부의 재정력이 약한 상황을 반영하고 있다. 중앙정부는 지방지출을 통제하며, 지출을 억제하면 지방자치단체의 활동은 제한된다. 중앙정부가 추진하는 관리주의를 통해 정책 현장의 성과측정이 이루어진다.

관리주의는 신자유주의 정치체제 아래 국가가 관철하여 합리성을 추구하고 사업의 성과측정 등의 기술을 개발하며 특히 지방자치단체의 활동 성과를 평가한다. 이는 공공부문에 대해 민간부문의 경영기법을 접목한 것이다. 전문적 경영관리, 특정한 서비스의 수준 설정, 사업 성과의 측정과 관리, 비용 대 효과, 이용자의 평가 등 여러 요소로 구성된다.

관리주의가 활용된 배경은 신공공관리의 대두이다. 1980년대 경제 정체를 정부의 실패에 기인하는 것으로 받아들여 혼합경제에 의한 큰 정부로부터 시장 메커니즘의 활용에 의한 작은 정부로 전환되었다. 복지국가, 혼합경제의 형성에 의해 전통적인 행정관리 시스템은 서서히 붕괴되었지만, 선진 국가의 경기 침체를 계기로 신공공관리주의로의 전환은 더욱 빨라졌다. 관리주의는 미국에서 1970년대 후반에 경제적 경쟁력의 쇠퇴에 대응하여 행정에서 고안된 것이다. 그 골자는 실현 가능한 목표를 설정하고 달성하는 과정에 있다. 설정한 목표에 따라 복지 등의 행정서비스가 평가된다. 예를 들어, 직원 승진에 대해서는 경영혁신의 노력에 대한 보상이라는 관점에서 평가하고 업적을 보상하는 것이다. 한편 효율성 기준에 따라 욕구의 전문적인 판정, 요금제에 근거한 자원 할당이 실시된다. 나아가 비용효과를 높이기 위하여 아웃 소싱(outsourcing)이 도입되고 있다.

정책 주체는 정책효과를 올리기 위하여 다양한 연구에 매진하고 제도의 정착화, 현장의 헌신을 촉구한다. 합리화에서 주목해야 할 것은 첫째, 지방은 어떻게 반응하고 적응하였는가, 둘째, 지방자치는 지켜지고 있는 것인가, 셋째, 민간은 어떻게 받아들여지고 적응하였는가, 넷째, 주민의 이익은 지켜지고 있는가이다(山本隆, 2019 : 95).

5. 저항의 거버넌스

지배와 합리화가 시민에게 불이익을 초래할 경우, 그것을 극복하는 것은 역시 민주주의의 힘이다. 시민 스스로가 사회적·정치적 참가를 실천하고 민주주의적 시스템을 지켜 나가는 힘을 발휘해야 한다. 그런 의미에서 거버넌스는 유연한 통치의 편제형태가 아니라 대립이라는 요소도 포함하고 있다. 빈곤 대책의 거버넌스는 시민적 저항이 폐쇄 상황을 타개하고 시민과 불리한 입장에 있는 사람들의 연대를 요구하게 된다.

저항은 국가 권력의 불법적인 행사가 있는 경우에 시민의 이익을 지키는 것을 목적으로 반대 활동으로 일어난다. 저항이나 반발은 시민사회에서 쉽게 일어날 수 있다. 시민적 불복종(civil disobedience)도 권력 지배에 맞서는 행위이다. 세금 납부를 거부하는 불복종도 있고 사회부조 제도의 변경을 요구하는 수단으로 비판 캠페인, 이의신청, 소송, 옴부즈맨 등이 있다. 빈곤대책의 거버넌스에서 통치에 대한 저항은 민주주의의 발로이며 시민권을 지키기 위한 행위라 할 수 있다.

최근 사례에서는 2018년 가을, 프랑스 정부에 의한 에너지세 증세안이 원인이 되어 발생한 노란 조끼를 표방하는 저항운동이 대표적이었다. 프랑스 노동조합의 조직률은 10%를 밑돌고 있지만, 시민의 공감대가 형성되어 마크롱 대통령의 부유층 우대정책의 변경을 촉구하여 증세 연기와 최저임금 인상을 얻어냈다. 노동조합의 조직률 저하가 치명적인 문제가 아니었으며 저항운동에 시민도 참가함으로써 거대한 사회운동으로 표출되었다(山本隆, 2019 : 98).

지금까지의 거버넌스 논의를 요약하면 다음과 같다. 국가 기구는 국민의 통합을 목적으로 제도를 구축하고 교섭을 반복하면서 정통성을 획득하고자 한다. 거버넌스는 국가와 비국가와의 관계성을 중요시하고 제도의 창조와 재생을 위해 다양한 네트워크로부터 새로운 사회적·정치적 편제를 도출한다. 빈곤 거버넌스로 기능하는 것은 지배, 합리화, 저항의 세 가지 요소라 할 수 있다.

첫째, 지배는 세금과 법의 권한을 이용하여 이루어진다. 기준을 설정하여 조직과 개인의 상호작용을 만든다. 빈곤 거버넌스의 경우 사회부조를 통하여 일정한 기준을 적용하여 수급자에게 최저생활비를 보장하고 동시에 자립을 요구한다.

둘째, 합리화는 정책을 운영하는 장면에서 발휘되어 사업효과를 높이기 위하여 다양한 실시 주체가 노력한다. 또한 제도의 정착을 목적으로 관리 기술을 중요시한다. 합리화 수법은 지속적으로 예산을 확보하는 수단으로서 질적・양적으로 사업효과를 측정하고 평가를 내린다.

셋째, 저항은 국가 권력이 부당하게 행사될 경우 시민들로부터 자발적으로 생겨나는 흐름이다. 그때 저항을 위해서는 당사자와 시민의 공감과 협력이 필수다. 예를 들어, 사회부조의 불합리한 보장수준의 개혁을 요구하는 서명운동이나 증언대회, 최저생계비의 부당함을 확인하기 위한 위헌소송 등을 제기할 수 있다.

6. 조건 강화의 영향

영국의 경우, 1979년 마가렛 대처가 이끄는 보수당 정권이 탄생한 이후, 복지국가의 재편이 단속적으로 진전되었다. 그 결과 오늘날까지 40여 년 동안 사회부조를 비롯한 복지 급부의 조건화는 더욱 엄격해졌다. 재정적자를 줄이고 사회지출 억제를 공약으로 하는 보수당 대처 정권에서는 복지 급부의 내용이나 수준이 절하되는 한편, 대상자의 사회적 속성의 수정이나 급부 신청 사유를 엄격하게 하는 등 대상자의 선별성을 강화하기 위해 복지수급 자격의 조건성을 강조하는 사례가 증가하였다(Dwyer, 2004). 이러한 경향은 이어지는 메이저 정권, 1990년 후반에 발족한 노동당 정권에서 오히려 더욱 강화되는 경향을 보인다. 1996년 구직자 급부(Jobseeker's Allowance) 제도의 도입을 계기로 1997

년 정권을 탈환한 신노동당 정권에서도 조건화의 대상이 되는 사람들의 범위는 확대되었다(Griggs & Bennett, 2009; Dwyer & Wright, 2014). 그 과정에서 경제활동 연령층을 향한 자산조사가 대폭 도입되어 장애인이나 모자 가구까지 대상으로 편입되었다(Hood & Oakley, 2014).

이처럼 조건화의 강화는 특정 정권의 정책목표가 아니라 정권이나 정당의 차이와 무관하게 장기간 지속되고 있다는 것을 보여주고 있다. 그렇지만 조건 강화 문제가 가장 첨예하게 돌출한 것은 역시 2010년 발족한 새로운 보수당 정권에서 진행된 복지제도 개혁의 영향이 크다. 이 새로운 보수당 정권에 의한 복지제도 개혁의 특징은 두 가지로 구분할 수 있다. 첫째, 조건화의 범위 확대와 개별화 강화이다. 이는 기존 정책의 연장선상에서 이루어지는 것이므로 보수당 정권의 고유한 것은 아니다(Dwyer & Wright, 2014; Dwyer, 2016). 둘째, 사회지출의 삭감을 이유로 복지 급부 조건을 이행하지 않을 때 지급을 정지하는 등 본격적으로 벌칙을 적용하는 것이다.

이러한 전개는 정권 출범 시의 사회 상황의 영향이 크다. 2008년 가을 이후 세계 금융위기와 그에 수반하는 경기침체에 직면한 각국 정부는 애초 재정을 발동하여 적극적으로 공적 자금을 투입했지만, 그 후 재정 긴축 대책을 선택하였다. 이러한 상황 속에서 국가는 재정지출을 억제하고 재정적자를 삭감하여 부채를 변상해야 한다는 사고가 형성되어 각 국가의 정치에 강한 영향을 끼쳤다. 소위 긴축의 정치(Austerity Politics)다.

영국도 이러한 흐름이 강해졌는데 마침 그 시기에 정권을 담당한 것이 보수당 정권이었다. 이 정권은 정권 획득 여부와 관계없이 재정 긴축을 기본방침으로 내세웠는데, 개인의 금전 관리의 중요성, 자조, 사회적 의무 규범에 호소하는 형태로 그러한 정책 방침을 보강하는 담론을 만들고 적극적으로 유포하였다(Wiggan, 2012; 2016). 이리하여 사회지출의 삭감이나, 그에 수반하는 지급 정지 등 벌칙의 적극적 적용을 추진하였다. 이것이 구체적인 형태로 표출된 것이 복지제도 개혁이었다.

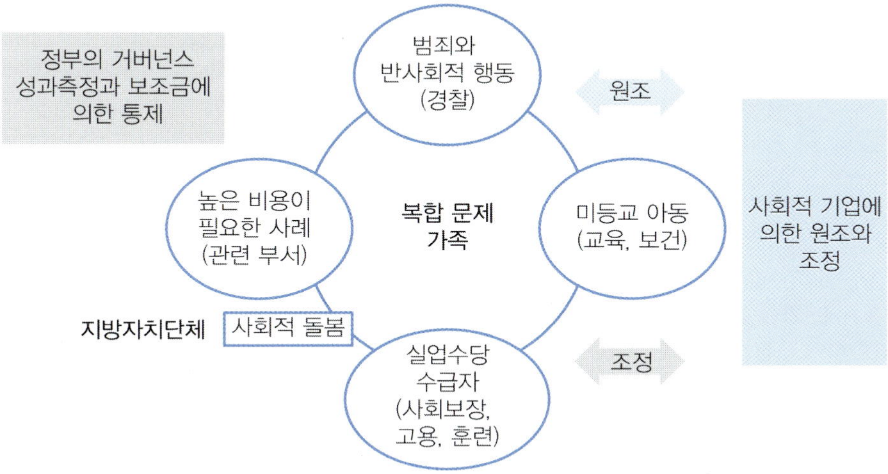

| 그림 10-1 | 영국 복합문제 가족(troubled families with complex needs) 프로그램과 거버넌스

출처 : 山本隆(2019), p. 196을 참고하여 재구성.

1. 아동을 학교에 다니도록 지원
2. 청소년 범죄와 반사회 행동 감소
3. 성인의 취업
4. 복합문제 가족에 소요되는 서비스 비용 인하

| 그림 10-2 | 정책목표

〈표 10-1〉 가구당 이용 가능한 자금

1가구당 이용 가능한 자금의 합계 = 4,000파운드		
연 도	선불금으로 지급하는 금액의 백분율	성공 보수로 지급하는 잔액
2012/2013	80%	20%
2013/2014	60%	40%
2014/2015	40%	60%

출처 : Alex Bate, Alexander Bellis(2018). The Troubled Families programme(England), House of Commons Library, p. 7.

〈표 10-2〉 성과주의형 모델(Troubled Families payment-by-results model, 2012/13)

결과(Result)	선불금 (Attachment fee)	성과금 (Results payment)	합계 (Total)
교육과 범죄/반사회적 행동에 관한 평가 세 가지 모두를 달성 1. 가족의 각 자녀가 최근 3학기 동안 유기정학 3회 미만이며 무단결석이 15% 미만 2. 최근 6개월간 가족 전체의 반사회적 행동이 60% 감소 3. 최근 6개월간 가족 내 모든 미성년자에 의한 위법행위 비율이 적어도 33% 감소	한 가족당 3,200파운드	한 가족당 700파운드	한 가족당 4,000파운드
취직하지 않은 경우는 '취업의 진보'를 달성(최근 6개월 동안 가족 중 성인 1명이 취업지원 프로그램, 또는 유럽 사회기금을 신청했음)		한 가족당 100파운드	
또는			
가족 중 적어도 1명의 성인이 과거 6개월 동안 실업보험 급부에서 계속 고용으로 이행(중복지급을 피하기 위하여 유럽사회기금규정, 또는 취업지원 프로그램에 해당하지 않을 것)	한 가족당 3,200파운드	한 가족당 800파운드	한 가족당 4,000파운드

출처 : Alex Bate, Alexander Bellis(2018). The Troubled Families programme(England), House of Commons Library, p. 7.

영국 사회복지사협회(BASW)의 저항

- 영국 사회복지사 노동조건 개선활동으로 8020 캠페인 전개
- 사회복지사는 근무시간의 80%를 컴퓨터 처리나 서류 작업에 낭비
- 나머지 20%는 클라이언트와의 직접 접촉에 사용하는 시간
- 이 시간 배분을 역전시키는 운동을 전개
- 현업훈련 충실, 이용자 중심 서비스로 전환, 직접 접촉시간 증가
- 팀별 전속관리지원(dedicated admin support) 도입 = 서비스 제공 능력과 질의 대폭 향상 = direct work 강조
- 영국 사회복지사협회는 국가로부터 독립적인 조직으로 정책 제언을 제시하는 직능연합
- 긴축재정에 반대하며 협회 본부가 있는 버밍햄에서 출발하여 리버풀까지 항의 데모 행진을 하였고, 이를 BBC 공중파에서 보도하는 등 여론에 호소. 목적지까지 행진한 후 인근 대학이 세미나를 개최하여 협회를 지원하며 생각을 공유

출처 : 山本隆(2019), 220-221 참고로 요약정리.

〈표 10-3〉 영국 공공부조제도의 기본 구조

<table>
<tr><th>구 분</th><th>소득보장</th><th>근로유인</th><th>주거보장</th><th>의료보장</th><th>기 타</th></tr>
<tr><td>저소득층</td><td>소득지원</td><td>근로세금공제</td><td>주거급여,
지방세급여</td><td rowspan="7">국민건강서비스
(저소득층 약제
등 본인부담
면제)</td><td>사회기금</td></tr>
<tr><td>고령자</td><td>연금공제</td><td></td><td></td><td></td></tr>
<tr><td>실업자</td><td colspan="2">소득기반 구직수당</td><td></td><td></td></tr>
<tr><td>아동부양가구</td><td></td><td>아동세금공제</td><td></td><td></td></tr>
<tr><td rowspan="2">장애 및 질환자</td><td colspan="2">소득기반 고용 및 지원수당</td><td></td><td></td></tr>
<tr><td>수발자수당</td><td></td><td></td><td></td></tr>
</table>

출처 : 노대명 외(2014), p. 113.

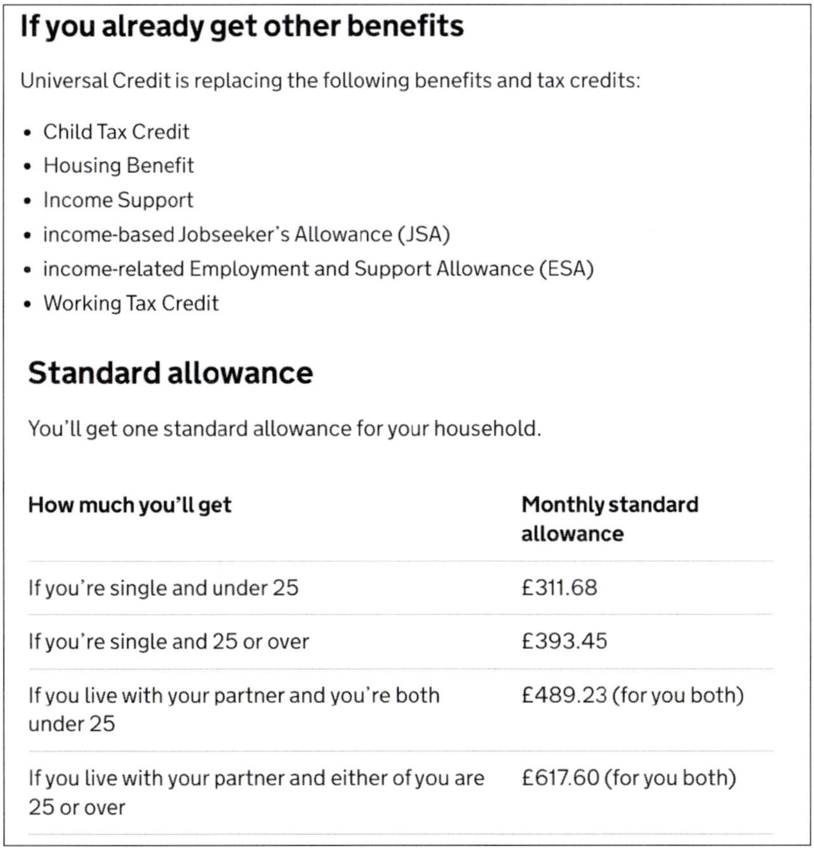

If you already get other benefits

Universal Credit is replacing the following benefits and tax credits:

- Child Tax Credit
- Housing Benefit
- Income Support
- income-based Jobseeker's Allowance (JSA)
- income-related Employment and Support Allowance (ESA)
- Working Tax Credit

Standard allowance

You'll get one standard allowance for your household.

How much you'll get	Monthly standard allowance
If you're single and under 25	£311.68
If you're single and 25 or over	£393.45
If you live with your partner and you're both under 25	£489.23 (for you both)
If you live with your partner and either of you are 25 or over	£617.60 (for you both)

| 그림 10-3 | 유니버설 크레디트의 안내

출처 : Universal Credit Gov. UK(https://www.gov.uk/universal-Creadit).

복지제도 개혁의 결정판은 2013년 4월에 시작된 유니버설 크레디트(통합공제제도)의 도입이었다. 이는 과거 경제활동 연령층을 대상으로 하는 여섯 개의 소득보장제도를 통합하고 단일한 제도에 의한 소득보장을 전개하기 위하여 도입된 것이다.

이 제도의 도입목적 중 하나는 번거롭고 복잡한 복지제도의 단순화이다. 또 하나의 목적은 노동 의욕을 환기할 수 있으며 취업을 촉진하는 데에 있다. 취업 의욕을 자극하려는 유니버설 크레디트의 목적은 급여의 결정 및 지속에 부과되는 행동에 관한 조건에도 명확히 나타나고 있다. 유니버설 크레디트 신청에는 신청자마다 개별 조건을 상세히 기술한 서약서(Claimant's Commitment)에 의무적으로 동의 및 서명해야 한다. 애초에 직업 코치와의 면접 빈도나 시간, 알선되는 구인의 종별이나 지역 등 취업에 관한 요건(work-related requirment)을 포함하여 수급 중에 신청자가 이행해야 할 조건이나 요구되는 책임이 자세히 규정되어 있고 그것을 이행하지 않을 때의 벌칙 내용과 적용 방법에 대해서도 기재되어 있다. 원칙적으로 정당한 이유 없이 기재 내용을 이행할 수 없는 경우에는 제재로서 지급 정지 벌칙이 적용된다. 이 서약서의 기재 내용에 대해서는 신청자와 고용연금성(DWP) 사이의 합의에 의한 것으로 되어 있으며 내용에 불복하는 경우에는 수정을 요구하는 것도 가능하지만, 신청 여부 결정권을 가진 노동 코치로부터의 제안에 이의를 제기하기는 쉽지 않을 것이다.

또한 유니버설 크레디트의 수급자가 재직 중인 경우, 그 임금이 일정액에 도달하지 아니하면 보다 수입이 높은 일자리로 전직을 요구하게 된다. 이는 재직 중에 부과되는 조건화(in-work conditionality)이며 수급자는 단지 일자리만 구하면 그만이라는 게 아니라 가능한 한 임금이 높은 일자리를 찾아 유니버설 크레디트를 수급하는 생활에서 빨리 벗어나도록 유도한다. 도입 후 신청자로부터 당혹감과 분노의 소리가 들리기 시작하였는데, 신청 절차나 지급 과정이 신청자나 수급자의 생활 실태를 반영하지 않아 큰 혼란을 낳았다. 예를 들어, 신청 절차는 원칙적으로 온라인으로 진행되지만, 생활이 어려운 신청자 중 접근할 수 없는 사람이 많았다. 또한 신청이 수리되고 지급이 인정되어도 실제 급여가 지급되기까지 6주나 기다려야 했다. 이는 그들의 곤궁 상태를 더욱 악화시켜 지급이 시작될 때까지 다른 급여나 민간의 지원에 의존하지 않을 수 없었다. 지급 간격을 1개월 단위로 했는데, 전통적으로 영국에서 특히 저임금 노동자는 주 단위로 임금이 지급되는 것이 관행이었다. 당연히 노동자의 생활도 주 단위로 계획되고 있었으므로 지급 간격 변경은 노동자의 가계 관리를 혼란하게 만들었다. 그 결과 유니버설 크레디트의 도입 계획이 매우 지체되었다. 애초에 2017년 4월까지 제도 이행이 완료될 예정이었지만 비판과 혼란이 이어지자 계속 수정이 더해진 결과 이행 완료 시기는 2024년으로 연기되었다.

조건화의 엄격한 집행이 계획되었던 유니버설 크레디트의 도입은 신청자나 수급자의 생활에 큰 영향을 끼치게 되었다. 먼저 제재에 의한 벌칙이 적용되는 사례가 급증하였다. 유니버설 크레디트의 제재 발동 건수의 추이를 계속 분석하고 결과를 발표해 온 웹스터(D. Webster)에 의하면 새로운 보수당 정권이 발족한 2010년부터 2014년에 걸쳐 유니버설 크레디트 등의 소득보장 제도에서 제재 결정 건수는 급증하였다. 2010년 연간 건수는 전년도 대비 20만 건 이상 증가하였고 유니버설 크레디트 도입이 시작된 2013년은 약 110만 건에 가깝다(Webster, 2021 : 11). 이는 유니버설 크레디트의 도입으로 조건을 이행하지 않은 사람에 대한 제재가 강화된 영향이라고 할 수 있다. 예를 들어, 구직자 급부 수급자의 경우, 가벼운 위반에 해당하는 정기 면담에 결석해도 28일 동안 지급이 정지되었다. 계속 가중되면 더 장기간 지급처분 제한이 가해졌다. 이러한 점을 고려하면 제재를 적극적으로 발동하고 벌칙을 적용하고자 했던 보수당 정권의 의도와 새로운 제도에 수반되는 제재 규정의 도입이 신청자나 수급자에게 충분히 공유되지 않은 가운데 제재 대상자가 급증했을 것이다.

또 하나는 생활보장의 약화와 복지수급자의 생활 곤궁이다. 이와 관련하여 영국 국내의 푸드뱅크 이용자가 급격히 증가하였다. 지원단체의 하나인 트루셀 트러스트(The Trussell Trust)가 정리한 보고서(The Trussell Trust, 2019)에 의하면

이 단체 계열의 푸드뱅크에서 식료품을 제공했던 건수는 2010년 약 61,000건이었지만, 2018년 약 1,383,000건까지 증가하였다. 또한 푸드뱅크 이용자의 약 90%는 사회보장 급부의 이용자였다고 지적하고 있다(The Trussell Trust, 2019 : 16, 41).

이용자 증가는 복지제도 개혁에 수반하는 수급자의 생활 악화에 의한 것이라 볼 수밖에 없다. 또한 수급자의 생활 악화는 복지제도 개혁으로 도입된 유니버설 크레디트의 평가에도 영향을 끼치고 있다. 영국 의회의 고용연금위원회(Common Work and Pensions Committee)가 2019년 7월에 공개한 보고서 「Social Safety Net」에 의하면 유니버설 크레디트가 취업 동기를 강화하고 빈곤 탈피나 예방을 목적으로 했지만, 결과적으로 기아나 물적 결핍(destitution)에 직면하는 사람들을 낳고 있어 실패했다는 엄격한 평가를 내리고 있다(The Trussell Trust, 2019). 이에 더하여 이 위원회는 보수당 정권에서 진행된 세출 삭감으로 실질적으로 방치된 유니버설 크레디트의 삭감액을 인상함과 아울러 물적 결핍이 심각해지고 있는 상황을 직시하고 소득에 관한 지표에 더하여 빈곤을 더 다각적으로 파악하기 위한 지표의 개발과 도입을 개선책으로 제언하였다.

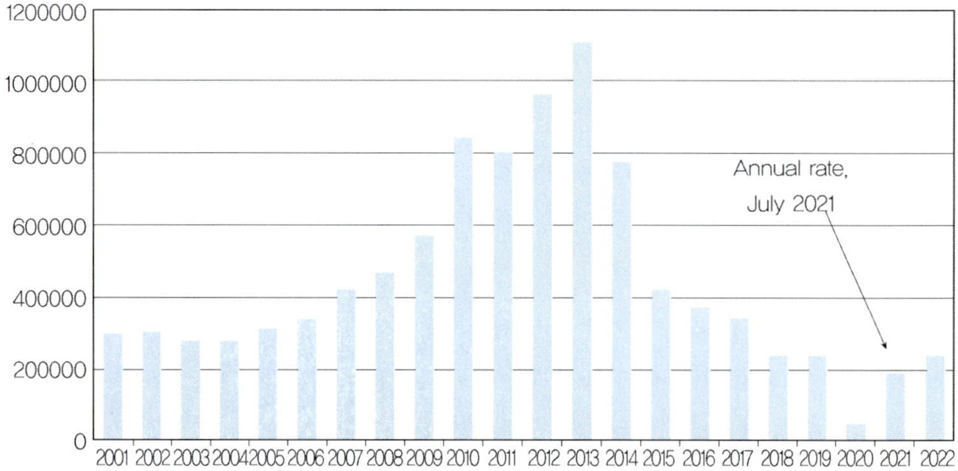

|그림 10-4| 유니버설 크레디트를 포함한 소득보장 제도의 제재 결정 건수의 연차 추이

출처 : David Webster(2023). BRIEFING : Benefit Sanctions Statistics, "November 2023". ; 平野寛弥(2022), p. 8.

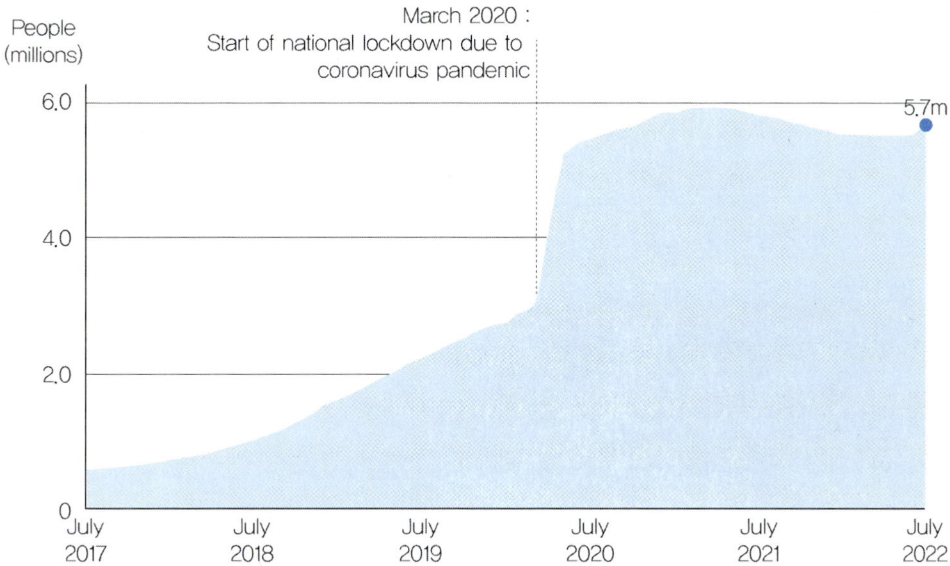

| 그림 10-5 | 유니버설 크레디트 수급자 추이(2017. 7.~2022. 7)

출처 : https://www.gov.uk/government/statistics/universal-credit-statistics-29-april-2013-to-14-july- 2022/universal-credit-statistics-29-april-2013-to-14-july-2022

CHAPTER 11

지속 가능한 개발 목표와 빈곤

1. 지속 가능한 개발의 의의
2. 지속 가능한 개발과 빈곤 문제
3. 세계의 빈곤
4. 지구의 한계와 빈곤 퇴치

11

CHAPTER

지속 가능한 개발 목표와 빈곤

1. 지속 가능한 개발의 의의

지속 가능한 개발 목표(SDGs : Sustainable Development Goals)는 2015년 9월 국제연합에서 모든 회원국의 합의로 결정된 지속 가능한 개발 2030 어젠다에 기재된 목표이다. 즉, 2030년까지 더 좋은 세계를 위해 지향해야 할 국제 목표다. 전체 17개의 목표와 169개 전략으로 구성되어 있으며 지구에 살고 있는 그 누구도 배제하지 않는다(leave no one behind)는 점을 표명하고 있다. 어젠다의 행동계획은 6개로 이루어져 있다(2030 Agenda and the Sustainable Development Goals, https://unsdg.un.org/2030agenda).

① 빈곤과 기아를 종식한다. ② 국내적 · 국제적 불평등과 싸운다. ③ 평화롭고 공정하며 포용적인 능력을 강화하도록 추진한다. ④ 인권을 보호하고 젠더 평등과 여성의 능력을 강화하도록 추진한다. ⑤ 지구와 천연자원의 항구적인 보호를 확보한다. ⑥ 지속 가능하고 포용적인 경제성장과 번영을 공유하며 보람 있는 인간다운 일을 위한 조건을 다양한 국가의 발전 단계와 능력의 차이를 고려하여 조성한다.

이러한 계획에서는 누구 한 사람도 배제되지 않고 뒤처지지 않도록 배려해야 한다. 따라서 가장 빈곤한 상태에 있는 사람들에 대한 지원이 매우 중요하다.

빈곤은 인류의 역사와 함께했다. 인간의 생활은 자연환경에 크게 좌우되어 왔으므로 이상 기후나 변동은 농업 중심 생산시스템과 사회경제 시스템을 붕괴시켜 기아를 불러왔다. 때문에 인류는 자연에 대하여 강한 경외심을 가졌다. 과거와 같은 생명과 건강을 위협하는 절대적 빈곤은 자연환경에 좌우되었지만, 인류의 진보와 함께 시장경제가 발전하면서 자연환경의 제약이나 기아의 리스크는 인간이 통제할 수 있게 되었다. 특히 산업혁명 이후에 기술의 비약적인 발전과 경제성장에 의해 자연환경이 사람들의 생활에 끼치는 영향은 최소화되었다. 그러나 지나친 경제성장은 지구의 한계를 넘어서고 있다. 자연의 위협을 극복하려고 하는 인류의 경제발전이 과도하게 이루어진 결과 오히려 자연을 파괴하고 새로운 리스크를 일으키고 있다.

산업혁명 이후 인류는 또 다른 큰 발전을 이루었는데, 바로 수명 연장이다. 3세기 로마 시대에 질병이나 영양 부족으로 아동의 절반은 5세까지 생존하기 어려웠고 이러한 경향은 18세기까지 지속되었다. 18세기 런던의 아동 생존율은 질병, 비위생, 전쟁, 화재 등으로 인하여 3세기 로마의 상황과 크게 다르지 않았다. 그 후 산업혁명을 거쳐 19세기 후반이 되면 위생 상태, 식량 상황, 의료 기술 등 생활 수준의 향상으로 인하여 아동 사망률은 크게 개선된다(駒村康平外, 2023 : 152-153). 수명의 연장은 인류의 진보를 의미하며 산업혁명과 이후 지속된 경제성장이 크게 기여하였다. 앞으로 선진국의 경우 아동 사망률이 더 이상 개선을 기대할 수 없는 수준에 이르렀으므로 더 이상의 수명 연장은 기대할 수 없다고 예상할 수도 있다. 그러나 급속한 의료 기술의 발전을 배경으로 고령자의 사망률이 개선되고 있으므로 선진국의 21세기 출생 아동의 평균 수명은 100세를 넘어설 수도 있을 것이다. 선진국의 수명 연장과는 별개로 개발도상국을 포함하여 세계의 5세 미만 아동 사망률은 1990년 기준 1,000명당

93명에서 2019년 38명으로 급감하였다(駒村康平 外, 2023 : 155-156). 아동 사망률 저하는 세계 인구에 큰 영향을 끼쳤다. 장기적으로 아동 사망률이 인류 수명을 크게 제한하고 인구를 억제해 왔지만, 산업혁명 이후 세계 전체의 경제발전에 의해 아동 사망률은 낮아지고 인구 전환이 발생하여 인구는 급증하였다.

산업혁명이 인류의 생활 수준을 크게 발전시켰지만, 그뿐만 아니라 이산화탄소 배출량, 종의 멸종 등 지구의 환경 문제도 급증하게 했다. 사람들이 풍요로워지면 소비가 늘어나고 세계 인구가 증가하면서 지구 환경의 부하는 커지게 된다. 산업혁명 이후의 경제발전은 서구 사회에서 시작되었지만, 20세기 후반은 경제의 세계화가 이루어져 선진국뿐만 아니라 신흥 국가와 중진국도 풍요로워져 절대적 빈곤을 극복하고 수명 연장을 기대할 수 있게 되었다. 한편 경제의 세계화는 선진국 내부의 격차나 상대적 빈곤의 증가를 가져와 저소득층의 신체적·정신적 건강 악화를 가져오게 된다.

경제발전이 계속된 인류는 진보를 계속하였지만, 사람들 모두가 행복해진 것은 아니었다. 경제발전은 자연환경을 나쁘게 만들고 그 흔적은 지구의 지층에 남는다. 다시 말하면 인류세의 시대를 초래하고 있는 것이다. 급격한 가속화를 거치면서 지구의 자연환경은 지속 가능성의 한계에 접근한다. 이러한 상태를 방치하고 지구의 자연 시스템이 지속 가능성을 상실하면 기후 이상이 심해지고 식량 위기, 물 위기, 자원 부족, 생물 다양성의 상실이 발생하고 인류는 다시 기아, 즉 절대적 빈곤 문제를 안게 될 수 있다. 그리하여 경제발전을 계속하면서도 지구 환경에 이 이상의 부하를 걸지 않기 위해서도 탄소 사회에서 벗어날 필요가 있다. 그를 위해서는 탄소세, 배출권 거래와 같은 시장 메커니즘을 사용하여 에너지 가격을 인상하고 환경친화적 대체에너지를 보급하고 다시 사용할 수 있는 상품을 유통하는 리사이클 경제의 보급 등이 점차 중요해질 것이다. 하지만 이러한 구조에 의해 온난화 대책의 비용이 소비자 가격으로 전가되면 빈곤한 사람은 부담이 더 커진다. 어려운 상태에 있는 사람들에게 부담을 더 크게 하지 않고 지속 가능한 사회로 이행하는 '공정한 이행'이 필요한 것이다.

2. 지속 가능한 개발과 빈곤 문제

지속 가능한 개발 관점에서 빈곤 문제를 고려하면 다음과 같다.

2000년에 국제연합 총회에서 채택된 밀레니엄 개발 목표(MDGs : Millennium Development Goals)는 신흥국의 문제를 중심으로 2015년까지 달성해야 할 8가지 목표와 21개 전략을 책정하였다. MDGs에 의해 하루 1.25달러 이하로 생활하는 빈민은 1990년 기준으로 47%를 차지하고 있었지만 2015년 14%로 감소하였다. 밀레니엄 개발 목표의 후속이라 할 수 있는 지속 가능한 개발을 위한 17개의 목표는 인간(People), 지구(Planet), 영양(Prosperity), 평화(Peace), 파트너십(Partnership)으로 구분되는 5개의 P로 분류된다.

인간(People)은 ① 빈곤을 없애고, ② 기아를 제로로 하며, ③ 모든 사람에게 건강과 복지를, ④ 질 높은 교육을 모두에게, ⑤ 젠더 평등을 실현하며, ⑥ 안전한 물과 화장실을 모든 세상에, 지구(Planet)는 ⑦ 만드는 책임, 사용할 책임, ⑧ 기후변동에 구체적인 대책을, ⑨ 바다의 풍요로움을 지키며, ⑩ 육지의 풍요로움을 지키자. 영양(Prosperity)은 ⑪ 에너지를 모두에게 그리고 깨끗하게, ⑫ 노동 및 경제성장을 함께하며, ⑬ 산업과 기술혁신의 기반을 만들자, ⑭ 사람과 국가의 불평등을 없애자, ⑮ 계속 살아갈 수 있는 마을을 만들자. 평화(Peace)는 ⑯ 평화와 공정을 모든 사람에게, 파트너십(Partnership)은 ⑰ 파트너십으로 목표를 달성하자 등으로 이루어져 있다.

국제연합이 2018년에 발표한 지속 가능한 개발의 진행 상황은 착실히 진전되어 하루 1.9달러 미만으로 가족과 생활하는 노동자의 비율은 2017년 9%로 크게 감소하였다.[1)]

지속 가능한 개발목표는 빈곤과 격차에 대한 여러 목표를 세우고 있다. 몇 가지를 살펴보면 다음과 같다(駒村康平 外, 2023 : 160-162).

1) 세계은행은 물가변동을 반영하여 2015년부터 국제빈곤선을 하루 1.25달러에서 1.90달러 미만으로 개정하였다.

예를 들어, 목표 1은 빈곤을 없애는 것이다. 그 내용은 더욱 구체적인 세부 목표로 2030년까지 각 나라의 기준으로 여러 측면에서 빈곤한 남성, 여성, 아동의 비율을 적어도 50% 이상 줄이는 것이다(지속 가능한 개발 목표 1-2). 여기에서 중요한 것은 각 나라의 기준이라는 점이다.

다음으로 각 나라에서 사람들의 생활을 지키기 위한 확실한 대책을 시행하여 2030년까지 빈곤한 사람과 특히 취약한 상태의 사람들이 충분히 보호받을 수 있도록 하여(지속 가능한 개발 목표 1-3) 빈민의 생활을 지키는 정책을 강화할 것을 요구하고 있다.

또한 2030년까지 빈곤한 사람과 취약한 사람들을 비롯한 모든 사람이 평등하게 생활에 결핍이 없는 기초적 서비스를 사용하고 토지나 재산의 소유나 이용이 가능하고 새로운 기술이나 금융 서비스 등을 사용할 수 있도록 한다(지속 가능한 개발 목표 1-4). 이를 통해 빈곤한 모든 사람에게 기초적 서비스의 이용을 보장하고 사회의 진보나 생활에 필요한 금융 서비스로부터 배제되지 않도록 대책을 실시할 것을 요구하고 있다. 저소득자가 은행 계좌 개설을 거부당하는 등 금융 서비스에서 배제되지 않도록 하는 것이 과제가 되고 있다.

또 2030년까지 가난한 사람과 취약한 사람에 대한 자연재해나 경제적 충격 등의 피해를 최소화하고 피해를 당한 후에도 생활을 재건할 수 있는 힘을 키운다(지속 가능한 개발 목표 1-5). 이와 같이 빈곤층의 회복력을 높이는 데에 주력하고자 한다.

목표 3은 직접적인 빈곤해소 외에도 모든 사람에게 건강과 복지를 보장하는 것이다. 그중에서도 모든 국가에서 태어난 지 28일 이내에 생명을 잃는 영아의 숫자를 1,000명당 12인 이하까지, 5세까지 생명을 잃는 아동의 숫자를 1,000명당 25인 이하까지 줄여서 2000년까지 영유아가 예방할 수 있는 원인 때문에 목숨을 잃지 않도록 한다(지속 가능한 개발 목표 3-2).

더욱이 목표 10의 경우 인간과 국가의 불평등을 해소하자는 것이다. 2030년까지 여러 국가에서 소득이 낮은 사람 중 40%의 소득 상승이 해당 국가 전체의 평균 소득보다 높아지도록 하고 그를 위한 기초를 확보한다(지속 가능한 개발 목표 10-1). 2030년까지 연령, 성별, 장애, 인종, 민족, 출생, 종교, 경제 상태와 관계없이 모든 사람이 능력을 높이고 사회적, 경제적, 정치적으로 뒤처지지 않도록 추진한다(지속 가능한 개발 목표 10-2). 차별적인 정책이나 처우를 없애고 적절한 법률이나 정책, 행동을 추진함으로써 사람들이 평등한 기회를 가질 수 있도록 사람들이 얻는 결과에 대한 격차를 줄인다(지속 가능한 개발 목표 10-3). 그리고 재정, 임금, 사회보장 등에 대한 정책을 추진하면서 보다 큰 평등을 달성한다(지속 가능한 개발 목표 10-4). 이처럼 조세제도, 최저임금, 사회보장 급부 등에 의해 격차와 불평등을 축소할 것을 요구하고 있다.

3. 세계의 빈곤

빈곤의 정의는 단 하나만 있는 것이 아니다. 국가나 기관에 따라 다양하다. 빈곤은 필요 최저한의 생활 수준이 충족되지 않는 상태의 절대적 빈곤, 지역사회에서 일반적인 생활 수준보다 가난한 상태의 상대적 빈곤이 있다. 절대적 빈곤의 일반적 정의는 세계은행의 경우 하루 1.25달러 미만으로 생활하는 사람의 비율(국제 빈곤선)이 있고 이는 지속 가능한 개발(SDGs)의 전신인 밀레니엄 개발 목표(MDGs)의 목표 1 '극도의 빈곤과 기아의 박멸'(목표 설정 당시의 국제 빈곤선은 하루 1달러 미만)에서도 활용되었다. 또한 세계은행은 물가의 변동 상황을 반영하기 위하여 2015년부터 국제 빈곤선을 하루 1.25달러 미만에서 1.90달러 미만으로 개정하였다. 2015년 기준으로 세계의 빈곤율은 10%를 밑돌고 있었지만, 세계은행의 2030년까지 빈곤을 박멸(5% 이하)하겠다는 목표가 달성될지는 미지수이다.[2)]

2) 세계은행은 2015년 시점에서 7억 3,600만 명이 극빈 상황에 있다고 추계하고 있다 (https://openknowledge.worldbank.org/handle/10986/256941License:CCBY3.0IGO).

빈곤이란 소득의 많고 적음과 같은 경제적인 일원적인 파악뿐만 아니라 인간으로서 누려야 할 교육이나 의료 등 사회서비스를 받을 수 있는 상황도 포함하여 다차원적으로 측정하는 다차원적 빈곤 지표도 가능하다. 예를 들어, 발전도상국의 아동에 대한 빈곤은 소득만으로는 파악할 수 없을 것이다. 물, 위생 시설, 영양, 주거, 교육, 정보 등의 기본적인 사회서비스를 이용할 수 없다면 아동의 생명이나 건강은 물론 아동의 잠재 능력도 충분히 발휘할 수 없다. 선진국과 발전도상국 모두 빈곤은 소득 중심의 빈곤 상태와 같은 숫자로 표현되는 추상적인 지수가 아니라 입체적인 지표, 즉 건강, 교육, 생활 수준부터 위생 환경 시설, 충분한 영양, 초등교육과 같은 다원적인 측면에서 가족과 개인의 다차원적 빈곤 상태를 파악할 필요가 있다.

정책이 목표를 달성했는지는 그것을 파악하기 위한 지수가 중요하다. 지속 가능한 개발 목표(SDGs)가 내세우고 있는 빈곤 퇴치를 위해서는 빈곤을 어떻게 파악해야 할까. 과거 소득의 많고 적음만을 따지는 빈곤 지표가 아니라 다차원적 빈곤 지표가 중요해진다. 국제개발계획은 OPHI(옥스포드대학 옥스퍼드 빈곤 인간개발 연구소)가 개발한 교육·건강·생활 수준으로 보는 다차원적 빈곤지수(MPI : Multidimensional Poverty Index)를 2010년 인간개발보고서에 도입하였다.[3)]

MPI는 다차원적 빈곤 상태에 있는 사람의 비율과 그들이 직면하고 있는 빈곤 상태의 평균적인 강도를 파악하는 것이다. 그 구조는 건강, 교육, 생활 수준 세 가지 영역으로 구성된다. 구체적으로는 영양, 유아 사망률, 교육연수 등 10개 항목의 점수화된 지수를 통해 작성된다. 모든 구성 지수의 빈곤도 가중 평균이 33.3% 이상의 경우에 그 가구와 구성원 모두가 다차원적 빈곤 상태에 있는 것으로 평가된다. MPI의 기준에 따라 빈곤하다고 평가되는 사람이 인구 전

3) 다차원적 빈곤지수(MPI)는 가구 수준에서 복수의 빈곤이 어느 정도 중첩되고 있는지를 보여주는 지표이며 다차원적 빈곤 상태에 있는 사람의 비율 및 다차원적 빈곤 상태에 있는 가구가 직면하고 있는 빈곤의 심각함을 도출하는 것이다. 다차원적 빈곤지수는 인간빈곤지수(HPI)를 대신하여 채택된 지표로 절대적 빈곤율만으로는 드러나지 않는 빈곤을 파악할 수 있다고 한다. 구체적으로 어떤 자료를 어떻게 분석할지는 MPI 통계 프로그램이 공개하고 있다(https://hdr.undp.org/en/content/mpi-statistical-prpgrammes).

체에서 차지하는 비율과 빈곤의 평균 강도(사람들이 동시에 직면하고 있는 빈곤 상황에 해당하는 수치의 평균값)가 계산되어 국제개발계획에 의해 공개 발표되고 있다.

〈표 11-1〉 국제개발계획 다차원적 빈곤지수를 구성하는 항목

지표분류	구체적인 지표 항목		가중치
교육 (1/3)	1. 취학 이력	취학 경험 햇수가 6년 이상의 가구원이 없다.	1/6
	2. 아동 취학	취학 연령 아동이 없다.	1/6
건강 (1/3)	3. 아동 사망	조사일까지 과거 5년 동안 아동이 사망한 가구	1/6
	4. 영양	영양 부족 성인 또는 아동이 있는 경우(15세 이상의 경우, BMI<18.5를 영양부족으로 함. 15세 미만 아동의 경우 체중<WHO 기준의 z값(중앙값－표준편차×2)을 영양부족으로 함)	1/6
생활 수준 (1/3)	5. 전력	전기 공급이 되지 않는다.	1/18
	6. 위생	개선된 하수 시설이 없다. 또는 개선된 하수 설비를 다른 가구와 공유하고 있다.	1/18
	7. 안전한 식수	안전한 물을 얻을 수 없다. 또는 안전한 물을 입수하기 위해 왕복 30분 이상 걸린다.	1/18
	8. 바닥	집의 바닥이 진흙, 모래 또는 오염물로 되어 있다.	1/18
	9. 취사용 연료	분변, 목재 또는 목탄으로 요리를 한다.	1/18
	10. 자산	라디오, TV, 전화, 자전거, 이륜차, 냉장차, 자동차, 트럭 어느 것도 없다.	1/18

출처 : https://www8.cao.go.jp/kodomonohinkon/chousa/h28_kaihatsu/2_02_2_.html

이상 MPI는 빈곤층이 어떠한 빈곤 형태에 직면하고 있는지를 분명히 하고 동시에 다양한 빈곤 형태 사이의 관련성을 명확히 하는 데에 유용한 척도이다. SDGs는 이 MPI를 사용하여 빈곤 퇴치를 목표로 하고 있다. 실제 상황을 살펴보면, 예를 들어 2019년 기준으로 MPI는 101개 국가 57억 명을 대상으로 하여 세계 인구의 약 76%를 커버하고 있다. 다차원적 빈곤층은 전 세계 13억 명이며 2/3가 중소득 국가의 국민이고 나머지 1/3은 저소득 국가 국민이다. 연령을 중심으로 살펴보면 다차원 빈곤에 빠진 사람의 비율은 성인보다 아동이 많고 빈곤층 13억 명 중 거의 절반이 18세 미만의 아동이며, 특히 10세 미만의 아동 빈곤층은 4억 2,800만 명에 이르고 있다.

MPI로 보는 아동 빈곤율은 성인의 2배, 아동 3명 중 1명이 다차원 빈곤에 빠져 있는데, 성인의 비율은 6명 중 1명이다. 지역별로 살펴보면 빈민의 84%가 사하라 남쪽 아프리카(5.58억 명)와 남아시아(5.3억 명)에 살고 있다.

또한 지금까지 동향을 살펴보면 COVID-19 이전까지는 분석 대상 75개 국가 96%에 상당하는 65개 국가가 MPI의 소멸에 이르고 있었다. 이러한 경향이 계속되면 2015~2030년 동안에 빈곤을 50% 수준으로 감소시킬 수 있는 국가는 47개로 예측되었다. 그러나 COVID-19 팬데믹에 의해 MPI 지표 중 영양, 취학이라는 두 개 지표가 악화하였으며 과거 10년 동안의 성과가 크게 위협받게 되었다(駒村康平 外, 2023 : 166-168).

4. 지구의 한계와 빈곤 퇴치

지구 환경 측면에서도 지속 가능한 개발 목표(SDGs)가 중요하다는 것은 다수의 과학연구가 분명히 하고 있다. '지구위험 한계선(planetary boundaries)'은 특히 중요한 주제라고 할 수 있다. 스톡홀름 레질리언스 센터의 요한 록스트롬 소장 등이 개발한 '지구위험 한계선'이란 안정적인 지구에서 인류가 안전하게 활동할 수 있는 범위를 과학적으로 정의하고 정량화한 것이다. 여기서는 9개 항목의 '지구위험 한계선'이 제시되고 있는데, 특히 지구 자원의 과잉개발에 대한 회복 불가능한 변화 중 생물종의 멸종, 질소 배출량, 기후변동, 토지 개발은 이미 높은 리스크 영역에 해당하므로 빠른 시기에 목표달성이 요구된다.[4] 또한 '지구위험 한계선'을 바탕으로 지속 가능한 개발을 위한 17개 목표는 3층으로 구성할 수 있다. 1층은 환경(물, 기후, 해양, 삼림), 2층은 사회(빈곤, 기아, 건강·복지,

4) 9개 항목은 ① 기후변동, ② 생물종의 멸종, ③ 질소배출량, ④ 토지개발, ⑤ 담수사용, ⑥ 해양산성화, ⑦ 대기오염, ⑧ 오존층 파괴, ⑨ 새로운 개체이다.
각 항목의 최근 상태변화에 대해서는 https://www.stockholmresilience.org/research/planetary-baundaries.html을 참조.

교육, 젠더 평등, 친환경 에너지, 도시·거주, 평화), 3층은 경제(고용, 인프라, 격차, 생산소비, 글로벌 파트너십)이다. 각 층의 목표는 밀접히 서로 연결된다.

지구의 한계 속에서 그 누구도 배제되지 않기 위해 빈곤을 퇴치하기 위한 방법은 무엇인가. 흔히 빈곤 퇴치를 위해서 경제발전이나 성장에 기대하게 된다. 지구의 한계에 대응하기 위해 전반적으로 경제성장을 억제하면 오히려 가난한 사람들이나 국가는 배제되어 빈곤을 해소하는 데 방해 요인이 된다는 견해도 있다. 예를 들어, 탄소 사회를 탈피하는 데 있어 이미 선진국은 경제성장을 다 이룬 상태에서 발전도상국만 탄소 배출을 제한하게 되면 공정하지 않다는 비난이 제기될 수 있다. 빈곤과 온난화의 관계와 공정한 탈탄소 사회의 이행에 대해서는 몇 가지 주목해야 할 사항이 있다(駒村康平 外, 2023 : 169-171).

첫째, 세계의 고소득층일수록 지구 온난화에 책임이 있다는 것이다. 영국 NGO 옥스팜(Oxfam)과 스웨덴 스톡홀름 환경연구소(SEI)가 공동으로 정리한 '탄소 불평등에 맞서다(Confronting Carbon Inequality)'에 의하면 ① 1990년부터 2025년 동안 소득계층별 이산화탄소 배출량을 분석한 결과, 전 세계 1% 최고 부유층의 배출량은 인류의 50%를 차지하는 30억 명의 최하위 빈곤층 배출량의 두 배 이상에 이르고 있다. ② 과거 25년 동안 이산화탄소 배출량은 약 2배로 늘어나고 있는데, 이 중 소득계층 상위 10%(약 6억 3천만 명)의 배출량이 전체의 52%를 차지하고, 최상위 1%의 배출량은 전체의 15%를 차지하며, 인류의 절반을 차지하는 최하위 빈곤층의 배출량 약 7%의 두 배 이상에 이른다.

탄소사회 탈피를 위하여 구체적으로는 2015년의 국제연합 기후 변동회의(COP21)에서 채택한 파리협정의 목표인 '1.5℃'의 기온 상승으로 억제할 필요성이 있는데, 상위 10%의 부유층의 배출량은 1.5℃ 기온 상승분의 전체 1/3을 차지한다. 이에 대하여 인구의 과반을 차지하는 최하위 빈곤층의 1.5℃에 대한 기여도는 4%밖에 해당하지 않는다.

둘째, 빈곤층일수록 온난화, 이상기상의 영향을 받기 쉬운 곳에 살고 있으며 또한 발전도상국일수록 대응할 정책 역량이 부족하다. 따라서 빈곤층일수록 지구 온난화나 기후변동의 영향에 취약하며 충분한 대책도 세울 수 없다.

셋째, 지구 온난화 대책은 빈곤층일수록 부담이 커진다. 예를 들어, 탄소세와 같은 형태로 화석 연료에 과세나 비용 부담을 가하여 이산화탄소 배출량을 줄이려는 방법으로 지구 온난화 대책을 세우면 빈곤층, 저소득층일수록 경제적 충격이 커진다. 그 이유는 탄소세, 가계의 전기나 가스 등 광열비를 인상할 수밖에 없는데 광열비는 생존에 필수재이며 소비에서 차지하는 비율이 저소득층일수록 더 크기 때문이다. 이는 온난화 대책의 역진성이라 할 수 있다. 하지만 이 문제에 대한 해결 대책도 마련할 수 있다. 예를 들어, 정부가 탄소세를 기금으로 하여 국민 전체에게 일률적으로 현금 급여를 하는 방법, 즉 환경 정책과 복지정책을 추진하면 지구 온난화 대책의 역진성을 극복할 수 있다.

이러한 관계를 바탕으로 저소득층, 발전도상국 사이에서 온난화 책임의 차이, 영향 등을 고려하면서 탄소 사회 극복으로의 공정한 이행이 중요하다. 이를 위해서는 국내에서는 고소득층으로부터 저소득층으로의 소득 재분배가 필수적이며 국제적으로는 선진국으로부터 발전도상국으로의 충분한 자금과 기술적 지원이 중요하다.

산업혁명 이후 인류는 지구의 유한성에 대한 고려 없이 일방적으로 개발의 대상으로 삼아 환경 파괴적인 생산을 계속해 왔다. 그러나 지구 환경은 한계에 직면하였다. 더 이상의 무한정 개발이 진행된다면 이상 기후뿐 아니라 식량 위기, 물 위기, 생물 다양성의 상실과 같은 인류의 생존을 위협하는 재난적 상황이 발생할 것이다.

빈곤 퇴치와 지구 환경에 대한 부담을 줄이는 통합적인 지수 개발이 필수적이다. 따라서 국제개발계획(UNDP)은 인간개발보고서(2020년판)(HDR) 「새로운 도전으로 : 인간개발과 인류세」에서 과거의 인간개발지수(HDI : Human Development Index)에 더하여 개발이 지구에 미치는 영향에 대해서도 분석하고 이를 반영한 인간개발지수(PHDI : Planetary-Pressures Adjusted HDI)를 발표하고 있다(駒村康平 外, 2023 : 172).

새로운 지수는 여러 나라의 건강, 교육, 생활 수준을 측정하는 HDI에 이산화탄소 배출량과 물질적 발자취(소비된 천연 자원량을 표시하는 지표) 두 개의 요소를 고려하여 조정한 것이다. 이러한 조정에 의해 인간 중심적 관점에서 인류의 진보를 정의하고 측정하는 것이 아니라 지구의 지속 가능성도 고려할 경우 개발의 의미가 어떻게 변화하는지 인류와 지구 모두의 상황을 파악하고자 한다.

CHAPTER 12

빈곤 대책 : 기초생활보장제도

1. 생존권 보장과 보충성 원리
2. 기초생활보장제도와 자립
3. 제도의 발달
4. 사업의 진행 과정과 주요 내용

12
CHAPTER

빈곤 대책 : 기초생활보장제도

1. 생존권 보장과 보충성 원리

국민기초생활보장제도는 빈곤함을 증명한 사람에게 국가의 책임으로 화폐 및 비화폐적 급여를 제공하는 대표적인 빈곤 대책이다. 이 제도는 비기여에 의한 제도로 공적 부양과 사적 부양이 결합된 성격이다. 공적 부양은 인간다운 생활을 위한 최저생활보장이며 신청주의에 의해 공적으로 도움을 제공하는 제도이다. 사적 부양은 자립을 돕기 위한 것으로 보충적인 방식으로 소득 및 재산, 근로능력, 부양능력 평가와 비교하여 필요한 금액만 지원하는 방식으로 개인의 자립 능력을 최우선으로 강조하는 제도다. 따라서 한국의 기초생활보장제도는 자립이 불가능하기 때문에 공적인 제도를 내세워 빈곤의 사회성을 인정하면서 사적 자치를 우선하여 보호를 제공했던 현대 복지 제도의 기본 구조와는 모순되는 성격을 가지고 있다.

여기서 생존권 보장과 보충성 원리의 이론적 배경을 구체적으로 살펴보자.

1) 최저생활보장과 생존권

시민사회는 상품 생산과 판매에 의한 이윤 획득을 추구하는 자본주의 생산체계를 확립시켰고 권력을 독점했던 절대 계급을 타파하는 정치적 혁명이 수행되었다. 자유방임의 경제활동과 자유권이 사회의 지도 원리로 등장하면서 사용자는 수많은 노동자를 저임금과 열악한 조건으로 고용할 수 있게 되고 반대로 고용된 노동자도 시민사회의 원리에서 보면 모두가 자유롭고 평등한 인격체이다. 그러나 모든 시민에게 보장된 자유와 평등은 동시에 경쟁의 자유와 기회의 평등을 의미하므로 자본과 경쟁력이 없는 다수는 노동자로서 생계를 위해 임금을 받고 일할 수밖에 없다. 매일 낮은 임금으로 하루를 살아갈 수밖에 없는 노동자는 근로조건 등 노동의 질을 따지기보다 어디서든 고용해 주는 공장에서 임금이 낮아도 일할 수밖에 없었다. 자본은 증식되고 부가 축적되어 자본가는 부유해져도 똑같은 인격자인 노동자는 질병, 퇴직, 실업, 재해와 같은 사고가 발생했을 때 자신의 힘으로 생활을 꾸려나갈 수 없게 된다.

이처럼 무한 자유경쟁이 사회경제 활동의 원리로 인정되는 한, 힘든 노동에 참여하지 않고 이윤을 얻을 수 있는 소수의 독점 자본가가 있는 반면에 아무리 일해도 생계가 더욱 어려워 가난해지는 다수의 빈민이 발생하고 그러한 모순은 더 심해질 것이다. 따라서 인간의 생존에 관련하여 시민사회가 보장할 수 있는 것은 추상적·형식적 자유임이 분명하다. 역사적으로 이러한 모순이 누적되면 생존의 위기를 느낀 노동자는 자신들의 생활을 방어하기 위해 강력한 노동운동을 전개했다. 이 운동은 무제한적 자유를 통제하여 노동자도 자본가와 대등하게 경쟁의 자유에 맞서 생존의 자유를 획득하기 위한 것이었다. 따라서 19세기 후반 강력한 사회세력으로 등장한 노동자 계급에 대하여 불안감을 느낀 자본가 계급은 다양한 사회적 보호 입법과 경제적 우대를 비롯한 노동자 보호 대책을 실시하게 되었다.

근대 시민사회는 그 후의 자본주의 발전 과정에서 사회의 존속을 위한 세 가지 중요한 안전장치를 마련하게 된다. 첫째, 노동자 보호를 목적으로 하는 근대적 노사관계를 확립한다. 둘째, 사회보험을 중심으로 하는 국민적 사회보장제도를 정비한다. 셋째, 개인적 자선으로 개별적으로 구제되었던 사회적 약자에 대한 전문적 사회사업의 성립을 들 수 있다. 이러한 전개는 사회의 모순에 의해 새롭게 등장한 생존권에 바탕을 둔 것이었다(이명현, 1999 : 12).

이처럼 수정된 자본주의를 표방한 국가는 모든 인간의 최저생활을 보장하는 복지국가 건설을 목표로 하면서 사회정의 실현을 목적으로 하고 있다. 그리고 현대 복지국가의 주요 요소로서 생존권을 중요하게 다룬다. 이러한 동향은 자본주의 사회가 인간다운 생활을 끌어내지 못했다는 데 대한 반성에서 출발하였다고 생각한다. 이러한 사상을 구체적인 제도로 실현하려 한 것이 베버리지(W. Beveridge)의 사회보장계획이며 그 이념적 토대는 웹 부부(Sidney & Beatrice, Webb)의 내셔널미니멈(National Minimum) 이념이다.

내셔널미니멈은 최저생활보장의 토대를 이루는 이념이라 할 수 있다. 최저생활보장이란 현대 사회에서 생존권의 보장과 그 수준의 보장을 의미한다. 최저생활 수준이 무엇이냐 하는 점은 부스와 라운트리의 과학적인 빈곤 조사연구를 들 수 있지만, 정책 이념에서 보면 웹 부부가 『산업민주제론』(1897)에서 가혹한 노동조건을 없애기 위해 주장한 내셔널미니멈이 출발이라 할 수 있다. 이들은 산업민주제론에서 조직 노동자는 임금과 노동시간, 안전 위생 등 고용조건에 대한 공통적인 규칙을 정하고 모든 고용주가 그 기준 이하로 낮게 설정할 수 없는 최저선을 정하여 강제하도록 하였다. 또 조직화되지 않은 미숙련 노동자에게도 노동조합과 마찬가지로 공통적인 규칙을 확대 적용하여 노동 및 생활 조건의 최저 기준을 확보하는 국민최저생활을 구상하였다. 더 나아가 영국 구빈법개혁위원회(1905~1909) 소수파 보고서를 통해 사후적 구제보다 빈곤 예방과 방지를 강조하고 국민 최저생활 수준을 노동자뿐만 아니라 모든 국민에게 적용하여 고용과 임금의 최저 기준 이외에 기초연금, 생계지원, 여가 및 문화, 보건, 의료, 교육으로까지 확대할 것을 주장하였다(이명현, 1999).

이러한 내셔널미니멈론은 베버리지로 계승되어 1942년 사회보험 계획의 구체적인 목표가 되었고 제2차 세계대전 후 영국 사회보장의 기본 이념으로 자리 잡았다. 베버리지는 당시 영국의 사회문제로 궁핍, 질병, 무지, 불결, 나태 다섯 가지를 들고 사회보장은 궁핍에 대응하는 것이므로 강제적인 사회보험을 주요 수단으로 하고 다른 자산이 없어도 생존에 필요한 최저소득을 제공하는 사회부조를 보충적 수단으로 제시하였다.

웹 부부는 국민적 최저한을 위한 보편적 체제 구상을 주장하였지만, 베버리지는 빈곤 예방을 위해 최저생활비의 일부를 사회보험이라는 수평적 소득 재분배로 보충하려는 것이었다. 따라서 보다 자유주의적이었고 자본주의 체제에 친화적이라고 할 수 있다. 또한 최저 수준 이상의 보호는 자립을 해친다고 보았으므로 최저생활비는 육체적 효율을 유지할 수 있는 빈곤선을 유지하려고 했다. 하지만 여성, 장애인, 저임금과 임시적 노동자를 상대적으로 중요하게 다루지 않고 사회보험에서 배제했다는 비판도 제기되었다(Gleenerster, 1995 : 41-42). 우리나라도 현행 헌법 제34조 제1항에 '모든 국민은 인간다운 생활을 할 권리를 가진다'고 생존권을 규정하고 있다. 또한 국민기초생활 보장법 제2조 용어의 정의에서 최저생계비의 개념으로 '국민이 건강하고 문화적인 생활을 유지하기 위하여 필요한 최소한의 비용'으로 정의함으로써 최저생활보장의 이념을 명확히 하고자 노력하였다.

2) 생존권과 구체적 보장 장치

생존권은 국가에 대해 일정한 행위를 하도록 요구할 수 있는 사회적 기본권이다. 동시에 법적인 권리의 특징도 있으므로 그러한 권리가 침해당했을 때 회복을 요구하기 위해 법원에 소송을 제기할 수도 있다. 역사적으로 자본주의의 발달에 따라 사회적으로 개인 사이의 빈부 격차가 확대되고 노동자를 비롯한 사람들의 생계와 생활이 위기에 노출된 상황에서 생존과 생활을 사회적으로 보장하기 위하여 등장하였다.

생존권은 사회 구성원들이 개인의 상대적으로 시급하지 않은 욕망의 충족보다 앞서며 그들의 생존 유지에 필수적인 물자와 노동을 현재의 자원에 의해 분배하도록 요구하는 것이라는 사회적 합의는 20세기가 되고 난 이후의 일이다.

이와 같은 생존권의 역사적 과정을 근거로 생존권은 개인의 생존을 위하여 필요한 여러 가지 조건을 확보하도록 요구하는 권리라는 점을 확인할 수 있다. 이러한 점에서 국가의 간섭을 배격하고 일정한 행위를 하지 않도록 요구하는 자유권과 구별된다. 이러한 권리에 대응하기 위해서 일반적으로 국가는 국민의 생활 보장을 위해 대책을 마련해야 할 의무가 법적으로 규정된다. 앞서가는 거의 모든 자본주의 국가에서는 국민의 생존권 보장을 위하여 대다수의 사회보장·사회복지 입법을 제정하여 체계적으로 대응하고 있다. 이러한 제도를 통해 생존권 이념은 빈곤 대책에 대한 국가의 의무로서 구체화되어 있는 것이다.

그런데 생존권 보장은 국민 전체를 평등한 생활 수준으로 만들려는 것이 아니며 국민 개인의 생활 실태에 따라 최저한의 생활 수준에 이르지 못할 때 생활비 지급 등을 통하여 인간다운 생활 수준으로 끌어올리는 것을 의미한다. 따라서 국민 개인에 대한 조사를 통해 개별적인 지원이 이루어져야 하며 인종과 신앙, 성별, 사회적 신분에 관계없이 평등하게 보호 청구권을 가지고 모든 국민은 건강하고 문화적인 생활을 할 수 없게 된 경우에는 즉시 국가의 보호를 청구할 수 있다.

그런데 최저생활의 경계선은 단순히 의식주와 같은 동물적 생활 수준을 유지하는 데 필요한 최저생활비는 아니며 문화적 생활을 보장하는 수준이어야 한다. 구체적인 내용은 여러 나라의 사회적·문화적 발달 정도, 국가 경쟁력, 국민의 소득수준, 생활감정 등에 따라 좌우되므로 고정된 것이 아니며 끊임없이 변하는 것, 더 나아가 향상하는 것을 목표로 이해하는 것이 옳다. 따라서 그 수준과 내용이 법 규정에 근거하여 합리적으로 산정되어야 하며 제도 운용에서 판단에 잘못이 있으면 당연히 위법이 되며 생존권의 충실한 보장을 기대할 수 없을 때 구체적 보장을 위한 절차와 소송 수단이 확보되어야 한다. 이미 이와 같은 생존권의 실효적 보장은 1958년 국제노동기구,[1] 1982년 세계노동자 대회[2]에 의해 널리 천명되어 행정 및 사법 심사에 의한 구체적 권리보장의 중요성을 강조하고 있다.

일본의 아사히 소송 판례는 생존권의 구체적 보장장치로서 공공부조의 권리성을 확인한 재판으로 널리 알려져 있다. 재판은 패소했지만, 특히 1심 재판 결과는 공공부조 수급이 구체적 권리이며 최저생활보장의 내용 및 수준을 국가가 구체적으로 보장할 수 있다는 점을 확인한 판례이다. 1심 판결은 일본의 생활보호법은 국가가 일본국 헌법으로 규정한 생활권 보장의 이념에 근거하여 생활 곤궁자의 생활보호 제도를 사회보장의 일환으로서 국가의 직접 책임에 의하여 실천하고자 하는 것이라 판단하였다. 특히 일본 생활보호법에 의해 곤궁자에 대한 보호를 평등하게 인정하고 동시에 최저한도의 생활을 보장하는 보호의 실시를 청구하는 권리, 즉 보호 청구권을 부여하는 것이고 최저한도의 생활 수준을 인정하는 것은 헌법이 규정한 건강하고 문화적인 생활 수준을 일탈할 수 없다고 판시하고 있다. 건강하고 문화적인 생활 수준은 각국의 사회문화적 발달 정도, 국민경제 및 소득수준, 국민의 생활감정 등에 의해 좌우되지만, 그 구체적 내용은 고정되지 않고 계속 향상되는 것이다. 따라서 국가 예산에 의해 최저생활보장 수준이 미리 고정되어서는 안 되며 오히려 생존권 그 자체가 예산을 지배해야 한다. 보호 청구권이 반사적 이익과 시혜가 아니며 수급을 청구할 수 있는 구체적 권리라고 해석할 수 있는 것이다.

---

1) 만일 권리 청구자 또는 수익자가 급여를 거부당하거나 법률이 당연히 허용한다고 생각하고 있었던 금액에 상당하지 아니하는 급여를 받을 때 이를 행한 행정절차에 대해 소송을 제기할 수 없다면 사회보장은 존재하지 않는다. 제소는 독립된 법원에 대하여 이루어져야 하며 급여에 관한 쟁송에서 제소의 권리는 가장 중요한 권리 중 하나라고 천명하고 있다(International Labour Office, Social Security, A Worker's Education Manual, 이명현, 1999 : 17 재인용).

2) 쟁송권 보장의 원칙이 1962년 제5회 모스크바대회에서 채택된 7개 사회보장원칙에 새롭게 추가되었다. 쟁송권 보장 원칙에 의하면 노동자가 사회보장 당국의 결정을 받아들일 수 없을 때 이에 대한 쟁송 권리를 보장해야 한다는 것이다(오규석, 1994. 사회복지권의 법리에 관한 연구. 동의대학교 대학원 박사학위논문).

이처럼 공공부조는 생존권에 직접 기반을 두고 그것을 구체적으로 보장하는 것이며 국가가 최종적으로 국민 각자의 생활 빈곤에 대한 책임을 다하기 위하여 최후의 안식처로서 제도화가 된 것이다. 우리나라의 기초생활보장제도도 공공부조의 강한 권리성과 같은 맥락에서 법제적 위치를 차지하고 있다. 따라서 최저한의 생활 보장을 담당하는 제도로서 국가에 대하여 적극적 보장을 요구하고 국가는 그 요구에 따라 생존권을 보장하는 구체적 장치로서 기초생활보장제도를 확립한 것이다.

3) 자립과 보충성 원리

국민기초생활보장제도는 국가가 모든 국민의 빈곤이나 생활 불안에 대해 생존권을 보장한다. 또한 국민은 개인 생존을 위하여 필요한 여러 조건을 확보하도록 국가에 요구할 수 있으며 국가의 적극적 개입으로 보장할 수 있다. 따라서 국가의 방임과 개인의 자조를 우선하는 경쟁 논리는 원칙적으로 배제해야 한다. 국민 입장으로 볼 때 생존권 보장장치가 되어 있느냐가 문제인데, 국가의 정책적 입장에서는 과잉보호에 대한 문제가 생긴다. 개인의 자립을 저해하지 않고 자극하는 장치가 필요해지고 기초생활보장제도에 의해 최저생활과 자립 유도를 목적으로 하게 된다. 그런데 자립은 외부의 어떠한 간섭 없이 독립적으로 생활한다는 자유권 이념이 반영된 것으로 원칙적으로 생존권 보장의 원리와 모순적 관계가 된다. 당국은 제도 운용을 통해 자립을 과도하게 해석하여 수급 억제 논리로 활용하면서 생존권 보장을 왜소화할 수 있다. 여기서 기초생활보장을 통한 자립은 행정 당국이 볼 때 수급비 이외의 소득을 올릴 수 있거나 부양의무자의 부양 등으로 보장의 필요가 없게 되어 중지하는 것이 될 수 있다. 또한 국민이 나태해지는 것을 방지하기 위해 보호를 제한하고 억제하도록 활용할 수도 있다. 하지만 자립이란 보장을 통해 생활을 안정적으로 유지하면서 독립을 돕는 것이다. 실제 자립은 개인이 주체적으로 살아가기 위한 사회적 · 경제적 · 정신적인 여러 조건을 정비하여 국민의 주체적인 생존의 실현을 돕는 것이다.

특히 최근 고령화와 저출생, 사회적 고립 등 사회경제적 약자가 주체적으로 살아갈 수 없는 상황이 심화되고 사회적 대책도 매우 복잡해져 국민이 사회자원 전체에 충분히 접근할 수 없는 경우가 적지 않다. 국민의 노동 기회 보장과 자기실현의 보장 등은 국민의 권리이며 국가의 책임이므로 자립을 요구하는 것은 수급권자의 권리가 된다. 그리고 자립은 생활문제의 복합성에 비추어 인격적 자립, 일상생활의 자립, 노동에서의 자립, 경제적 자립이라는 측면을 포함한 종합적인 내용이 되어야 한다. 자립은 고립과 다르므로 사회적 존재로서 인간이 사회 속에서 살아가는 힘이다. 특히 빈곤과 격차가 확대되는 현실에서 그러한 힘은 더욱 중요해질 것이다.

이러한 의미에서 자립을 조성한다는 것은 단순히 생활 보장 급여에서 벗어나는 상태나 나태한 국민이 양성되지 않도록 억제한다는 개념이 아니라 권리의 주체라는 자각과 살아가는 힘을 형성하도록 국가의 책임으로 지원할 노력을 뜻한다. 생활 보장을 위한 공적인 급여와 자립 조성이 병행하는 것, 즉 기초생활보장 급여를 일정하게 수급하면서 자립을 돕는 것이 올바른 방향이며 행정 당국은 포착을 저해하는 행정 · 제도 · 문화 · 개인적 요인을 최소화하기 위한 지원을 제공해야 한다. 자산조사나 노동의무 부과 등의 활용은 수급권자를 배제하기 위한 것이 아니라 최대한 포용하는 데 필요한 것으로 이해해야 할 것이다.

여기서 기초생활보장제도에서의 자립과 보충성 원리의 관계에 대해 더 구체적으로 살펴보자.

보충성 원리는 수급자가 자신이 지닌 자산이나 능력 등 자립 수단과 다른 법의 보호 등을 활용한 이후에도 생계가 어렵거나 생존 수단이 결핍될 때 부족분을 보충하는 범위에서 보장을 제공한다는 것이다. 이는 자본주의 사회에서 최후의 보장 수단으로서 기초생활보장제도의 특징을 보여주는 것이다. 보충성 원리는 수급을 위한 요건, 수급 순서, 다른 법률 활용의 우선 등으로 적용되고 있다.

첫째, 수급을 위한 요건이다. 수급자로 결정되기 위해서는 이용할 수 있는 소득, 자산, 노동능력 등을 최저한의 생활 유지를 위하여 활용해야 한다. 자산은 토지, 전답, 가옥, 설비나 기계, 상품, 가축 등 사업 용품, 귀금속과 채권, 기타 생활용품 등 모든 재산을 포함한다. 이러한 자산은 최저 수준의 생활 유지를 위하여 필요한 한도, 즉 선정기준액 한도 내에서는 인정되지만, 그 정도를 벗어나면 최저 수준 이상의 생활을 할 수 있는 자산으로 판단된다. 이론적으로는 한도를 초과하는 자산은 처분하여 생활비에 충당하고 그래도 소득과 자산의 평가 금액이 최저 한도의 생활 수준 이하일 때 그 부족분을 보장해야 한다.

노동능력의 활용은 취업하여 소득을 얻는 것이다. 하지만 구체적인 취업 요구라도 건강하고 문화적인 최저한도의 생활 수준의 유지가 목적이다. 따라서 수급자의 건강을 해치면서까지 소득 활동에 종사하도록 요구할 수 없다. 또한 적절한 직종을 통해 이루어지는 것이 바람직하며 직업선택의 자유도 충분히 존중되어야 할 것이다. 직업이나 직종이 수급자의 능력에 부적당하다고 인정되거나 취업을 위해 이사해야 하지만 그것이 불가능한 상황이라면 수급자는 취업을 거부할 수 있다. 그 경우에 수급 자체를 폐지해야 하는 원칙이 적용된다면 자립 조성의 목적에 반하는 강제 취업을 요구하는 제도가 될 수 있다.

둘째, 수급의 순서이다. 기초생활보장제도와 사적 부양의 관계는 세 가지 방식으로 이해할 수 있다. ① 사적 부양으로 할 수 있는 영역을 제도 개입 외부에 두고 법적으로 처벌할 수 있도록 담보하는 것, ② 사적 부양으로 보호받을 수 있는 자는 급여 자격을 주지 않는 것, ③ 기초생활보장에 우선하여 사적 부양을 전제로 하면서 사실상 부양이 행해졌을 경우 피부양자의 소득으로 판단하는 방식이다(이명현, 1999 : 22).

그동안 우리나라는 부양의무자가 없거나, 있어도 부양 능력이 없는 경우 수급 신청을 할 수 있다는 것이 원칙이므로 사실상 사적 부양 우선의 제도 운용이 이루어졌다. 즉, 사적 부양의무가 현실적으로 이루어진 경우, 그 범위에서 국가는 급여하지 않아도 좋다는 것처럼 사적 부양과 국가 보호 의무가 순위에 따라 정리되고 있다. 물론 현재 부양의무 제도를 점진적으로 폐지하고 있지만, 실제 제도 운용에서는 여전히 부양의무 적용 원칙은 유지되고 있다. 부양 능력 있는 부양의무자가 있어도 부양을 받지 못하면 수급권자는 국가에 대해 보호를 요구할 권리가 있다. 하지만 부양 사실을 확인하기 위해 실제로 부양의무자의 자산이나 소득을 조사하고 부양 능력이 있지만 할 수 없는 경우, 부양 범위 내에 비용의 전부 또는 일부를 징수하는 등을 할 수 있다. 이러한 방식은 사적 부양 우선 여부를 판별하기 위한 절차라고 할 수 있다. 이는 단순한 보호의 순서 문제를 넘어서 사적인 부양 관계에 행정이 개입하여 구속력을 가하는 것이다. 보장기관이 부양의무자의 의사에 반하여 부양을 강제할 권한이 있는지 의문이다. 사적 부양 관계는 부부와 부모 자식, 형제자매에 따라 절대적, 상대적 부양 관계와 그 정도가 다를 수 있다. 급여에 대한 권리가 헌법상 권리라면 사적 부양을 우선순위로 적용하는 것은 논리가 약하다. 제도 운용에서 부양의무를 완전히 폐지하는 것이 옳다.

셋째, 다른 법률의 우선 활용이다. 다른 법률에서 정하는 보호를 기초보장제도보다 우선하는 것이다. 공공부조는 대가적 관계에서 급여가 제공되기보다 상대방의 일방적 구제로 제공된다. 또 다른 법률에서 정하는 보호가 되어야 하므로 사회복지 단체나 자원봉사 단체 등에 의해 임의로 제공되는 사적인 보호는 물론, 지방자치단체의 조례는 해당되지 않는다. 다른 법률에 의한 보호가 있다면 그 범위 내에서 소득으로 인정하고 기초생활보장에 의한 보호를 배제한다는 의미뿐만 아니라 수급권자는 먼저 다른 법제에 의한 보호를 활용해서 자립을 도모해야 할 의무가 있고 보장기관도 그것을 활용하도록 지도할 수 있다는 의미이다. 이처럼 보충성 원리는 빈곤한 사람 자신의 자산과 능력의 활용, 부양의무자의 보호, 다른 법률에서 정하는 보호를 활용한 후 보장제도에 의한 보호가 자신의 생활을 지키는 최후의 대책이라는 의미다.

보충성은 사회 또는 위정자가 빈곤자에게 요구하는 자립의 정도를 의미하므로 보충성의 내용을 보호 신청자에게 엄격히 요구한다면 빈곤자의 생존권을 압박하게 되고 생존권 보장과 필연적으로 모순적 관계가 발생할 수 있다. 반면 너무 허용적으로 요구한다면 수급 신청자의 의존성에 대한 우려가 나올 수 있다. 보충성과 생존권 보장은 양자의 균형에 의해 성립되는 것이 바람직하다. 최종 목적은 생존권 보장에 의한 개인의 자립이 우선되어야 하는 것이 사회복지의 본질이다. 따라서 생존권 보장에 바탕을 둔 보충성 원리의 활용이 요구된다.

4) 보충성 원리의 이중성

현대 복지국가의 구조는 자립과 국가의 사회보장이라는 두 용어로 확인할 수 있다. 자립 개념은 소규모 생산자가 생산 및 생활수단을 소유하여 자기 노동의 생산물을 자신의 것으로 소비하고 교환하면서 생활을 안정적으로 꾸려나가는 독립 자영자 중심의 생활 자립을 뜻한다. 반면에 국가의 보장은 사회를 대표하는 국가가 자본주의 축적 과정에서 생성되는 빈곤, 특히 노동자 계급을 중심으로 확산되는 국민의 생존 위기에 대하여 보호하는 사회적 책임을 인정하여 자본과 국가의 비용 부담으로 조직적으로 대응하는 것이다(相澤与一, 1991 : 152-155).

위의 두 개념은 사회보장·사회복지 제도에 반영되어 사회보험 제도의 경우 기여 원칙이 포함되어 있으며, 공공부조는 보충성 원리와 최저생활 보장이라는 관계가 포함되어 있다. 특히 주목할 점은 자립의 이중성이다. 한편으로는 자본주의 사회의 생활 자립을 강제하는 측면과 또 다른 한편은 권리 주체로서 인격적·시민적 자립도 의미하고 있다. 따라서 현대의 사회복지 제도는 생존권 보장을 통한 자립을 목적으로 하면서도 제도 운용에서는 개인의 도덕적 해이를 막는 보호 억제 역할이 포함되어 있다. 결국 한편으로 권리로서, 다른 한편으로는 의무로서 자립이라는 이중구조를 이루게 되는데, 보충성 원리는 자립 의무를 적극적 실현 수단으로 보호를 억제하는 역기능이 될 수 있다. 이는 법과 제도 운용의 괴리를 초래하게 된다. 이뿐만 아니라 보호 과정에서 쟁점이 될 수 있다. 즉, 수급자와 사회복지사가 심리적으로 평등하고 전문적 대인관계 유지와 발전이 중요하다는 입장, 반면 인권침해 등 복지행정의 문제 상황을 바탕으로 수급자의 조직화와 운동이 중요하다는 대립점이 생길 수 있다. 이는 현재의 제도 운용 방식을 개선하기 위해 전달 체계와 적용 기술을 개선해야 할까, 생존권 운동 차원에서 생활 보장 제도를 근본적으로 재설계해야 할까에 대한 입장의 차이라고 볼 수 있다.

생존권 보장이 근본적 목적이라고 해도 보충성 원리를 완전히 배제할 수는 없다. 생존권 보장 원리는 기초생활보장제도의 국가 책임, 무차별 평등, 건강하고 문화적인 수준 등으로 구현된다. 반면 보충성 원리는 자산이나 능력, 부양활용 등으로 설명할 수 있다. 생존권과 보충성의 관계는 보충성 원리를 해석하는 차이에 따라 달라진다(이명현, 1999 : 26-27).

이를 구체적으로 살펴보면 다음과 같다.

첫째, 보충성 원리는 생존권 보장과 모순적 관계라는 입장이다. 사회보장·사회복지의 역사적 등장 배경이나 빈곤의 사회성에 비추어 볼 때 보충성 원리가 생존권 보장을 저해하는 역할을 한다는 것이다. 보충성 원리는 자본주의 윤리를 대변한다. 이윤추구의 자본원리를 기조로 하는 자본주의 사회에서 빈곤은 개인의 책임이 아닌데도 자립이 개인의 행동규범으로 요구된다. 보충성 원리는 이의 모순적 표현이라 할 수 있다. 따라서 보충성 원리는 공공부조의 본질적 지표이다. 하지만 보충성 원리 자체는 인간다운 생활을 위한 권리보다 목적이 될 수 없다. 보충성 원리가 제도 운용에서 독자적으로 비대해지는 일이 없어야 한다. 오히려 생존권 원리가 보충적 원리를 제약해야 하며 생존권에 기반하면서 수급권자의 사회적 자립을 촉진하기 위한 보완적 역할을 해야 한다. 수급권자는 보장제도를 이용하여 적극적으로 자립할 수 있는 권리를 가지는 것이다.

둘째, 공공부조에서 보충성 원리는 불가피하다. 무차별 평등이나 건강하고 문화적인 최저수준의 보호는 국가의 의무를 규정하는 것이다. 보충적 원리는 보호받는 국민에게 요구되는 기본 요건이며 보호에 필요한 비용이 국민 세금으로 충당되므로 자신의 능력에 따라 최선의 노력을 하는 것이 먼저 요구되고 그럼에도 최저생활을 유지할 수 없는 경우에 보호하는 것이 당연하다. 자산이나 능력 활용은 생활하면서 누구나 노력하는 것이며 국민감정, 사회윤리이다. 아무리 헌법에서 정한 권리라고 해도 국가의 책임으로 공공 비용으로 제공된다면 보충성 원리를 무시할 수 없다. 단, 이런 주장이 과도하게 비대해지면 제도 운용에서 엄격한 보충성 적용으로 보호 억제 기능이 커질 것이라는 비판적 주장과 맥락을 같이하는 부분이 있다.

이처럼 보충성 원리가 자본주의 사회의 미덕을 강조하기 위한 표현이라는 점, 나태한 빈민의 양성을 방지하기 위해 자립 노력을 자극하기 위한 불가피한 조치라는 관점은 기초생활보장제도의 유연한 구조를 뜻하는 것이기도 하다. 즉, 사회보장 및 사회복지 제도가 확충되기 이전에는 포괄적인 생활 보장 제도로서 생존권 보장이 강조되지만, 점차 갖추어지면 이후 보충성의 엄격한 적용이 강조되고 보호 억제적 역할이 커지면서 대상자를 일정 규모로 제한하게 된다. 결국 기초생활보장제도는 생존권 보장에 대해 보충성 원리를 어떤 방향으로 운용하는가에 따라 보편적 아니면 보호 억제적 보장 제도로 변할 수 있다. 복지국가의 완성이 자조에서 벗어나 사회적 권리로 수급권이 인정된 점을 고려하면 모순적이다. 이처럼 보충성 원리는 급여가 필요한 사람을 배제하는 기능을 할 수도 있지만, 결코 생존권 원리보다 우위에 올라갈 수는 없다. 하지만 제도 운용에서 선별과 판정을 위한 보호 억제적 기능이 지나치게 강화되어 작동되는 상황을 낳을 수 있다.

지금까지 논의를 정리하면 다음 표와 같다.

〈표 12-1〉 생존권과 보충성의 구조

권리의 체계 - 생존권 원리	의무의 체계 - 보충성 원리
보장 비용 부담 의무 보건복지부 장관 —— 국가 책임 생존권 보장 최저생활보장	지도 · 지시에 순응할 의무 보충성 의무 —— 생활 유지 및 향상 의무
기관위임에 의한 실시 지방자치단체	보장의 요건 – 소득 및 자산조사 및 활용 근로능력조사 및 활용
복지행정 기관 —— 무차별 평등, 신청주의 복지직 공무원 보호 신청과 결정 이의신청 및 소송	보장의 순서 – 사적 부양의 우선 타법 우선
다른 법률의 우선 활용 —— 자활 조성 생활능력의 형성 ———— 복지서비스 보장 생활기반의 보장 ———— 경제적 보장	보장의 내용 – 최저한도의 생활수준 – 상대적 빈곤 수준 – 현금급여 – 현물급여
생존권에 기반한 자립	자조(self-help)에 기반한 자립

출처 : 이명현(1999), p. 30을 참고로 재구성.

5) 조건화와 행동 변용

보충성 원리가 비대해지면 이 부분이 제도 운용의 중심적 조건이 되어 조건화(conditionality) 현상이 두드러진다. 신청 단계에서 수급에 필요한 조건을 적용하는 수준을 넘어 수급 결정 이후에 국가 및 사회가 기대하는 방향으로 수급자의 행동을 변용하는 방식이 확충된다. 여기서 조건을 구성하는 요소는 속성, 상황, 행동의 조건이다. 예를 들어, 속성과 상황의 조건은 제도 진입 전 대상을 제어하는 요소로 속성의 조건은 연령, 성별 등이다. 상황의 조건은 근로 능력, 한부모, 장애 등이다. 행동의 조건은 진입 후 수급자의 행동을 제어하는 요소로 행동 요건, 감시와 검증, 징벌, 인센티브다.

〈표 12-2〉 조건화(conditionality)의 구성

<table>
<tr><th>기 준</th><th>조건에 의한 한정
(제한)</th><th>기 준</th><th>조건에 의한 한정
(제한)</th></tr>
<tr><td rowspan="3">1. 속성의 조건 :
진입 전 대상 제어</td><td>연령</td><td rowspan="6">3. 행동의 조건 :
진입 후 대상 행동제어</td><td rowspan="2">행동 요건</td></tr>
<tr><td>성별</td></tr>
<tr><td>실업 등</td><td>감시와 검증</td></tr>
<tr><td rowspan="3">2. 상황의 조건 :
진입 전 대상 제어</td><td>근로 능력</td><td rowspan="2">징벌</td></tr>
<tr><td>한부모</td></tr>
<tr><td>장애 등</td><td>인센티브</td></tr>
</table>

2. 기초생활보장제도와 자립

1) 자립의 논리

기초생활보장제도에서 자립은 자활을 지원하는 대책으로 개념화되어 왔다. 자활 개념은 1982년 개정된 생활보호법에서 법의 목적과 보호의 종류에 포함되면서 시작되었다. 이후 1999년 기초생활보장법에 새롭게 도입되었지만, 자활 개념은 최저생활보장과 함께 그대로 계승되었다. 자활보호의 정의를 통해 자활의 의미를 이해할 수 있다. 즉, 자활보호는 보호 대상자의 자활을 조성하기 위하여 자활에 필요한 금품의 지급이나 대여, 기능습득 지원, 취업 알선, 근로 기회 제공 등의 급여를 제공하는 것이다. 여기서 핵심은 근로를 통해 자활을 실현하는 것이다. 이러한 기조는 꾸준히 지속되고 있다. 예를 들어, 2013년 5월 개최된 제1차 사회보장위원회에서 자립의 의미를 '일을 통한 자립 지원'으로 규정하고 근로 기회 제공 및 시장 취업 지원을 통한 탈수급률과 자활 성공률을 자립 정책의 성과로 내세우고 있다(사회보장위원회, 2013 : 10).

자립 지원은 신체적·심리적 모두 건강하게 생활하거나 능력에 맞게 자립적으로 일상생활을 누릴 수 있도록 지원되어야 할 것이다. 따라서 일을 통한 경

제적 자립뿐만 아니라 수급자 개인별 능력이나 문제에 따라 신체적 또는 정신적 건강을 회복하여 스스로 자신의 건강과 생활 관리를 하면서 일상생활에서 자립적인 생활을 보낼 수 있도록 지원하고 또 사회적 연결을 회복할 수 있도록 사회생활에서의 자립 지원을 포함해야 할 것이다. 따라서 기초생활보장제도의 자립 논리를 세 가지로 구분하고자 한다. 첫 번째는 일을 통한 자립, 두 번째는 일상적인 생활의 자립, 세 번째는 사회적 생활의 자립이 될 것이다.

2) 세 가지 자립론

일을 통한 자립은 경제적 자립을 의미한다. 그런데 일을 통한 자립과 경제적 자립이 똑같을 수도 있지만, 일을 통한 자립의 범위가 경제적 자립의 한 부분으로 포함될 수도 있다. 반대로 일을 통한 자립의 범위가 경제적 자립 이상일 경우도 있다. 예를 들어, 경제적 자립을 일을 통한 수급 탈출로 좁게 설정할 경우, 취업은 경제적 자립의 일부로서 포함될 것이다. 하지만 경제적 자립을 위한 취업 이외의 일자리를 포함하면 그 범위는 넓어진다. 이때 일을 통한 자립은 이른바 중간적 일자리로서 사회적 참가로서의 의의가 크다.

일을 통한 자립이 경제적 자립의 일부분으로 포함되면 취업에 의한 경제적 자립+취업 목적이 아닌 경제적 자립을 모두 경제적 자립이라 규정할 수 있다. 그렇다면 취업 목적이 아닌 경제적 자립이란 어떤 자립을 의미하는 것인가. 예를 들어, 장애인 관점에서 자립은 신변적 자립, 경제적 자립, 직업적 자립, 직업 경제적 자립, 생활적 자립, 사회적 자립으로 구분할 수 있다(慎英弘, 2013). 장애인 관점의 자립을 세 가지 자립에 대비해 보면, 일상적인 생활의 자립은 '신변적 자립', 사회적 생활의 자립은 '사회적 자립'에 해당된다. 일을 통한 자립은 '직업 경제적 자립'과 '직업적 자립'으로 구분된다. 여기에서 직업 경제적 자립은 일하면서 다른 복지에 의존하지 않는다는 형태이며 기초생활보장제도의 좁은 의미에서의 경제적 자립에 가깝다. 반면 직업적 자립은 일은 하고 있지만 동시에 다른 복지급여를 이용하는 형태를 상정하고 있다. 이는 기초생활보장제도의 영역에서는 복지와 취업의 결합에 의한 중간적 취업 개념으로 정리할 수 있다.

그런데 장애인 관점에서 경제적 자립과 자립 생활은 어떻게 이해할 수 있는가. 장애인 관점의 자립 생활은 부모로부터의 애정이나 보호로부터 벗어나 지역에서 자립적인 생활을 할 수 있는 생활 스타일이라고 할 수 있다. 일을 통한 경제적 자립을 지향하는 취업에 의한 자립 지원뿐만 아니라 지역사회의 일원으로서 자립적인 생활을 위하여 일상생활의 자립 지원 관점에서 대책이 충분히 정비되어야 할 것이다. 따라서 일을 통한 자립을 제외한 일상적 생활과 사회적 생활의 자립을 통해 수급 가구는 지역사회의 구성원으로 자립 생활을 할 수 있어야 할 것이다. 장애인이든 기초생활보장 수급자이든 자립 생활은 일상생활과 사회생활의 자립 모두가 가능한 생활양식을 선택할 수 있어야 할 것이다. 그렇다면 기초생활보장 수급자도 지역사회를 구성하는 중요한 한 사람으로서 피보호자가 아니라 지역의 복지 주체로 이해해야 할 것이다. 따라서 자립 생활의 목표는 가부장적인 보호에서 벗어나 지역에서 생활하는 것이며 그를 위해 기초생활보장을 이용할 수 있어야 한다고 해석할 수 있다. 가족의 보호에서 벗어나 지역 생활에서 자율적으로 생활한다는 자립개념을 강조하면 가족부양을 전제로 하는 기초생활보장의 자립을 저해할 수도 있을 것이다.

또 경제적 자립과 기초생활보장제도의 일을 통한 자립에 대해서도 좀 더 구체적으로 알아보자. 경제적으로 자립한다는 의미는 생활비의 출처가 복지급여에서 나오든, 노동의 대가에서 나오든, 관련 없이 생활하기 위한 금액을 확보하여 자신이 관리하는 것으로 이해해야 할 것이다. 그렇다면 경제적 자립이란 반드시 일을 통한 자립만 의미하는 것은 아니다. 예를 들어, 취업이 아닌 자립은 수급자가 생계급여로 받은 돈을 생활비로 소비하며 사는 것도 자립이라 할 수 있는 것이다. 이러한 자립을 전제로 하면 기초생활보장을 적극적으로 신청할 수 있도록 제도를 운용하는 것도 자립 지원이다. 이는 수급 가구의 증가를 의미하는 것이기도 하다.

이처럼 자립은 일을 통한 경제적 자립만 해당하는 것은 아니다. 자립이란 일을 통한 자립과 관계없이 가족의 부양에 의존하지 않고 복지제도를 이용하면서 독립적으로 살아갈 수 있는 상태라고 볼 수 있다. 결국 이러한 세 가지 자립 개념은 소득과 재산을 중심으로 평가하던 공공부조의 자립 개념이 새로운 지원 욕구가 등장하면서 생존권 보장과 삶의 질, 지역에서의 돌봄과 같이 더 넓은 자립 개념으로 전환된 결과라 할 수 있다.

3) 자립과 사회복지

자립 개념의 전환은 새로운 지원 욕구를 낳아 다양한 복지 지원 프로그램으로 연결될 것이다. 하지만 자립 개념이 확장되거나 전환되는 것으로 모든 것이 해결되는 것은 아니다. 다양한 형태의 자립이 하나의 수단일 수 있지만 복지서비스를 제공하는 목적은 문제 해결을 통해 자립에 이르는 것이며 서비스 자체를 받지 않는 것이 자립은 아니다. 하지만 취직이나 보호 폐지 그 자체가 자립이라는 개념이 지배적인 복지 현장은 자립개념의 다양화나 확장에 의한 대응책이 나올 수 없다. 따라서 일상이나 사회생활의 자립을 위하여 필요한 욕구를 파악하고 지원하는 과정까지 전개되어야 한다.

기초생활보장제도의 자립은 1982년 자활보호 도입 이후부터 지금까지 계속 일을 통한 자립 개념을 고수해 왔다. 자활보호 도입에 의해 근로 능력 있는 빈민까지 보호범위를 넓혔다고 평가할 수 있다. 그렇지만 무엇을 욕구로 규정할 것인지는 각자 행위자의 가치관과 입장에 달라지는 욕구의 정치라는 점을 고려하면 전문가나 제공자의 가치관(자본주의 노동윤리의 지원)이 강하게 개입된 자립론이라 할 수 있다. 즉, 도움을 제공하기 위하여 자립의 논리가 필요한 것이다. 자립의 가치는 높게 평가하고 의존이나 보호는 부정적으로 평가되어야 한다. 자립 개념을 매개하지 않고 다양한 차이나 불가능을 있는 그대로 받아들여 조건 없이 복지를 권리로서 이용하기는 어려운가. 국가 복지에서 자립을 강조하는 이유는 무엇인가. 국가의 사회보장 및 사회복지 제도 설정의 목적은 자본주의 생산 방식에 따라 국민을 재상품화하여 노동과 조세를 납부하는 유능한 국민을 양성하기 위한 것이다. 이상적인 노동자와 납세자로 육성하지 못하더라도 최소한 사회에 부담을 주지 않는 사람, 즉 건전하게 가계를 관리하고 의료나 복지 지출을 최소한으로 하는 국민이다. 이를 위해 국가는 지속적으로 자립적인 생활이 가능하도록 지원하는 대책을 반복하는 것이다.

하지만 사회복지학의 입장은 복지원리에 충실해야 할 것이다. 일자리와 보장 탈피 중심의 자립을 목적으로 하지 않고 급여의 자격조건 없이 다양한 차이나 불이익을 있는 그대로 인정하고 지원할 수 없는가. 무언가 도움이 되어야 하는 생산적인 상태로 대상을 변화시켜야 하는 방향으로만 복지 지원을 생각해야 하는가. 적어도 사회복지학의 관점은 가부장적인 온정주의를 고수하며 지원하는 사람 대 지원받는 사람, 발굴하려는 사람 대 감추려는 사람의 위치로 대비하여 자립하고 있는 우리와 자립하지 못한 그들을 분리하는 지원의 구조가 되어서는 안 될 것이다.

사회의 모든 사람은 노동의 권리가 있으며 그것을 보장하기 위한 지원이 필요하지만, 왜 도덕적인 개념으로서 자립이 강조되어야 하는가. 자립 개념을 매개하지 않으면 권리로부터 소외된 사람들에게 필요한 자원을 보장하기 어려운 사회적 분위기가 제도의 포착률을 저해하는 것이 아닌가. 고민해야 하는 문제는 클라이언트의 자립 또는 비자립의 판별이 아니라 그러한 구분에 의존하려는 이데올로기다. 구제의 필요가 없는 사람들은 진정으로 자립하고 있는가. 자립에 대한 환상을 과도하게 반영하고 있지 아니한가. 건강하고 직업을 가지고 있으며 세금을 납부하는 사람은 누구에게도 의존하지 않는 것처럼 보인다. 하지만 실제로 타인과 사회, 그리고 자연에 대한 의존 없이 자립적 생활을 하기는 불가능하다. 스스로 자신의 건강을 관리하고 일상을 처리할 수 있는 사람과 사회적인 연결을 회복·유지하며 살아가는 사람이 서로 다르지 않다. 이 모든 형태는 자립적인 삶에 필요하다. 취업의 가능성만을 기준으로 자립 지원을 판단하는 방향은 지원을 활용하면서, 즉 제도에 의존하면서 일상을 살아가는 더 역동적인 빈곤 대책의 활용 가능성을 차단할 우려가 있다.

4) 자립 지원을 위한 고용 중심 대책

제2차 세계대전 후 사회보장 및 복지정책의 주요 흐름은 실업이나 기타 이유로 일하지 않는 사람들의 취업을 촉구하는 고용 중심 사회정책이 추진되었다. 주요 흐름은 워크페어(workfare)와 활성화(activation)로 구분할 수 있다. 유럽의 경우 국가에 따라 실업률 차이가 크지는 않지만, 전체적으로 고용 및 실업 문제는 중요한 정책과제이며 EU는 활성화 정책을 도입하였다. 이는 높은 수준의 경제성장을 달성하면서 높은 수준의 취업률을 실현하려는 것이었다. 따라서 경제성장과 취업률은 밀접한 관련이 있을 수밖에 없다. 취업이나 빈곤 문제에 대해서는 20~64세 취업률을 69%에서 75%로 올리고 30~34세 고등교육 실업률 비율을 31%에서 40% 이상으로 올려 빈곤 위험에 처한 사람을 2,000만 명 삭감하는 것을 목표로 하였다(European Commission, 2010 : 8-18). 특히 빈곤과의 전쟁이 정책적 과제가 되면서 취업 기회 확대를 통한 빈곤 문제 전략으로서 활성화(activation)가 기본 방향이 되었다. 이는 곧 일자리를 통한 자립 지원 정책을 기본 노선으로 삼았다는 것이다. 하지만 비정규직 중심의 고용만으로는 빈곤 해소가 어려울 것이므로 활성화 전략은 취업자의 증가와 생산성 향상을 동시에 실현하는 자립 지원 정책이었다. 특히 활성화 대책은 노동시장에서 이탈한 사람을 통합하려는 것이었다. 이들을 일반 노동시장에서 일하는 유급 노동자로 연결하려는 것이다.

그러나 취업 알선이나 직업훈련을 통한 활성화 정책을 통해도 취업으로 연결되지 않는 사람이 존재한다. 장애나 질병이 있거나 아이나 환자를 돌봐야 하는 사람들, 언어가 서툰 이민자들, 이들에 대해 어떻게 대응해야 할지가 과제다. 이들을 무리하게 취업으로 연결하면 실업률은 감소하지만 노동 생산성은 오히려 낮아져서 경제성장과 소득 성장으로 연결되지 않을 수 있다. 이 경우에 일자리 연계를 통한 빈곤 탈출, 다시 말해 자립 지원이라는 정책목표를 달성하기는 어려워질 것이다.

그래서 노동의 형태에 대해 다시 생각해야 한다. 임금노동뿐만 아니라 가사 및 육아 노동, 공동체 기여 노동 등 많은 비임금 노동의 영역이 존재한다. 노동시장에서 일반적 취업이 불가능한 사람도 개인 상황과 특성에 맞는 유연한 노동으로서 자립이 가능한 부분이 있을 것이다. 다시 말해 임금노동 활성화만을 통한 자립 지원 대책으로 한정해서는 안 된다는 것이다. 일반적인 노동시장 정책에서는 취업으로 연결되지 않는 사람이 항상 존재한다. 따라서 이들의 사회통합을 위해서 복지급여는 제외할 수 없다. 하지만 수급자로 포착하면서 취업을 촉구하기 위하여 제재를 가하거나 급여를 제한하는 것이 빈곤 탈출과 자립으로 연결될 수 있을지 고민해야 한다. 마찬가지로 소득 보장만으로 빈곤층이 안고 있는 문제를 다 해결할 수는 없다. 사회참가를 비롯한 사회와의 관계 구축도 자립 생활이다. 따라서 자립은 일자리와 복지급여의 제로섬 관계가 아니라 일자리와 복지를 선순환 관계로 활용하는 포용적 지원이 되어야 한다.

한국의 빈곤층에 대하여 취업을 통해 자립을 지원하는 대표적 제도는 자활사업이다. 1960년대부터 1990년대까지는 국민의 생활 수준이 지속적으로 상승하면서 실업 및 빈곤 문제는 정책의 중심 과제로서 부상되지 않았다. 그런데 1997년 IMF 사태를 계기로 대량 실업과 빈곤 위기가 초래되었고 다수의 노동능력자가 생활 곤궁에 빠지게 되면서 정부의 주요 대응이 될 수밖에 없었다. 따라서 노동 능력과 관계없이 생활이 어려운 사람 모두를 대상으로 급여를 제공하는 공공부조 개혁이 시도되었다. 그런데 노동 능력자에 대한 급여 제공은 도덕적 해이를 초래하고 정부 재정에 부담을 초래한다는 비판적 여론의 영향이 강하여 노동 능력자에 대해서는 적극적 노동시장 프로그램에 참가하도록 의무화하는 제안도 검토되었다(강신욱, 2005 : 41-42). 이러한 논의를 거쳐

1999년 기초생활보장법 제정으로 생활이 어려운 노동 능력자에 대한 자활사업이 도입되었다. 자활사업은 노동 능력자의 노동시장 참가를 통해 그 능력을 발휘할 수 있도록 하는 자립 지원사업이므로 급여 신청자는 빈곤하더라도 취업 프로그램 참여 의무가 부과되는 등 노동 능력 활용 없이 권리를 누릴 수 없게 되었다.

5) 자립의 판단 지표 : 자활역량의 평가

국제적인 동향을 볼 때도 자립의 지원은 저소득층에게 근로 역량 프로그램과 일자리 제공을 통한 정책으로 시행되고 있다. 우리나라도 급여신청자에 대해 자활사업을 통해 자립을 체계적으로 지원한다. 자활사업은 근로능력 있는 저소득층이 스스로 자립할 수 있도록 지원하는 사업이다. 즉, 자활사업을 통해 근로능력 있는 저소득층의 자활능력 배양, 기능습득지원 및 근로기회를 제공하고자 한다. 따라서 자립할 수 있는 정도를 판단하는 지표로서 자활역량 평가기준을 활용하여 자립지원 정책을 추진하고 있다. 이 기준을 통해 근로능력과 욕구를 고려한 맞춤형 자립자원이 가능할 것이라 기대된다.

평가 기준으로 자활역량 평가표에 연령, 건강 상태, 직업 경력, 구직 욕구, 가구 여건 등의 지표가 마련되어 있다. 이를 통해 100점 만점 대비 80점 이상의 자활역량을 가진 사람은 국민취업지원제도, 80점 미만은 지역자활센터 자활사업, 45점 미만은 근로 유지형 자활사업을 통해 자립을 지원한다. 자활역량 평가의 지표와 실제 수급 신청자의 역량과 욕구 사이에 괴리가 발생할 수 있어 해당 기준의 정확성에 대한 논란은 있을 수 있지만, 세 유형 모두 일을 통한 자립을 도모한다고 할 수 있다.

복지와 근로가 연계되는 현상은 정도의 차이는 있지만, 국제적 동향이라 할 것이다. 특히 미국과 영국 등 자유주의 복지 체제 국가의 경우 노동과 복지를 연계하여 자립을 지원하는 경향이 강하다. 예를 들어, 미국은 대표적인 공공부조 TANF 수급자를 대상으로 자립지원사업이 이루어진다. TANF 및 자립지원 사업 운영방식은 철저히 주 정부 재량에 맡겨져 있으며 각 주정부에서 TANF 수급자를 대상으로 자립역량을 평가한다. TANF 수급자는 자녀의 연령 및 배우자 유무, 기타 신체적·환경적 어려움 등에 따라 20시간에서 55시간까지 근로를 이행할 의무를 부여받는다(이상아·강명주, 2024 : 97-99).

수급 초기에 가구의 전반적인 상황을 파악하기 위한 조사가 이루어진다. 자립 역량을 판단하는 방식은 주 정부마다 서로 다르게 운용되지만, 대체로 각종 검사 도구를 활용하여 측정하거나 일선 사회복지사가 신청자를 개별적으로 면담하고 관찰하여 자립 역량을 사정하는 방식이다. 가장 흔히 사용하는 사정 도구 중 하나가 자활매트릭스다. 빈곤층, 취약계층, 수급자 등 주요 항목과 점수를 매트릭스 형태로 체크하는 지표이다. 소득, 고용, 주거, 식량, 보육, 자녀 교육, 성인 평생교육, 법적 문제, 건강보험, 생활 기술, 정신건강, 약물 남용/음주, 가족관계, 이동수단, 지역사회개입, 안전, 양육기술, 신용 문제 등과 같은 생활 전반을 체크하여 1~5점까지 점수를 부여할 수 있다(이상아·강명주, 2024 : 98). 영국은 2013년부터 공공부조를 개혁하여 각종 사회 급여를 유니버설 크레디트(Universal Credit)로 통합한 이후 급여 신청 단계부터 근로 역량 평가를 시행한다. 근로 역량 평가를 거쳐서 근로를 수행할 수 없는 대상자, 장애 및 질병 등으로 인해 제한적 근로가 가능한 대상자, 근로가 가능한 대상자로 구분한다. 이후 근로를 할 수 있는 대상자는 지역 고용센터(Jobcentre Plus)로 연계하여 근로 활동이 이어진다.

3. 제도의 발달

1) 생활보호제도의 전개

1961년 제정된 생활보호법은 일본 제국주의 시대의 조선구호령의 핵심 내용을 반영한 제도였다. 생활보호법은 근로 능력이 없는 국민을 보호하는 선별적 공공부조로서 법 제정 후에도 재정 사정 때문에 생계보호만이 부분적으로 실시되었다. 법 제정 당시 보호 대상자의 범위는 부양의무자가 없거나 부양의무자가 있어도 부양 능력이 없는 65세 이상의 노인, 18세 미만의 아동, 임산부, 불구, 폐질, 상이, 기타 정신 또는 지체 장애로 인하여 근로 능력이 없는 자, 기타 보호기관에서 이 법에 의한 보호가 필요하다고 인정하는 사람이다. 보호의 종류는 처음에는 생계보호, 의료보호, 해산보호, 장제보호로 시작되었으나 1982년 법 개정을 통해 자활보호, 교육보호가 추가되어 6종으로 확대되었다. 특히 자활보호는 개인의 자조 노력을 강조하는 보충성 원리가 반영된 급여라 할 수 있다.

보호의 내용은, 예를 들어 생계보호는 보호 대상자에 대하여 의복, 음식물, 기타 일상생활의 수요 충족에 필요한 금품을 지급하여 생존을 보호하는 것이었다. 하지만 1970년대 중반까지 경제개발 우선 정책 기조에 밀려 급여 수준은 최소한의 식량 지급에 머물렀고 1979년에 백미 및 정맥 지급량을 배로 늘리면서 연료비를 월 2,000원씩 보조하고 중학교 재학생의 수업료 전액을 지원하기 시작하였다. 이후 1980년대 들어서 소맥분을 정맥으로 완전히 대체하고 연료비 보조액을 인상하였으며 부식비를 새로 지급하는 등 변화가 나타나기 시작했다. 생활보호 대상자에 대한 백미, 정맥 등의 식량 현물 지급은 1995년까지 지속되었고, 1996년에 이르러서야 현물 배급이 중단되고 주식비에 해당하는 14,368원(인/월)의 현금이 지급되기 시작하였다(한국보건사회연구원, 2010 : 35; 조성은, 2019 : 15).

〈표 12-3〉 생활보호 대상자 수(1978~1999)

연도	거택보호	시설보호	자활보호	생활보호 총계	의료보호 총계
1978	289,013	50,200	1,654,622	1,993,835	–
1979	318,204	47,287	1,623,622	1,989,113	–
1980	282,000	47,000	1,500,056	1,829,056	2,141,690
1981	282,000	47,000	1,760,519	2,089,519	3,727,885
1982	282,000	52,300	3,085,566	3,419,866	3,728,434
1983	282,000	55,605	2,616,335	2,953,940	3,728,000
1984	282,000	59,558	2,214,101	2,555,659	3,258,769
1985	282,000	63,150	1,928,000	2,273,150	3,258,769
1986	283,650	70,900	1,819,000	2,173,550	4,386,000
1987	295,000	74,650	1,984,000	2,353,650	4,386,000
1988	318,294	65,020	1,916,757	2,300,071	4,290,000
1989	340,595	79,000	1,932,935,	2,352,530	4,246,000
1990	339,423	81,383	1,835,385	2,256,191	3,930,389
1991	338,168	81,556	1,826,421	2,246,145	2,878,684
1992	338,168	83,279	1,755,000	2,176,447	2,687,260
1993	338,168	82,875	1,580,000	2,001,043	2,366,000
1994	320,414	81,448	1,501,000	1,902,862	2,135,843
1995	307,401	77,671	1,369,832	1,754,904	1,989,585
1996	295,767	76,001	1,134,242	1,506,010	1,740,423
1997	296,988	76,769	1,039,908	1,413,665	1,642,125
1998	300,902	76,265	7,980,202	8,357,369	1,322,696
1999	330,745	78,442	766,020	1,175,187	1,636,629

출처 : 보건사회부, 보건복지통계연보, 1979-1989 각 연도, 보건복지부, 보건복지통계연보, 1990-1997 각 연도, 조성은(2019), p. 16 재인용.

1960년대부터 근로 능력 있는 빈민에 대해서 공공근로나 취로사업에 투입해 근로에 대한 대가를 지급하였다. 1968년 자활지도에 관한 임시조치법이 제정되면서 근로 능력 있는 빈민을 사회간접시설의 건설에 동원하였다. 이후 1982년 생활보호법 전면 개정을 통해 생활보호법의 자활보호로 편입되었다. 이는 보충성 원리에 의한 자조 의무를 적극적으로 활용한 제도 운용 방식이라 할 수 있다.

1987년 민주화 대투쟁 이후 노동자들의 생활임금 투쟁, 장애인의 권리투쟁, 도시빈민 철거 투쟁 등에 이르기까지 생존권 보장에 대한 요구가 강해졌다. 이러한 동향 속에서 1990년대 중반 시민사회 단체를 중심으로 국민복지기본선 확보 운동과 생활보호 제도의 열악함을 헌법소원을 통해 해결하려는 소송 운동이 전개된다. 이 소송에서의 주요 요구는 당시 생활보호법상의 생계급여액 65,000원이 도시 최저생계비 기준 180,000원보다 부족한 것으로 인간다운 생활을 할 권리를 침해한 위헌이라는 것이었다(이찬진, 2004 : 29). 당시 생활보호 기준이 얼마나 현실과 동떨어진 것이었는지 보여주는 사건이었다. 물론 헌법소원 결정에서 국가의 재량적 정책결정권이 인정되어 위헌은 아니었지만, 정부도 더 이상 현실을 무시할 수는 없었다. 이후 복지부는 생계급여를 인상하기 위한 노력을 기울여 1997년 생활보호법을 일부 개정하여 최저생계비 개념을 도입함으로써 생존권의 과학적 계측을 확립하고자 하였다. 또한 최저생계비를 국민이 건강하고 문화적인 생활을 유지하는 데 필요한 최소한의 비용으로 정의함으로써 과거의 자선적·자조적 구호관에서 벗어나고자 하였다(조성은, 2019 : 18). 하지만 다른 한편으로 노동 능력 있는 빈민에 대해 자활후견 기관을 지정하고 자활공동체 설립 및 운영에 관한 규정을 도입함으로써 보충적 원리의 적용을 한층 강화하였다.

기초생활보장법이 제정되기까지 광복 이후 국민의 최저생활보장의 마지막 관문이었던 생활보호제도는 잔여적이고 선별적인 최소한의 보호에 그쳐 형식적 생존권 보장에 그쳤다고 평가할 수 있다. 복지국가는 보편적으로 현금 및 현물급여를 제공하는 특징을 가지고 있지만 무엇보다 빈곤을 사회 구조적 문제로 인식하고 생존권을 보장하기 위해 적극적으로 노력한다는 점은 공통적이다. 그런 측면에서 이후 도입된 기초생활보장제도는 한층 더 국민 생존권의 보편적 보장에 근접했다고 평가할 수 있다.

2) 국민기초생활보장제도의 시행

국민기초생활보장제도는 1999년 제정되고 2000년부터 시행되었다. 이 제도의 성립으로 적어도 생활이 어려운 국민은 법적 권리에 의해 공공부조를 신청하게 되었다. 국민기초생활보장제도는 법 제정 과정에서 많은 쟁점이 제기되었다(강신욱 외, 2005). 제정 배경으로 들 수 있는 것은 무엇보다 1997년 IMF 사태를 들 수 있다. 경제위기의 여파로 국민소득이 마이너스 성장으로 돌아섰고 IMF에 의한 강도 높은 구조 조정 요구로 대량의 실업자가 발생하였다. 하지만 당시 한국의 사회보장을 비롯한 사회안전망은 경제 규모에 맞지도 않았고 엄청난 사회문제 발생에 대한 방파제가 되지도 못하였다. 국가의 공공 사회지출 비중도 OECD 국가에 미치지 못하였고 공공부조 투입 예산도 미약하였다. 또한 고용보험을 비롯한 사회보험도 일차적 사회안전망 기능을 충분히 수행하지 못하였다. 이러한 상황에서 기존의 사회안전망을 비롯하여 생활보호사업의 근본적 변화를 요구하는 목소리가 고조되었다.

국민기초생활보장법 제정 과정은 세 단계로 구분할 수 있다(강신욱 외, 2005 : 10-13). 1단계는 시민사회가 법 제정을 청원하고 정부가 미온적 반응을 보이던 단계로 1999년 6월 이전까지의 시기를 말한다. 참여연대를 포함한 23개 시민단체가 청원한 기초생활보장법의 핵심 취지는 국민의 기본적 생활보호를 국민의 권리이자 국가의 의무로 인식하여야 한다는 점, 기존의 생활보호 제도는 빈곤한 많은 국민을 보호하지 못하기 때문에 인구학적 기준에 따라 급여에서 제외되는 경우를 없애야 한다는 점, 최저생계비를 정부가 설정하고 소득인정액 이하인 모든 가구에 대해 생계보호를 제공해야 한다는 점 등이었다. 법 제정에 대한 정부는 소극적 입장이었는데, 먼저 사회복지 전문요원을 늘리고 소득과 재산 파악을 위한 인프라를 갖추고 예산 마련 계획에 대한 판단이 우선이라는 이유 때문이었다.

2단계는 대통령이 법 제정을 공언함으로써 정부 태도가 변하고 제도 설계를 위한 본격적 협의가 진행되면서 법 제정이 되기까지이다. 대통령의 긍정적 발언 이후 여야 의원과 복지부 사이에 법 제정을 둘러싼 실무 협의가 이루어진다. 이 단계의 주요 쟁점은 법률 용어 변경, 최저생계비 계측기간의 변경, 소득인정액 적용 시점, 주거급여 신설, 조건부 수급 제도와 시행 시기 등이었다. 정부는 급여 대상자와 급여 기관 등의 법률 용어를 사용하고자 했지만, 기초생활보장법 제정추진 연대 회의는 수급권자와 보장기관 등의 용어를 관철시켰다. 근로능력 유무와 인구학적 특성에 관계없이 기초생활을 보장해야 한다는 국민기초생활보장법의 취지에 대하여 경제부처는 근로의욕 저하를 초래한다는 이유로 강력히 반발하였다. 결국 조건부 수급 제도가 채택되었다. 1999년 9월 법 제정 이후 기획예산처가 2000년 예산을 발표하면서 시행 시기를 둘러싸고 정부와 시민단체의 갈등이 표면화되면서 다음 단계로 이어지게 된다.

3단계는 법의 제정 이후 시행령과 사업 지침을 제정하는 등 정책 집행까지의 시기이다. 이 시기 쟁점은 최저생계비 수준의 적정성, 재산 및 부양의무자 기준의 적정성, 행정 인프라 미비와 소득 파악 방법 문제, 탈락자 및 부정 수급자 대책 등이었다. 최저생계비 적정성에 관한 쟁점은 최저생계비 발표의 재정부담 효과에 대한 우려, 구성 항목의 타당성, 계측방식 및 비계측연도 추정방식, 지역별 최저생계비 차이의 반영 여부 등이었다. 보수적 입장에서 최저생계비 결정은 국민경제에 대한 파급효과를 우려하여 최저생계비 구성 항목이나 단가, 사용량 등을 조정하고 소비자물가 상승률을 적용하여 추정하고자 하였다. 반면 진보적 입장에서는 최저생계비가 현실을 반영하지 못하고 있는 점을 고려하여 삶의 질 변화를 반영할 수 있는 수준 균형 방식을 채택하자고 주장했다. 수급자 선정 기준과 관련하여 2000년 2월 입법 예고안에서는 부양능력자와 차상위층에 대한 판별 기준이 최저생계비 기준 120% 미만의 소득으로 제시되었다. 부양의무자도 수급자와 차상위층에 속하는 자는 부양능력이 없는 것으로 되어 있었다. 그러나 기획예산처의 요구는 재산 기준을 도입하고 소득 기준에 맞게 재산 기준도 최저생계의 120%로 도입하자는 것이었다. 이에 대해 연대 회의는 재산 기준과 부양의무자 기준이 너무 가혹하다고 보고 이의 수정을 요구하는 수급권 운동을 전개하였다. 연대 회의의 주장은 과세표준액 또는 공시지가인 재산평가 기준이 시가로 전환됨으로써 재산 기준이 2~3배 강화된 효과가 있다는 것, 실물 기준을 도입함으로써 기존 생활보호 대상자가 탈락될 위험이 있다는 것, 부양의무자 기준에 재산까지 포함시키는 것은 지나치게 가혹한 조항이라는 것이었다. 이후 정부는 수급 신청 기한을 폐지하고 특례 기준을 신설하는 등 보완 조치를 시행했지만, 결국 2000년 10월 1일을 기해 시행되었다. 이 제도는 애초의 제도 취지에 비해 너무 엄격하고 수급 억제적이라고 비판할 수도 있겠지만, 나름 긍정적 측면도 있었다. 이전 생활보호 제도에 비해 권리성이 강화되었다는 점, 노동능력이 있는 가구에 대해서도 지원이 이루어졌다는 점, 각종 전산 자료의 활용 등으로 자산조사의 정확도가 높아졌다는 점을 들 수 있을 것이다.

그러나 기초생활보장제도 시행에도 불구하고 애초 목적과 다르게 사각지대를 혁신적으로 해소하거나 더 나은 일자리를 빈곤층에게 보장하는 데 실패했다는 비판이 제기되었다. 2002년 최저생계비 현실화를 위한 농성을 진행하던 최옥란 씨가 사망하는 사건을 계기로 빈곤 문제 해결과 최저생계비 현실화를 위한 농성을 진행하는 등 기초생활보장제도 개정 운동이 전개되었다. 주요 요구는 최저생계비의 현실화, 주거급여 인상, 비급여 의료항목 대폭 축소, 비수급 빈곤계층에 대한 부분 급여 전면 확대 시행, 노숙인에 대한 긴급생계 급여 지원 등을 요구하였다(김윤영, 2021 : 9-10). 이후 빈곤사회연대 결성과 기초생활보장권리찾기행동, 민중생활보장위원회, 기초법바로세우기행동 등 시민사회단체 중심으로 당사자 조직과 함께 기초생활보장제도의 문제점을 드러내고 제도 개선을 요구하는 운동이 계속되어 왔다.

2010년 도입된 근로 능력 평가 제도는 2012년부터 근로 능력 평가 주체가 지방자치단체에서 국민연금공단으로 변경된 이후 근로 능력 있다는 판정이 3배가량 증가했고 2014년 근로 능력 있음 평가를 받은 최인기 님이 취업한 후 6개월 만에 사망하는 사태가 발생하였다. 이는 기초생활보장제도가 근로 이행과 관계없이 생활이 어려운 사람에게 보호를 제공한다는 취지에 역행하는 것이다. 또한 근로 능력 있는 수급자에 대한 워크페어 정책이 빚어낸 비극이었다. 일자리가 강화되는 것은 빈곤의 원인을 개인의 게으름에서 찾기 때문이며 이런 흐름이 강화되면 임금과 복지가 열악하더라도 시장 취업이 가능한 일자리로 유도하는 운용이 강화된다.

2014년 개정된 국민기초생활보장법은 기초생활보장제도를 가장 큰 폭으로 변하게 하였다. 절대적 방식으로 계측되던 최저생계비를 상대적 방식인 기준 중위소득으로 바꾸고 급여별 기준선을 세분화하였다(김윤영, 2021 : 17). 이른바 맞춤형 개별급여 제도의 도입이다. 법 개정에 비판적이었던 시민사회단체는 2014년 2월 기초생활보장 권리지키기 연석회의를 만들고 최저생계비 개념 폐기에 반대하고 주거급여는 국토교통부, 교육급여는 교육부로 운영 주체가 분리되어 오히려 혼란을 가중시킨다는 점을 강조했지만 2015년 7월부터 시행되었다. 맞춤형 급여는 오히려 종합적인 빈곤 보장 대책이 아니라 급여를 개별적으로 파편화시키고 생계급여와 같은 현금 급여는 기존 최저생계비 중심의 생계보호 수준과 크게 차이가 없어 효과가 크지 않다는 점도 지적하고 싶다.

2017년 문재인 정부는 부양의무자 기준 폐지를 약속하였다. 이에 따라 민관 협의체를 구성하고 시민사회단체가 2018년 중앙생활보장위원회에 참여하면서 2022년까지 부양의무자 폐지 계획을 추진하였다. 하지만 9억 이상의 자산이나 1억 이상 연 소득을 가진 부양의무자를 제외하고 생계급여를 보장하는 것으로 정해졌다. 사실상 문재인 정부의 부양의무자 기준 완전 폐지 공약은 지켜지지 않았다. 사회적으로 1인 가구가 증가하고 장애인의 탈시설 이후 지역사회에서의 생활 유지를 위해서는 우선 기초생활보장 수급이 필수적인데, 여기서 부양의무자 기준이 적용되어 수급이 불가능한 사태가 벌어질 수 있다. 따라서 현실 사회문제에 대해 기초생활보장의 보충성 원리에 기반한 사적 부양이 수급의 걸림돌이 되는 모순적 상황을 해소해야 할 것이다.

그동안 발달 과정에서 많은 변화가 있었다. 소득인정액, 개별급여제도, 기준 중위소득으로의 선정 방식 변경, 부양의무자 기준의 일부 폐지 등 운용 방식의 변화가 있었다. 의료급여 대상자의 자기 부담 강화와 같은 수급권을 위축시키는 조치들도 있었고 각종 특례제도가 매년 도입되는 등 제도는 한층 복잡하고 까다로운 조건이 추가되었다. 애초에 출발은 까다로운 조건을 제한하고 급여를 보장하기 위해 출발한 제도였지만 근로 능력자에 대해서는 시장에 취업시키기 위한 전략을 강화하고 자활을 위한 행동 변용을 요구하고 부정수급을 방지하기 위한 엄격한 조건 등 개인의 자조를 강화하는 보충적 성격이 한층 강조되는 것 같다. 빈곤층의 변화를 요구하는 목소리와 활동은 꾸준히 계속되었지만 너무 작게 취급받았다. 이 제도는 최후의 사회안전망이자 포용의 제도가 되어야 한다. 선별은 목적이 아니라 생존권 보장을 위한 운용 수단일 뿐이다. 실제 수급권 보장을 위한 제도 운용 방식이 필요하고 가난한 이들의 현실을 공유하고 그들의 몫을 찾기 위한 목소리에 열려 있어야 한다.

4. 사업의 진행 과정과 주요 내용

국민기초생활보장 사업의 지원 대상은 근로 능력의 유무와 연령 등에 관계없이 국가의 보장이 필요한 급여 종류별 최저한 보장 수준 이하의 모든 가구다. 국가의 보장 책임을 명시했다는 점에서 생존권 보장의 원리에 따라 인간다운 생활이 가능한 수준의 생활을 보호하려는 공공부조제도의 특성을 반영하고 있다.

수급 신청은 수급권자와 친족, 기타 관계인, 공무원에 의한 직권 신청도 가능하다. 읍면 사무소 및 동 주민센터에서 신청할 수 있다. 신청할 때 사회보장급여 신청서와 금융정보 제공 동의서 등 신청 서식에 따른 서류제출이 필요하다. 신청 후 기본적으로 30일 이내에 처리되며 60일까지 기한 연장이 가능하다.

선정 기준은 보충성 원리가 작동하는 운용 방식이 전개된다. 구체적으로 수급자 기준과 부양의무자 기준으로 구분할 수 있다. 수급자 기준은 다음과 같다. 먼저 보장 가구의 소득인정액이 급여 종류별 선정 기준 이하에 따라 다르게 적용된다. 2024년 현재 생계급여 선정 기준은 중위소득 32% 이하, 의료급여는 중위소득 40% 이하, 주거급여는 중위소득 48% 이하, 교육급여는 중위소득 50% 이하에 해당한다. 이때 소득인정액은 신청자의 소득의 평가액과 재산의 소득환산액을 합한 금액이다.

소득평가액은 실제 소득에서 가구 특성별 지출 비율과 근로소득 공제액을 제외한 금액이다. 실제 소득은 근로소득과 사업소득, 재산소득, 사적 이전소득, 부양비(의료급여에 한함), 공적 이전소득, 보장기관 확인소득을 모두 포함한다.

재산의 소득환산액은 일반 및 금융재산의 종류별 액수에서 기본재산과 부채를 제외한 금액에서 자동차의 액수를 합한 후 재산의 소득 종류별 소득 환산율을 곱한 액수이다. 여기에서 재산의 종류는 일반재산(주거용 재산), 금융재산, 자동차, 기타 산정되는 재산이 포함된다. 기본재산액은 소득환산에서 제외되는 재산액으로 생계・의료・주거・교육 급여의 경우 서울은 9,900만 원, 경기는 8,000만 원, 광역시와 세종, 창원은 7,700만 원, 그 외 지역은 5,300만 원이다.

부양의무자 기준은 생계급여의 경우 2021년 10월 1일 이후 폐지되었다. 단 부양의무자가 연 소득 1억 원(월 소득 834만 원) 또는 일반재산 9억 원을 초과하는 경우 생계급여 대상에서 제외된다. 의료급여의 부양의무자 범위는 수급권자의 1촌의 직계혈족 및 그 배우자다. 부양의무자에 대해서는 부양능력을 판정한다. 그 원칙은 세 가지로 적용된다. 먼저 부양 능력이 없다고 판정되면 수급자로 결정된다. 부양 능력이 미약하다고 판정되면 부양비 부과를 조건으로 수급자로 보장이 결정된다. 하지만 부양비 부과로 수급권자의 소득인정액이 의료급여 선정 기준을 초과하게 되면 선정에서 제외된다. 부양 능력이 있다고 판정되면 당연히 수급을 할 수 없다. 부양의무자 기준의 운용은 철저히 사적 부양 우선에 의한 보충성 원리가 활용된다.

부양 능력을 판정하기 위한 부양의무자의 소득액은 실제 소득에서 가구 특성별 지출 비용을 제외한 금액이다. 이때 실제 소득은 근로소득, 사업소득, 재산소득, 공적이전 소득을 말한다. 또한 부양의무자의 재산도 소득으로 환산하여 적용한다. 즉, 재산의 소득환산액으로 일반재산·금융재산·자동차 재산의 종류별 액수에서 기본재산액과 부채를 제외한 금액에 재산의 종류별 소득 환산율을 곱한 금액이다. 기본재산액은 서울은 3억 6,400만 원, 경기는 2억 9,400만 원, 광역·세종·창원은 2억 8,400만 원, 기타 1억 9,500만 원이다. 재산의 종류별 소득환산율은 주거용 재산은 월 1.04%, 일반재산과 금융재산, 자동차, 기타 산정되는 재산은 월 2.08%로 설정되어 있다.

다음은 조사에 대해서이다. 조사 내용은 수급권자의 소득 및 재산, 부양의무자의 소득 및 재산을 조사한다. 또한 부양의무자 유무와 부양 능력, 실제 부양하고 있는지에 대해서 조사한다. 수급권자의 근로 능력과 취업상태, 자활 욕구, 주택조사 등을 시행한다.

조사를 거쳐 수급권자에 대한 보장이 결정되면 급여가 제공된다. 급여의 종류 및 지원액은 생계급여는 중위소득 32%에 해당하는 금액과 가구의 소득인정액과의 차액을 지급한다. 의료급여는 근로 능력의 유무에 따라 1종, 2종으로 구분하여 지급한다. 주거급여는 국토교통부가 정하는 기준에 따라 지급한다. 교육급여는 교육부가 정하는 기준에 따라 입학금, 수업료, 교육 활동 지원비를 지급한다. 해산급여는 수급자가 출산 시 1인당 70만 원을 지급한다. 장제급여는 수급자가 사망했을 때 실제 장제를 행하는 자에게 80만 원을 지급한다.

수급권자 본인이 보장을 신청하면 초기 상담 및 신청서를 등록하고 신청 및 확인 조사가 진행된다. 통합조사 관리팀은 접수 처리 후 공적 자료를 조회하고 주택조사를 의뢰한다. 또한 금융재산 조회를 요청하고 근로 능력 평가를 국민연금 관리공단에 의뢰한다. 이후 수급권자 가구를 방문 조사한다. 확인 조사의 경우 연간 조사계획을 확인하고 사회보장 급여 확인 조사를 한다. 소득재산 변경 등을 반영한 조사를 거쳐 지방생활보장위원회의 심의를 요청한다.

사업팀은 생계급여사업팀, 의료급여사업팀, 주거급여사업팀 등이 통합조사

관리팀의 조사 결과를 바탕으로 지방생활보장위원회의 심의를 거쳐 보장을 결정하고 통지한다.

〈표 12-4〉 수급자 수와 구성비율(2022년) (단위 : 명, 가구, %)

구 분	계	일반수급자	시설수급자
수급자 수	2,451,458	2,359,228	92,230
구성비	100	96.2	3.8
가구 수	1,791,727*	1,699,497	92,230
구성비	100	94.9	5.1

* 총 가구 수는 시설수급자 포함
출처 : 보건복지부(2022). 2022년 국민기초생활수급자현황.

인구대비 기초생활보장수급자의 비율인 수급률은 4.8%이며 17개 광역지방자치단체별 수급률을 보면, 전북 7.3%, 부산이 6.8%, 광주 6.6% 순이며, 세종이 가장 낮은 2.1%이다.

〈표 12-5〉 지역별 국민기초생활보장 수급률 (단위 : %)

전국	서울	부산	대구	인천	광주	대전	울산	세종	경기	강원	충북	충남	전북	전남	경북	경남	제주
4.8	4.4	6.8	6.3	5.6	6.6	5.2	3.7	2.1	3.3	5.6	4.9	4.2	7.3	5.7	5.7	5.1	4.9

주 : 수급률 = (지역의 수급자 수/지역의 주민등록인구통계) × 100
* 지역의 수급자 수 : 시설수급자 포함
* 지역의 전체인구 : 통계청, 연령별(시 · 도) 주민등록인구(51,419,038명)
출처 : 보건복지부(2022). 2022년 국민기초생활수급자현황.

〈표 12-6〉 급여별 수급자 및 수급가구 현황 (단위 : 명, 가구)

전 국	계*	생계급여	의료급여	주거급여	교육급여
수급자 수	2,451,458	1,566,570	1,438,045	2,260,783	303,383
가구 수	1,791,727	1,242,549	1,126,712	1,628,643	206,078

* 총 수급자 수 및 가구 수는 시설 수급자 포함, 각 급여별 중복을 제외한 숫자임
출처 : 보건복지부(2022). 2022년 국민기초생활수급자현황.

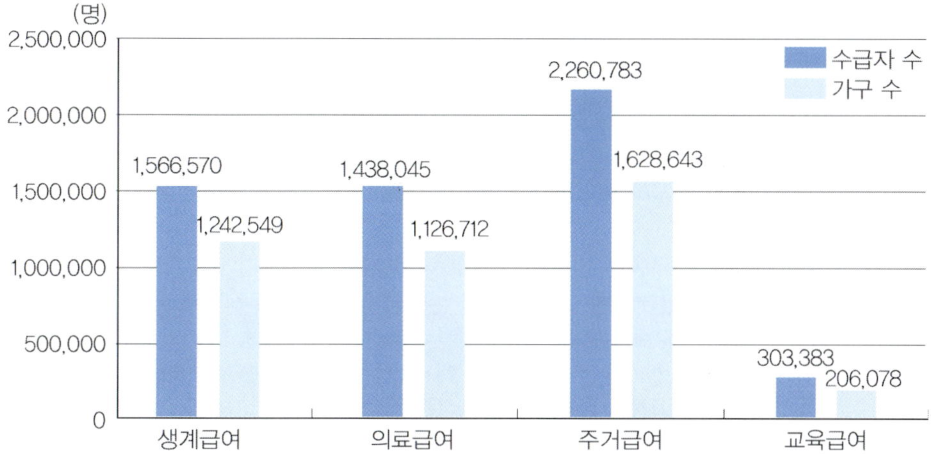

| 그림 12-1 | 급여별 수급자 및 수급가구 현황

〈표 12-7〉 수급자 신청 탈락 사유(생계 · 의료급여) (단위 : %)

선정 · 탈락사유별(1)	선정 · 탈락사유별(2)	2019	2020	2021
수급자 선정 여부	생계, 의료, 주거, 교육 급여를 모두 받게 되었다.	3.22	2.72	0.35
	생계, 의료, 주거, 교육 급여 중 일부만 받게 되었다.	91.87	79.38	68.14
	아무것도 받지 못하게 되었다.	4.91	17.90	31.51
신청 탈락 사유 (생계)	소득이 기준보다 많아서	64.69	45.15	26.65
	자동차가 있어서	0.75	3.61	0.00
	살고 있는 집의 가격이 높아서	0.00	3.84	3.38
	살고 있는 집 이외에 재산이 기준보다 많아서	0.00	8.97	14.13
	부양의무자의 소득 및 재산이 기준보다 많아서	34.56	30.08	41.94
	기타	0.00	0.00	9.95
	모르겠다.	0.00	8.35	3.94
신청 탈락 사유 (의료)	소득이 기준보다 많아서	68.01	33.16	14.92
	자동차가 있어서	0.81	4.41	0.51
	살고 있는 집의 가격이 높아서	0.00	0.53	2.13
	살고 있는 집 이외에 재산이 기준보다 많아서	0.00	10.94	9.95
	부양의무자의 소득 및 재산이 기준보다 많아서	31.19	40.76	53.10
	기타	0.00	0.00	8.15
	모르겠다.	0.00	10.19	11.24

출처 : 통계청 e-나라지표(https://kosis.kr).

기초생활보장 업무 개요

1. 급여의 신청

가. 신청주의

• 생활이 어려운 저소득 가구의 가구원, 그 친족 및 기타 관계인이 해당 가구의 급여를 신청하는 것이 원칙(법 제21조 제1항)

나. 직권주의

• 사회복지담당공무원은 급여를 필요로 하는 자가 누락되지 않도록 관할 지역 내에 거주하는 수급권자에 대한 급여를 본인의 동의를 얻어 직권으로 신청할 수 있음(법 제21조 제2항)

※ 기초생활보장을 신청한 수급권자의 생활실태가 긴급복지지원 제도에서 인정하는 위기상황에 해당하는 경우 수급권자의 신청이 없더라도 긴급복지지원 제도를 안내하고 수급자로 보장결정 이전까지 긴급복지지원이 이루어질 수 있도록 제도 운영

2. 소득 · 재산조사

• 급여를 신청한 자에 대하여 보장기관장은 사회복지담당공무원으로 하여금 아래의 사항을 조사하거나 의료기관에 검진을 받게 할 수 있음(법 제22조)

– 부양의무자의 유무 및 부양능력 등 부양의무자와 관련된 사항

– 수급권자 및 부양의무자의 소득 · 재산에 관한 사항

– 수급권자의 근로능력, 취업상태, 자활욕구 등 자활지원계획 수립에 필요한 사항

– 그 밖에 수급권자의 건강상태, 가구 특성 등 생활실태에 관한 사항

3. 급여의 결정 및 통지

가. 급여의 결정

• 보장기관장은 수급권자와 부양의무자에 대하여 필요한 조사를 실시한 후 그 결과에 따라 급여실시 여부와 급여내용을 결정하여야 함(법 제26조 제1항)

– 보장기관장은 시 · 군 · 구 사회복지담당공무원이 조사한 내용을 차세대사회보장정보시스템에 등록하면, 해당 내용을 검토하여 보장적합 또는 부적합을 결정

– 이때 생계 · 의료 · 주거급여에 대한 결정은 시장 · 군수 · 구청장이 실시(생계 · 의료 · 주거급여 종류별로 해당 사업팀)하고, 교육급여의 결정은 시 · 도교육감이 실시

나. 급여신청자에 대한 결정통지

• 보장기관장은 급여신청에 대하여 그 결정요지, 급여종류, 급여방법 및 급여개시 시기 등을 명시한 사회보장급여(결정 · 변경 · 중지 · 정지 · 상실) 통보서(서식 7호)를 수급권자 또는 신청자에게 서면으로 통지함(법 제26조 제3항)

– 보장결정은 급여종류별로 해당 사업팀에서 각각 결정하되, 결정통지는 수급권자가 신청한 급여 중 선정기준이 낮은 급여 업무를 담당하는 사업팀에서 발송

* 반드시 보장기관인 특별자치시장 · 특별자치도지사 · 시장 · 군수 · 구청장 명의로 통지(읍 · 면 · 동장의 명의로 통지되지 않도록 유의)

* 수급자로 보장결정된 자 중 교육급여에 대한 결정통지는 시 · 도교육감이 실시함(법 제12조 제4항)

- 신청일로부터 30일 이내에 통지하되, 부양의무자 조사 등에 시일을 요하는 특별한 사유가 있는 경우 신청일로부터 60일 이내에 통지할 수 있으나 이런 경우에는 그 사유를 구체적으로 밝혀야 함
- 본인신고의무, 부정수급처벌, 이의신청 절차 인내에 대한 서면 통지 필요

다. 급여신청자의 이의신청

• 급여신청을 한 자는 시장 · 군수 · 구청장의 처분에 이의가 있는 경우 그 결정의 통지를 받은 날부터 90일 이내에 당해 보장기관을 거쳐 시 · 도지사에게 서면 또는 구두로 이의신청을 할 수 있음

※ 특별자치시 및 특별자치도의 처분에 이의가 있는 경우에는 보건복지부, 국토교통부에 이의신청함

- 구두로 이의신청을 접수한 보장기관의 담당자는 이의신청서(서식 9호)를 작성할 수 있도록 협조하여야 함

• 교육급여만 신청한 자의 이의신청 방법 및 절차는 교육부 지침에 따름

- 시장 · 군수 · 구청장은 교육급여 수급자인 학생의 낙인감 방지 및 수급자의 접근성 편의 등을 위하여 이의신청을 대행함

4. 급여의 실시 및 수급자 관리

가. 급여의 실시

• 수급자로 선정된 가구 또는 개인에 대하여는 가구의 소득인정액 수준에 따라 생계급여, 의료급여, 주거급여, 교육급여 등 결정된 급여를 지급

• 주거/교육급여의 급여 지급방법 및 절차 등은 국토교통부/교육부 지침에 따름

나. 수급자 관리

• 수급자 또는 부양의무자의 구성원, 소득 및 재산 등에 대한 변동사항을 당사자의 신고 또는 담당공무원의 확인조사 등을 통하여 파악하여 급여중지, 급여변경 등에 반영

• 부정수급자 등에 대하여는 보장비용 징수 기준에 따라 보장비용 징수

- 교육급여에 대한 보장비용 징수는 교육부 지침에 따름

출처 : 보건복지부(2024). 국민기초생활보장사업안내, pp. 3-4.

〈표 12-8〉 업무처리과정 및 주요 내용

구 분		내 용
지원대상		• 근로능력 여부 · 연령 등에 관계없이 국가의 보장을 필요로 하는 급여종류별 최저보장수준 이하의 모든 가구 ※(원칙) 가구단위 보장, 필요한 경우 개인단위 보장
신청	신청인	• 신청권자 : 수급권자 · 친족 · 기타 관계인, 공무원 직권신청(동의 필요) • 신청장소 : 읍 · 면사무소 및 동 주민센터
	신청서	• 신청서식 – 사회보장급여 신청(변경)서(공통서식) – 금융정보 등 제공 동의서 등 • 구비서류(해당자에 한함) – 임대차계약서, 가족관계기록사항에 관한 증명서, 외국인등록사실증명서 등
	처리기한	• 30일(신청일로부터 60일까지 연장 가능)
선정 기준	수급자 기준	• 보장가구의 소득인정액이 다음의 급여종류별 선정기준 이하인 경우 – 생계급여 : 기준 중위소득 32% 이하 – 의료급여 : 기준 중위소득 40% 이하 – 주거급여 : 기준 중위소득 48% 이하 – 교육급여 : 기준 중위소득 50% 이하 ※ 소득인정액 = 소득평가액 + 재산의 소득환산액
		• 소득평가액 = 실제소득 – 가구특성별 지출비용 – 근로소득공제 – 실제소득 : 근로소득, 사업소득, 재산소득, 사적이전소득, 부양비(의료급여에 한함), 공적이전소득, 보장기관 확인소득
		• 재산의 소득환산액 = (일반 · 금융재산의 종류별 가액 – 기본재산액 – 부채 + 자동차 재산가액) × 재산의 종류별 소득환산율 – 재산의 종류 : 일반재산(주거용 재산), 금융재산, 자동차, 기타 산정되는 재산 – 기본재산액 소득환산에서 제외되는 재산가액 ※생계 · 의료 · 주거 · 교육급여 : 서울(9,900만 원), 경기(8,000만 원), 광역 · 세종 · 창원(7,700만 원), 그 외 지역(5,300만 원) – 소득환산율 = 주거용 재산(월 1.04%), 일반재산(월 4.17%), 금융재산(월 6.26%), 자동차(월 100%)
	부양 의무자 기준	[생계급여] • 2021. 10. 1. 이후 부양의무자 기준 폐지 ※ 단, 부양의무자가 연 소득 1억 원(월 소득 834만 원) 또는 일반재산 9억 원을 초과하는 경우 생계급여 대상에서 제외 [의료급여] • 범위 : 수급권자의 1촌의 직계혈족 및 그 배우자(단, 사망한 1촌의 직계혈족

		의 배우자는 제외) • 부양능력 판정 기본원칙 – 부양능력 없음 : 수급자로 보장결정 – 부양능력 미약 : 부양비 부과를 조건으로 수급자로 보장결정, 단, 부양비 부과로 수급권자 소득인정액이 의료급여 선정기준을 초과하는 경우 선정 제외 – 부양능력 있음 : 수급자로 보장 불가 • 부양능력 판정소득액 = 실제소득 – 가구특성별 지출비용 – 실제소득 = 근로소득, 사업소득, 재산소득, 공적이전소득(일부) • 재산의 소득환산액 = (일반 · 금융 · 자동차 재산의 종류별 가액 – 기본재산액 – 부채) × 재산의 종류별 소득환산율 – 재산의 종류 : 일반재산(주거용 재산, 금융재산, 자동차, 기타 산정되는 재산 – 기본재산액 : 서울(36,400만 원), 경기(29,400만 원), 광역 · 세종 · 창원(28,400만 원), 기타(19,500만 원) – 소득환산율 : 주거용 재산(월 1.04%), 일반재산, 금융재산, 자동차, 기타 산정되는 재산(월 2.08%)
조사	조사내용	• 수급권자 · 부양의무자의 소득 · 재산 • 부양의무자 유무, 부양능력, 실제 부양 여부 • 수급권자의 근로능력 · 취업상태 · 자활욕구 · 주택조사(LH시행) 등
급여	종류 및 지원액	• 생계급여 : 기준 중위소득 32%에 해당하는 금액과 가구의 소득인정액과의 차액을 지급 • 의료급여 : 근로능력 유무에 따라 1종, 2종으로 구분하여 지급 • 주거급여 : 국토교통부장관이 정하는 기준에 따라 지급 • 교육급여 : 교육부장관이 정하는 기준에 따라 입학금, 수업료, 교육활동지원비 지급 • 해산급여 : 수급자가 출산 시 1인당 70만 원 지급(단, 교육급여만 받는 수급자는 제외) • 장제급여 : 수급자 사망 시 80만 원을 장제를 실제 행하는 자에게 지급(단, 교육급여만 받는 수급자는 제외)

출처 : 보건복지부(2024). 국민기초생활보장사업안내, pp. 5-6.

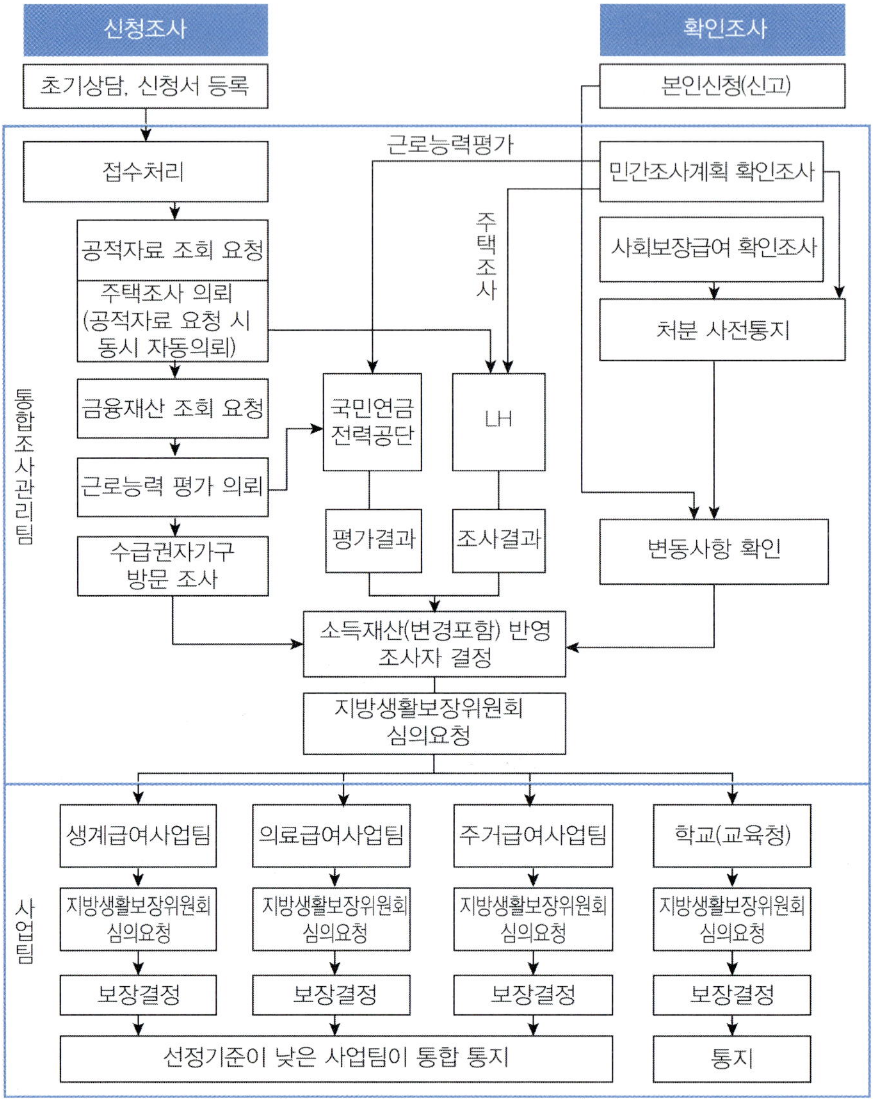

| 그림 12-2 | 업무처리 과정

출처 : 보건복지부(2024). 국민기초생활보장사업안내, p. 7.

〈표 12-9〉 신청 구비서류

필수 신청서	구비 서류(필요시)
• 사회보장급여 신청(변경)서 • 금융정보 등 제공 동의서 (부양의무자 포함) – 생계 · 주거 · 교육급여 수급권자는 동일 보장가구가 아닌 부양의무자의 금융정보 등 제공 동의서는 제출하지 않음	• 가족관계기록사항에 관한 증명서 • 임대차계약서 등 임대차계약관계를 증빙할 수 있는 서류 • 사용대차 확인서 • 소득 · 재산 확인서류 • 위임장 및 신분확인서류 • 외국인등록사실증명서 등 ※ 조사과정에서 구비서류 외 고용임금 확인서 지출실태조사표, 소명서 등 추가자료 제출을 요구할 수 있음

출처 : 보건복지부(2024). 국민기초생활보장사업안내, p. 22.

〈표 12-10〉 2024년 기준 중위소득

(단위 : 원)

1인가구	2인가구	3인가구	4인가구	5인가구	6인가구	7인가구
2,228,445	3,682,609	4,714,657	5,729,913	6,695,735	7,618,369	8,514,994

※ 8인 이상의 기준 중위소득은 1인 증가 시 896,625원씩 증가
출처 : 보건복지부(2024). 국민기초생활보장사업안내, p. 50.

〈표 12-11〉 소득인정액 산정방식

• 소득인정액 소득평가액(실제소득 – 가구특성별 지출비용 – 근로소득공제)
+ 재산의 소득환산액[(재산 – 기본재산액 – 부채) × 소득환산율]
※ 소득평가액, 재산의 소득환산액이 (–)인 경우는 0원으로 처리

출처 : 보건복지부(2024). 국민기초생활보장사업안내, p. 50.

1) 조 사

보장 결정을 위한 조사는 근로 능력 판정 조사, 소득조사, 재산조사로 구분할 수 있다.

(1) 근로 능력 판정 조사

근로 능력 판정에서 근로 능력 있는 수급자와 없는 수급자로 구분된다. 근로 능력 있는 수급자는 18세 이상 64세 이하의 수급자로서 근로 능력이 없는 수급자에 해당하지 않는 사람이다. 근로 능력 없는 수급자는 18세 이상 및 65세 이상인 수급자다. 또한 중증장애인, 질병이나 부상 또는 그 후유증으로 치료나 요양이 필요한 사람 중에서 근로 능력 평가를 통해 시장·군수·구청장이 근로 능력이 없다고 판정한 사람이다. 생계급여 수급자 중 근로 능력이 있는 사람은 조건부 수급자로 지정되어 자활사업에 참여해야 생계비가 지급된다. 20세 미만의 중고교 재학생도 근로 능력 없는 수급자에 해당한다.

이 외에도 장애의 정도가 심한 장애인, 1~3급 상이등급 해당자, 장기요양 1~5등급 판정자, 의료급여 희귀·중증 난치질환자나 중증질환 산정특례 대상자로 등록된 사람도 해당된다. 이 외에도 근로 능력이 있으나 가구원의 양육·간병 등의 사유로 근로가 어려운 사람, 질병·부상 또는 장애 등으로 거동이 곤란한 가구원이나 치매 등 가구원을 24시간 간병·보호해야 하므로 근로가 어려운 수급권자, 근로능력이 있는 수급권자 중 임신 중에 있거나 분만 후 6개월이 지나지 아니한 사람, 사회복무요원 등 법률상 의무를 이행하고 있는 사람 등도 포함된다.

| 그림 12-3 | 근로능력판정 흐름도

- 의학적 평가 단계 외 : '근로능력 있음'으로 판정(활동능력평가 불요)
- 의학적 평가 1~2단계 : 활동능력평가 결과 55점(1단계), 63점(2단계) 이하인 경우 '근로능력 없음'으로 판정
  ※ 간이평가 결과 운동기능 점수 합이 10점 이하이고 만성적 증상 점수 합이 3점 이하인 경우나, 인지능력 평가항목 점수 합이 13점 이하인 경우 평가 조기 종료
- 의학적 평가 3~4단계 : '근로능력 없음'으로 판정(활동능력평가 불요)

출처 : 보건복지부(2023). 2023년 근로능력판정사업안내, p. 99.

〈표 12-12〉 활동 능력 평가항목 및 점수 구성

구 분		정 의	평가항목		점수구성
신체 능력 (간이 평가 항목)	① 운동기능	일상생활에서 신체적 활동을 수행할 수 있는 능력	1	팔뻗기	1점~4점
			2	쪼그려 앉기	1점~4점
			3	평지이동	1점~4점
			4	층간이동	1점~4점
			5	물건 들고 옮기기	1점~4점
	② 만성적 증상	판정 신청한 질환 외 보유 중인 만성질환 여부 및 상태	6	입·통원	1점~5점
			7	약복용	1점~5점

<table>
<tr><td rowspan="6">인지 능력
(간이 평가
항목)</td><td rowspan="2">③ 자립성</td><td rowspan="2">건강한 심신의 유지 및
자기관리 할 수 있는 능력</td><td>8</td><td>건강관리</td><td>1점~5점</td></tr>
<tr><td>9</td><td>자기관리</td><td>1점~5점</td></tr>
<tr><td rowspan="4">④ 사회성</td><td rowspan="4">타인과 어울려 소통하고
협력하면서 문제를 해결할 수
있는 능력</td><td>10</td><td>의사소통</td><td>1점~5점</td></tr>
<tr><td>11</td><td>감정조절</td><td>1점~5점</td></tr>
<tr><td>12</td><td>대처능력</td><td>1점~5점</td></tr>
<tr><td>13</td><td>공간지각력</td><td>1점~5점</td></tr>
<tr><td>음주</td><td>⑤ 음주문제</td><td>음주로 인해 정상적인
사회생활에 어려움이 있는 상태</td><td>14</td><td>음주문제</td><td>1점~3점</td></tr>
<tr><td rowspan="5">영향 요인</td><td>⑥ 자격증</td><td>노동시장 취업을 위한 관련
자격증 보유 여부</td><td>15</td><td>자격증 보유</td><td>1점~2점</td></tr>
<tr><td>⑦ 근로경험</td><td>취업 이력을 통한 근로활동
가능 여부</td><td>16</td><td>근로 경험</td><td>1점~2점</td></tr>
<tr><td>⑧ 구직동기</td><td>전반적인 평가과정에서 보이는
성실성 및 책임감 정도</td><td>17</td><td>의지력</td><td>0점~2점</td></tr>
<tr><td>⑨ 연령</td><td>연령에 따른 취업가능 여부</td><td>18</td><td>연령</td><td>1점~3점</td></tr>
<tr><td>⑩ 학습 능력</td><td>학습 능력에 따른 취업가능 여부</td><td>19</td><td>학습 능력</td><td>1점~3점</td></tr>
</table>

출처 : 보건복지부(2023). 2023년 근로능력판정사업안내, p. 115.

(2) 소득조사

수급권자의 소득조사를 통해 소득 평가액(실제소득 - 가구 특성별 지출비용 - 근로소득 공제)과 재산의 소득환산액을 더하여 소득인정액을 산정한 후 선정 기준액과 비교하여 차액을 지급한다. 실제 소득을 계산하여 정할 때 포함되는 소득은 근로소득, 사업소득, 재산소득, 이전소득이다. 근로소득은 상시근로자 소득, 일용근로자 소득, 자활근로소득, 공공일자리 소득이다. 상시근로자 소득은 3개월 이상 계속 고용되어 매월 정액의 급여를 받는 사람의 소득이다. 일용근로자 소득은 근로계약에 따라 일정한 고용주에게 3개월 이상 계속하여 고용되지 아니한 사람, 건설공사 종사자, 항만작업 종사자 등의 소득이다. 자활근로소득은 자활근로, 자활공공근로, 자활기업, 고용노동부 취업성공 패키지의 일자리 경험 지원프로그램 등 자활급여의 일환으로 사업에 참여하여 근로를 제공하고 받는 급여 및 수당이다. 공공일자리 소득은 노인 일자리 사업, 장애인 일자리 사업, 공공근로 참여하는 사람의 임금이다.

사업소득은 농업소득, 임업소득, 어업 및 양식업 소득, 기타 사업소득이다. 재산소득은 임대소득, 이자소득, 연금소득이다. 이전소득은 사적 이전소득, 부양비(의료급여 수급권자만 해당), 공적 이전소득이다. 예를 들어, 사적 이전소득은 부양의무자 또는 후원자 등으로부터 정기적으로 지원받는 금품이다. 또한 부양비는 부양의무자의 부양 능력이 미약으로 판정된 경우 부양의무의 이행을 위하여 의료급여 수급(권)자에게 정기적으로 일정액의 생활비를 지원하는 것을 전제로 부양 능력이 없는 사람으로 인정하는 금액이다. 공적 이전소득은 정기적으로 지급되는 각종 수당과 연금, 급여, 기타 금품을 포함한다.

실제 소득을 산정할 때 제외되는 금품은 보육·교육 또는 그 밖에 이외 유사한 성질의 서비스 이용을 전제로 받는 보육료, 학자금과 같이 가구 특성에 따른 지출 요인 등을 반영한 금품은 소득산정에서 제외한다. 이 외에도 실제 소득에서 근로를 유인하기 위해 일정 범위에서 근로소득을 공제한다.

실제 소득을 산정하였으나 수급권자의 생활실태나 지출액과 크게 차이가 있고 소득 관련 자료가 없거나 불투명하거나 신뢰성이 떨어질 경우, 보장기관이 추가적으로 소득의 출처를 확인하여 소득으로 반영해야 한다.

소득 평가액 = 실제소득
= 가구특성에 따른 지출요인
= 근로를 유인하기 위한 요인
= 그 밖의 추가적인 지출요인

| 그림 12-4 | 소득 평가액 산정

〈표 12-13〉 근로를 유인하기 위한 근로 · 사업 소득 공제

공제대상 수급(권)자	공제대상 소득	공제율
• 등록장애인	장애인 직업재활사업 · 정신질환자 직업재활사업 참여 소득	20만 원을 공제하고, 나머지 금액에 대해 50% 추가공제
• 25세 이상 초 · 중 · 고등학생 (1998년 12월 31일 이전 출생자가 초 · 중 · 고등학생인 경우)	근로 · 사업소득	20만 원을 공제하고, 나머지 금액에 대해 30% 추가공제
• 29세 이하에 해당하는 수급(권)자 (1994년 1월 1일 이후 출생자) • 대학생	근로 · 사업소득	40만 원을 공제하고, 나머지 금액에 대해 30% 추가공제
• 아동시설 퇴소 및 가정위탁보호 종료 후 5년 이내의 자립준비청년	근로 · 사업소득	60만 원을 공제하고, 나머지 금액에 대해 30% 추가공제
• 「한부모가족지원법」에 따른 청소년한부모(24세 이하)(1999년 1월 1일 이후 출생자)	근로 · 사업소득	60만 원을 공제하고, 나머지 금액에 대해 30% 추가공제
• 75세 이상 노인(1949년 12월 31일 이전 출생자) • 등록장애인 • 북한이탈주민	근로 · 사업소득	20만 원을 공제하고, 나머지 금액에 대해 30% 추가공제
• 65세 이상~74세 이하 노인 • 임신 중에 있거나 분만 후 6개월 미만의 여성	근로 · 사업소득	30%
• 사회복무요원, 상근예비역(단, 대체복무에 따른 급여 등 비과세 근로 소득은 소득산정 및 공제 대상이 아님)	근로 · 사업소득	30%
• 행정기관 및 공공기관의 행정인턴 참여자	행정인턴 참여소득	30%

출처 : 보건복지부(2024). 2024년 국민기초생활보장사업안내, pp. 106-107.

(3) 재산 및 부채 조사

재산조사에 포함되는 재산은 일반재산(주거용 재산 포함), 금융재산, 자동차, 기타 산정되는 재산이 포함된다. 일반재산 중 주거용 재산[3]은 단독주택, 공동주

3) 소득 환산율 월 1.04% 반영

택, 준주택 및 그 부속 토지, 임차보증금 등이 포함된다. 주거용 이외의 토지·건축물·주택,[4] 주거용 이외의 임차보증금,[5] 선박과 항공기, 가축, 종묘, 귀금속 등 동산, 회원권, 분양권, 어업권 및 양식업권 등이 포함된다. 금융재산[6]은 금융회사 등이 취급하는 예금, 적금, 출자금, 신탁재산, 주식, 채권, 수익증권, 어음, 수표, 채무증서 등 금전 및 유가증권, 생명 및 손해보험 상품 등이 포함된다. 또한 공무원퇴직연금급여, 산재보험급여, 실업급여의 조기취업 수당, 진폐재해위로금 등이 해당된다. 금융재산 중 가구당 500만 원 생활준비금을 공제하고, 또한 가구당 연간 500만 원 한도 내에서 장기금융저축공제에 해당하는 액수는 공제한다.

자동차[7]는 승용, 승합, 화물, 특수, 이륜자동차를 포함한다. 재산 가액 산정에서 제외되는 자동차는 장애인 사용 자동차로서 수급(권)자 본인의 직접적 이동 수단으로 활용되고 있는 배기량 2,000cc 미만의 자동차가 해당된다. 장애인 사용에 해당되는 기준은 장애의 정도가 심한 등록장애인 수급(권)자, 상이등급 1~3급 판정을 받은 국가 유공자 수급(권)자, 상이등급 1~3급 판정을 받은 보훈대상자 수급(권)자와 이들의 부양의무자 본인 명의의 자동차 1대가 해당된다. 또한 가구별 생업용 자동차 1대도 제외 대상에 포함된다.

재산 가액에서 부채는 차감한다. 차감하는 부채의 종류는 임차인에게 받은 임대보증금, 금융회사 대출금, 주택연금 및 농지 연금의 누적액, 금융회사 외 기관 대출금, 군인공제회 등 법에 근거한 공제회 대출금, 개인 간 부채가 해당된다.

4) 소득 환산율 월 4.17% 반영
5) 소득 환산율 월 4.17% 반영
6) 소득 환산율 월 6.26% 반영
7) 소득 환산율 월 100% 반영

(4) 재산의 소득환산액 산정

재산의 소득환산액은 재산의 종류별 가액에서 기본재산액과 부채를 제외한 후 재산의 종류별 소득환산율을 곱하여 산출한 금액이다. 기본재산액은 보장가구의 생활유지에 필요한 금액으로 소득환산에서 제외되는 금액이다. 기본재산 금액은 가구 규모와 관계없이 다음 표의 금액을 적용한다.

〈표 12-14〉 기본재산액

구 분	서 울	경 기	광역 · 세종 · 창원	그 외 지역
생계 · 의료 · 주거 · 교육급여	9,900만 원	8,000만 원	7,700만 원	5,300만 원

출처 : 보건복지부(2024). 2024년 국민기초생활보장사업안내, p. 171.

재산의 종류에 따른 소득 환산율은 다음 표와 같다.

〈표 12-15〉 주거용 재산 한도액

구 분	서 울	경 기	광역 · 세종 · 창원	그 외 지역
생계 · 의료 · 주거 · 교육급여	17,200만 원	15,100만 원	14,600만 원	11,200만 원

출처 : 보건복지부(2024). 2024년 국민기초생활보장사업안내, p. 136.

〈표 12-16〉 재산의 소득환산율

구 분	주거용 재산	일반재산	금융재산	소득 환산율이 100% 적용되는 자동차
수급(권)자	월 1.04%	월 4.17%	월 6.26%	월 100%
부양의무자	월 1.04%	월 2.08%		

출처 : 보건복지부(2024). 2024년 국민기초생활보장사업안내, p. 172.

예시

예시 1

세종시 거주 수급(권)자가 주거용재산 1억 6,600만 원과 일반재산 3천만 원을 보유한 경우
① 세종시 주거용재산 한도액 1억 4,600만 원을 초과하는 2천만 원과 일반재산 3천만 원은 우선 일반재산 소득환산율 월 4.17% 적용
② 세종시 주거용재산 한도액 1억 4,600만 원에서 세종시 기본재산액 7,700만 원 공제
③ 주거용재산 한도액에서 기본재산액 공제 후 차액 6,900만 원은 주거용재산 소득환산율 월 1.04% 적용

예시 2

세종시 거주 수급(권)자가 주거용재산 7,800만 원과 자동차가액이 1천만 원인 생업용 자동차를 보유한 경우
① 주거용재산 7,800만 원에서 세종시 기본재산액 7,700만 원을 공제 후 차액 100만 원은 주거용재산 소득환산율 월 1.04% 적용
② 생업용 자동차는 재산가액 산정에서 제외하므로, 자동차가액 1천만 원은 반영하지 않음

환산율 설정 원리

- 기초생활보장제도의 보충성 원리와 최저생활보장 원리의 절충을 통해 산출되는 것으로 통상의 이자율(수익률)과 다르며, 현행 이자율에 기초하여 환산율을 설정하게 되면 억대 이상의 재산보유자도 수급(권)자로 선정 보장되는 문제 발생
  ※ 일반재산 환산율인 4.17%는 기본재산을 초과하는 재산은 2년 이내 소진하는 것을 산정하여 도출(4.17%×24개월=100%)
- 즉, 기초생활보장수급자로 선정보장되기 전에 자신의 재산, 소득, 근로능력 등을 최대한 활용토록 하는 보충성의 원리에 기초하되, 최저생활보장의 원리도 반영하여 보유재산 등에 대한 활용 기간을 적정하게 부여

출처 : 보건복지부(2024). 2024년 국민기초생활보장사업안내, pp. 170-172.

(5) 생계급여 수급(권)자의 부양의무자 조사

부양의무자 유무, 부양의무자 부양 능력, 부양 여부 및 부양의무자가 있어도 부양을 받을 수 없는 경우에 대한 사유를 조사한다. 수급(권)자 가구 소득인정액만으로 생계급여 선정 기준을 충족하지만, 부양의무자의 연소득이 1억 원 또는 일반재산 9억 원을 초과하면 생계급에서 제외되거나 중지된다. 하지만

이 경우에 반드시 개별 가구에 대한 지방생활보장위원회의 심의를 실시하여 보장 여부를 결정할 필요가 있다. 지방생활보장위원회에서는 해당 대상자에 대한 보장 여부를 결정하고 보장을 결정할 때 부양의무를 이행하지 않는 부양의무자에 대한 구상권을 적극적으로 검토해야 한다.

부양능력 판정 유형

- 부양의무자가 없는 경우 : 부양비 부과율 0%
- 부양의무자가 있어도 부양 능력이 없는 경우 : 부양비 부과율 0%
- 부양의무자가 부양 능력이 미약한 경우 : 부양비 부과율 0~30%
- 부양의무자가 있어도 부양을 받을 수 없는 경우 : 부양비 부과율 0%
- 부양의무자 기준 폐지 : 부양비 부과율 0%

출처 : 보건복지부(2024). 2024년 국민기초생활보장사업안내, pp. 204-205.

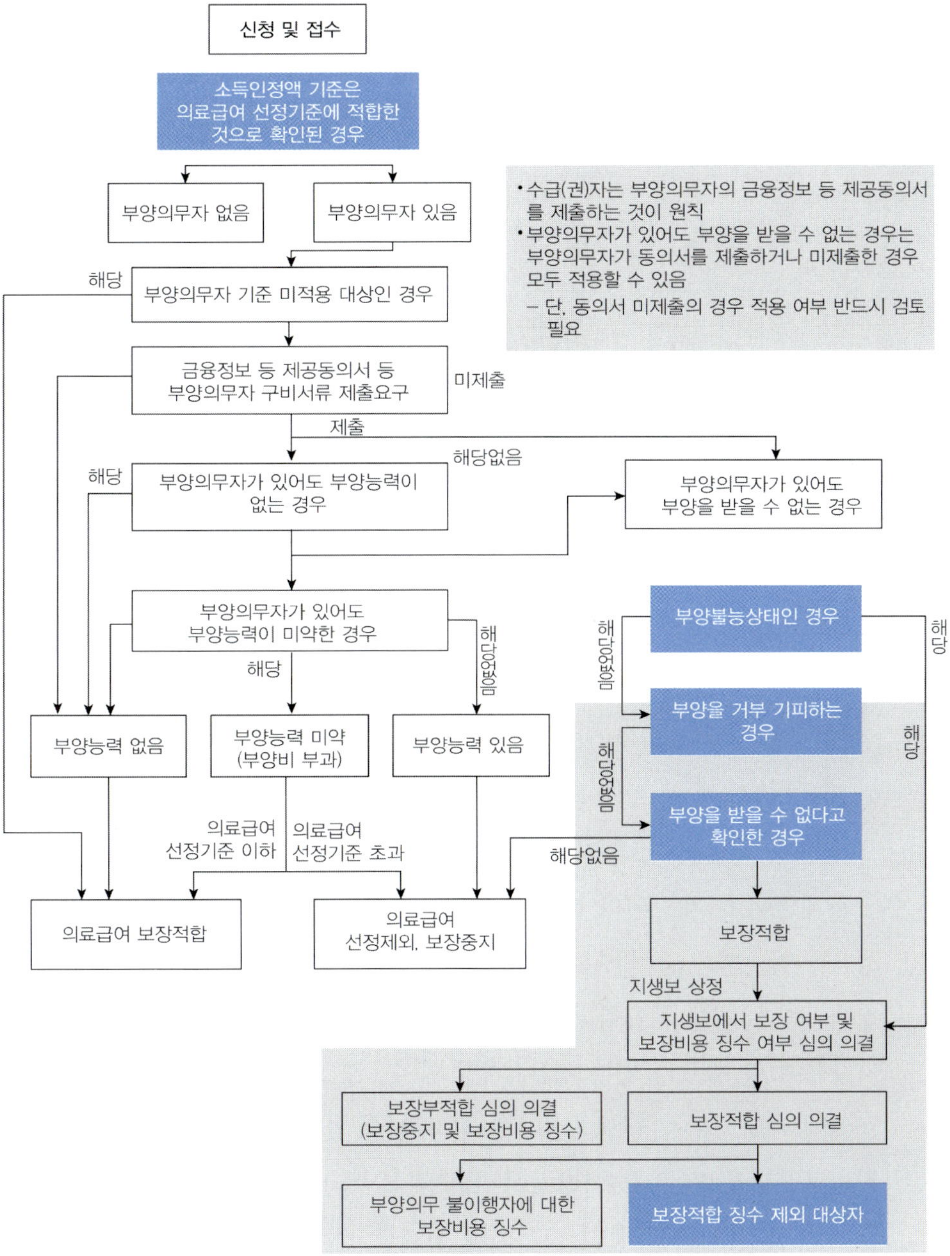

| 그림 12-5 | 부양의무자 관련 조사 업무 흐름도

출처 : 보건복지부(2024). 2024년 국민기초생활보장사업안내, p. 188.

2) 급여 내용

〈표 12-17〉 2024년 가구규모별 · 급여종류별 수급자 선정기준 (단위 : 원)

가구규모	1인가구	2인가구	3인가구	4인가구	5인가구	6인가구	7인가구
생계급여 선정기준 (기준 중위소득 32% 이하)	713,102	1,178,435	1,508,690	1,833,572	2,142,635	2,437,878	2,724,798
의료급여 선정기준 (기준 중위소득 40% 이하)	891,378	1,473,044	1,885,863	2,291,965	2,678,294	3,047,348	3,405,998
주거급여 선정기준 (기준 중위소득 48% 이하)	1,069,654	1,767,652	2,263,035	2,750,358	3,213,953	3,656,817	4,087,197
교육급여 선정기준 (기준 중위소득 50% 이하)	1,114,223	1,841,305	2,357,329	2,864,957	3,347,868	3,809,185	4,257,497

출처 : 보건복지부(2024). 2024년 국민기초생활보장사업안내, pp. 50-51.

기초생활보장급여는 신청인의 소득인정액과 기초생활보장 선정기준액을 대비하여 선정기준액에 부족한 금액을 보충적인 급여로 지급한다. 이 급여의 종류는 생계급여, 의료급여, 주거급여, 교육급여 4가지와, 해당되는 자에게 해산급여와 장제급여가 제공된다.

① 생계급여는 기준 중위소득 32%(2024년 기준)에 해당하는 금액과 가구의 소득인정액과의 차액을 지급한다. 수급자로 결정되기 이전에 긴급히 생계급여를 지급해야 할 필요가 있는 경우, 시장, 군수, 구청장이 직권으로 중위소득의 15%에 해당하는 긴급생계급여를 제공할 수 있다. 생계급여액은 생계급여 최저보장수준(대상자 선정기준)에서 가구의 소득인정액을 차감한 금액이다. 급여는 금전 지급을 원칙으로 하며 필요한 경우에는 식품권 등 물품으로 지급할 수 있다. 수급자가 신청한 계좌에 행정 전산망(차세대 사회보장정보시스템)을 통하여 직접 입금한다. 생계급여는 수급자의 주거에서 실시하고 필요한 경우 보장시설이나 타인의 가구에 위탁하여 급여할 수 있다.

〈표 12-18〉 생계급여 수준 및 선정 기준 (단위 : 원)

가구규모 / 2024년	1인가구	2인가구	3인가구	4인가구	5인가구	6인가구	7인가구
기준 중위소득 (A)	2,228,445	3,682,609	4,714,657	5,729,913	6,695,735	7,618,369	8,514,994
생계급여 선정 및 급여기준 (A의 32%)	713,102	1,178,435	1,508,690	1,833,572	2,142,635	2,437,878	2,724,798

※ 8인 이상 가구의 선정 및 급여기준 : 7인가구 생계급여 선정기준액에서 6인가구 생계급여 선정기준액을 차감한 금액인 286,920원을 추가함(8인가구 생계급여 선정기준액 3,011,718원)

생계급여액 산출 예시

- 소득인정액이 150,000원인 1인가구의 생계급여액
  : 1인가구 생계급여 지급기준 713,102원 – 소득인정액 150,000원 = 563,102원

※ 원단위 올림

출처 : 보건복지부(2024). 2024년 국민기초생활보장사업안내, p. 249.

② 의료급여의 지원 대상은 국민기초생활보장 수급권자, 행려 환자, 이재민, 18세 미만의 입양 아동, 의사상자, 독립유공자, 국가무형문화재 보유자, 북한이탈주민, 5·18 민주화운동 관련자, 노숙인 등으로 의료급여가 필요하다고 인정된 사람이다. 의료급여 수급권자는 1종과 2종으로 구분한다. 1종 수급권자는 근로무능력 가구와 희귀 질환자, 중증난치질환자 및 중증질환자, 시설 수급자 등 국민기초생활수급자, 행려환자, 이재민, 의사상자 및 의사자의 유족, 북한이탈주민, 5·18 민주화운동 관련자, 노숙인 등 타법 적용자다. 2종 수급권자는 1종 수급대상이 아닌 가구 또는 가구원이다. 급여 청구분에 대한 수급자의 본인부담액이 있다.

의료급여의 내용은 진찰 및 검사, 약제 및 치료 재료 지급, 처치 및 수술, 예방 및 재활, 입원, 간호, 이송 등이다. 급여의 범위와 비용은 의료기관(3단계)에 따라 부담이 서로 다르다.

〈표 12-19〉 **의료급여 수급자 선정기준**

• 소득인정액이 기준 중위소득 40% 이하인 가구 (단위 : 원)

구 분	1인가구	2인가구	3인가구	4인가구	5인가구	6인가구	7인가구
2023년 (중위소득 40%)	831,157	1,382,462	1,773,927	2,160,386	2,532,275	2,891,193	3,243,006
2024년 (중위소득 40%)	891,378	1,473,044	1,885,863	2,291,965	2,678,294	3,047,348	3,405,998

출처 : 보건복지부(2024). 2024년 국민기초생활보장사업안내, p. 26.

〈표 12-20〉 **의료급여 급여절차 및 본인 일부부담 금액**

• 수급권자가 의료기관 등을 이용한 경우 본인이 부담해야 하는 금액

구 분		1차(의원)	2차 (병원, 종합병원)	3차 (상급종합병원)	약국	PET 등
1종	입원	없음	없음	없음	–	없음
	외래	1,000원	1,500원	2,000원	500원	5%
2종	입원	10%	10%	10%	–	10%
	외래	1,000원	15%	15%	500원	15%

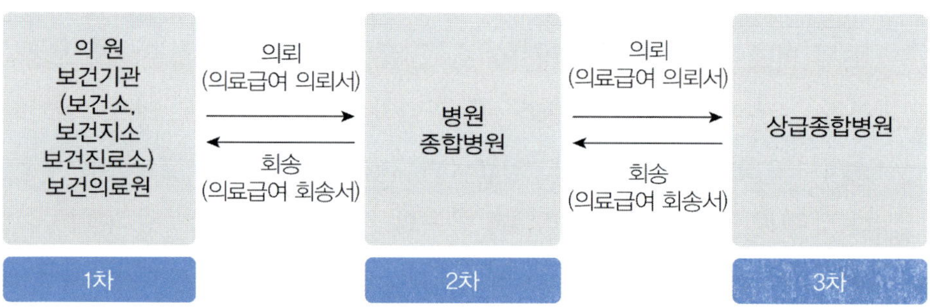

출처 : 보건복지부(2024). 2024년 의료급여사업안내, p. 6.

③ 주거급여의 지원 대상은 급여종류별 수급자 선정 기준 중 기준 중위소득 48%(2024년 기준) 이하인 가구이다. 주거급여는 임차료와 자가 수급자에 대한 수선유지 급여로 구분된다. 임차료 급여 대상은 타인의 주택 등에 임대차 계약 등을 체결하고 이에 따라 실제 임차료를 지불하고 있는 가구이다. 임차급여는 수급자의 실제 임차료를 근거로 지역별 기준임대료, 가구원 수, 소득인정액에 따라 차등 지급한다. 실제 임차료가 기준 임대료보

다 낮은 경우 실제 임차료를 기준으로 임차급여를 산정한다. 임대보증금의 경우 월세로 환산해야 하며 0.04를 곱하여 12개월로 나누면 된다. 예를 들어, 임대보증금 1,000만 원, 월세 10만 원인 경우, 실제 임대료는 월세 10만 원에 임대보증금 월세 환산액 3만 3천 원을 더한 금액(1,000만 원×0.04/12개월)으로 13만 3,000원이 된다.

임차급여의 최저보장수준은 최저주거기준을 감안하여 설정한 기준임대료이다. 자가 수급자는 주택 상태에 따라 산정된 최대 보수 범위(경, 중, 대)별 수선비용을 상한으로 실제 개보수 소요 비용을 근거로 수선 유지급여를 지급받는다. 수급자는 임차급여와 수선유지 급여를 동시에 중복하여 지급받을 수 없다.

임차급여 산정하는 법을 더 구체적으로 살펴보면 다음과 같다. 예를 들어, 광역시에 거주하는 1인 가구의 소득인정액 60만 원, 임차보증금 3,000만 원, 월세 22만 원으로 임대차계약을 체결한 가구의 2024년 주거급여 지급액을 계산해 보자.

먼저 실제 임대료를 파악하기 위해서는 보증금을 월세로 환산해야 한다. 즉, 보증금 3,000만 원을 월 환산율 4%와 곱한 후 12개월로 나누어 산출[(30,000,000원 × 0.04)/12개월]한 보증금 환산 금액 10만 원과 월세 22만 원을 합하면 실제 임대료는 32만 원이다. 이와 같이 산출된 수급자의 실제 임대료 32만 원이 기준임대료 21만 6천 원보다 높은데, 적은 금액이 지원되므로 주거급여는 기준임대료 21만 6천 원이다. 이때 수급권자의 소득인정액이 생계급여 선정 기준보다 작은 경우에는 전액을 지급하고, 소득인정액이 생계급여 선정 기준보다 큰 경우에는 자기 부담분을 공제한다. 이 사례의 경우 1인 가구 소득인정액이 생계급여 기준(713,102원)보다 적으므로 자기 부담분 없이 21만 6천 원이 급여액이 된다.

만일 소득인정액이 생계급여 선정 기준액보다 높을 경우, 예를 들어 생계급여 기준액이 50만 원이라면, 소득인정액에서 생계급여 기준액을 차감하고 30%를 반영한 금액[(600,000원 - 500,000원) × 0.3 = 30,000원]이 자기 부담분이다. 따라서 주거급여 금액은 자기 부담금을 차감한 18만 6천 원(216,000원 - 30,000원 = 186,000원)이다.

주거급여의 기준임대료의 의의

국가가 국민에게 최저주거기준에 해당하는 주택 임차료 수준을 지원한다는 의미이므로 주거급여를 통해 최저기준에 해당하는 주거수준 보장의 책임을 다하고자 하는 것임

최저주거기준(국토교통부 공고 제2011-490호)

- 최저주거기준은 국민이 쾌적하고 살기 좋은 생활을 영위하기 위하여 필요한 최소 주거면적, 필수적인 설비의 기준, 구조성능 및 환경기준 등을 설정한 것임(근거 : 주거기본법 제17조 및 동법 시행령 제12조)
- 최저 주거면적

가구원수(인)	표준가구구성	실(방) 구성	총주거면적(㎡)
1	1인가구	1K(부엌)	14
2	부부	1DK(식사실 겸 부엌)	26
3	부부+자녀1	2DK	36
4	부부+자녀2	3DK	43
5	부부+자녀3	3DK	46
6	노부모+부부+자녀2	4DK	55

※ 실(방) 구성의 숫자는 침실로 활용 가능한 방의 개수, K는 부엌, DK는 식사실 겸 부엌을 의미함

- 필수적인 설비의 기준
  - 지하수 이용 및 하수도 시설이 완비된 전용 입식 부엌, 전용 수세식 화장실, 전용 목욕시설을 갖추어야 함
- 구조 · 성능 및 환경 기준 : 안전성 · 쾌적성 확보를 위하여 다음 각 호 기준을 만족

1. 영구건물로서의 구조 강도 확보, 내열 · 내화 · 방열 및 방습에 양호한 재질(주요 구조부)
2. 적절한 방음 · 환기 · 채광 및 난방설비 포함
3. 소음 · 진동 · 악취 및 대기오염 등 환경요소 법정 기준 적합
4. 해일 · 홍수 · 산사태 등 자연 재해로 인한 위험이 현저한 지역에 위치하지 아니할 것
5. 안전한 전기시설, 화재 발생 시 안전하게 피난할 수 있는 구조와 설비 포함

출처 : 국토교통부(2024). 2024년 주거급여사업안내, p. 96.

〈표 12-21〉 2023년 및 2024년 기준 중위소득 및 주거급여 선정기준 (단위 : 원/월)

구 분		1인	2인	3인	4인	5인	6인	7인
중위소득	2023	2,077,892	3,456,155	4,434,816	5,400,964	6,330,688	7,227,981	8,107,515
	2024	2,228,445	3,682,609	4,714,657	5,729,913	6,695,735	7,618,369	8,514,994
주거급여 수급자	2023 (중위소득 47%)	976,609	1,624,393	2,084,364	2,538,453	2,975,423	3,397,151	3,810,532
	2024 (중위소득 48%)	1,069,654	1,767,652	2,263,035	2,750,358	3,213,953	3,656,817	4,087,197

• **임차급여 지급대상**

– 타인의 주택 등에 거주하면서 임대차 계약 등(전대차 확인서 포함)을 체결하고 이에 따라 실제 임차료를 지불하고 있는 임차 가구

• **임차급여 지급 기준과 산정 방법**

– 임차급여는 수급자의 실제 임차료를 근거로 지역별 기준임대료, 가구원 수, 소득인정액에 따라 차등 지급

• 소득인정액 ≤ 생계급여 선정기준 : 기준임대료(혹은 실제 임차료) 전액 지원
• 소득인정액 > 생계급여 선정기준 : 기준임대료(혹은 실제 임차료) – 자기부담분
  * 자기부담분 = 자기 부담률 0.3 × (소득인정액 – 생계급여 선정기준)
  * 기준임대료와 실제 임차료 중 더 낮은 금액을 기준으로 임차급여를 산정

〈표 12-22〉 임차급여의 지급 기준 : 기준임대료(2024년) (단위 : 원/월)

구분	1급지 (서울)	2급지 (경기, 인천)	3급지 (광역시, 세종시, 수도권 외 특례시)	4급지 (그 외 지역)
1인	341,000	268,000	216,000	178,000
2인	382,000	300,000	240,000	201,000
3인	455,000	358,000	287,000	239,000
4인	527,000	414,000	333,000	278,000
5인	545,000	428,000	344,000	287,000
6~7인	646,000	507,000	406,000	340,000
8~9인	710,000	557,000	446,000	374,000
10~11인	781,000	613,000	491,000	411,000

※ 가구원 수가 7인 이상인 경우에는 가구원 2인 증가 시마다 기준임대료를 10% 증가(천 원 단위 이하 절사)

• **수선유지급여 지급대상**

– 주택 등을 소유하고 그 주택 등에 거주하는 사람
단, 비닐하우스, 컨테이너, 움막 등 비주택과 구조안전상 심각한 결함으로 거주가 불가능한 것으로 전담기관이 판단하는 경우는 지급 대상에서 제외. 이 경우 보장기관은 수급권자가 영구임대주택, 국민임대주택, 기존주택매입임대, 기존주택전세임대주택의 입주자선정기준에 해당하는 경우 해당 임대주택에 우선 입주하도록 지원

• **수선유지급여 지급 기준과 산정 방법**

– 주택 노후도에 따라 보수범위를 경보수, 중보수, 대보수로 구분
– 수급자의 소득인정액에 따라 차등 지급

구 분	경보수	중보수	대보수
지원금액 (수선주기)	457만 원(3년)	849만 원(5년)	1,241만 원(7년)
수선 내용	도배, 장판 등	창호, 단열, 난방공사 등	지붕, 욕실 및 주방 개량 등
소득 인정액	소득인정액이 생계급여 선정기준 이하인 경우 100% 지원 소득인정액이 생계급여 선정기준 초과에서 중위소득 35% 이하인 경우 90% 지원 소득인정액이 기준 중위소득의 35% 초과에서 48% 이하인 경우 80% 지원 육로로 통행이 불가능한 도서지역(제주도 본섬 제외)의 경우, 위 수선비용을 10% 가산		

출처 : 국토교통부(2024). 2024년 주거급여사업안내, p. 21.

월세 가구의 임차급여 산정 예시

- 인천(2급지)에 거주하는 4인 가구 : 월세 50만 원으로 임대차 계약을 체결한 수급자
  - 소득인정액 : 140만 원
  - 2급지 4인 기준임대료 : 414,000원(2024년 기준)
  - 4인 기준 생계급여 선정기준: 1,833,572원(2024년 기준)

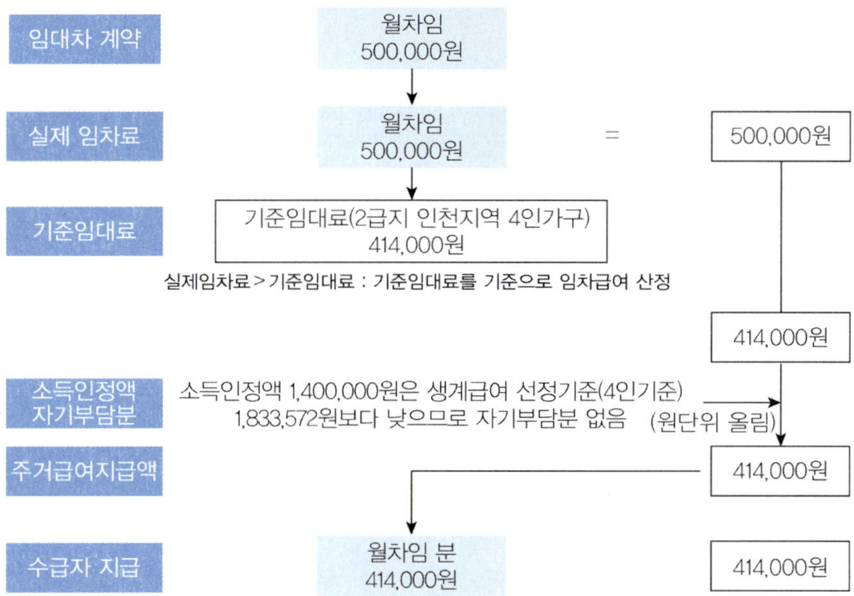

- 수급자의 실제 임차료 : 월차임 500,000원
- 수급자의 실제 임차료 500,000원이 기준임대료 414,000원보다 많으므로, 임차급여는 기준임대료 414,000원을 기준으로 산정
- 수급자의 소득인정액 1,400,000원은 생계급여 선정기준(4인 기준) 1,833,572원보다 낮으므로, 자기 부담분은 없음. 따라서 임차급여는 기준임대료 414,000원 전액 지급
- 임차급여의 지급 : 수급자의 급여계좌에 월차임분 414,000원이 입금됨

출처 : 국토교통부(2024). 2024년 주거급여사업안내, p. 102.

④ 교육급여는 선정 기준에 해당하는 초・중학생 교육활동지원비, 고등학생 교육활동 지원비・교과서・입학금 및 수업료를 보장한다.

〈표 12-23〉 2024년 교육급여 선정기준

구 분	1인가구	2인가구	3인가구	4인가구	5인가구	6인가구
금액(원/월)	1,114,223	1,841,305	2,357,329	2,864,957	3,347,868	3,809,185

출처 : 교육부공고 제2023-427호.

〈표 12-24〉 2024년 교육급여 최저보장수준

구 분	교육활동지원비	교과서	입학금 및 수업료
초등학생	461,000원	–	–
중학생	654,000원	–	–
고등학생	727,000원	해당 학년의 정규 교육과정에 편성된 교과목의 교과서 전체	학교장 고지 금액 전액
지급횟수	연 1회	연 1회	입학금은 입학 시 1회, 수업료는 분기별 지급

출처 : 교육부공고 제2023-427호.

⑤ 해산급여는 출산 시 1인당 700,000원을 지급한다. 단, 교육급여만 받는 수급자는 제외한다. 추가 출생 영아는 1인당 700,000원씩 지급한다.

⑥ 장제급여는 수급자가 사망한 경우, 사체의 검안・운반・화장 또는 매장 기타 장제조치를 하는 데 필요한 금품을 지급한다. 1구당 800,000원을 지급한다. 단, 교육급여만 받는 수급자는 제외한다.

3) 자활사업

(1) 목적과 추진체계

자활사업의 목적은 국민기초생활보장 사업에 의한 근로할 수 있는 사람에 대한 근로 능력을 배양하고 일자리 제공을 통해서 탈빈곤과 빈곤 예방을 지원하기 위한 것이다. 자활사업을 통해 근로 능력 있는 저소득층은 자립할 수 있는 능력을 키우고 기능습득을 할 수 있도록 지원하고 기회를 제공한다.

자활사업의 추진체계는 보건복지부, 고용노동부, 지방자치단체, 한국자활복지개발원, 광역 및 지역 자활센터로 구성된다. 보건복지부는 자활정책 및 사업을 총괄 관리하는데, 종합적인 자활지원계획의 수립, 자활프로그램 개발 및 추진, 지역자활센터 지정 및 관리 등의 역할을 한다.

시・도 및 시・군・구는 자활사업을 총괄적으로 시행하는 역할을 한다. 매년 지역자활지원계획을 수립하고, 자활기금을 설치 및 운영하며 급여의 내용을 결정한다. 이후 급여를 지급하고 자활기관협의체를 운영한다. 또 조건부 수급자를 책정하며 참여자 자활지원계획을 수립하고 관리하는 역할을 한다. 읍·면·동은 조건부 수급자를 확인조사하는 역할을 한다. 한국자활복지개발원, 광역자활센터, 지역자활센터는 자활사업 수행을 위한 인프라를 제공한다. 한국자활복지개발원은 자활 지원을 위한 조사·연구·교육 및 홍보사업, 자활 지원을 위한 사업의 개발 및 평가를 수행한다. 광역자활센터는 광역단위의 저소득층에 대한 취업이나 창업을 지원하고 지역특화형 자활프로그램을 개발하고 보급한다. 지역자활센터는 자활 의욕 고취를 위한 교육 및 참여자 사례관리, 자활을 위한 정보제공과 상담, 직업교육 및 취업 알선 등을 수행한다. 고용노동부는 취업지원 역할을 한다. 매년 종합취업지원계획을 수립하고 취업지원프로그램을 개발하고 추진한다. 고용센터는 취업 지원을 위한 개인별 취업지원계획의 수립, 취업 알선, 취업대상자의 조건이행 여부를 확인한다.

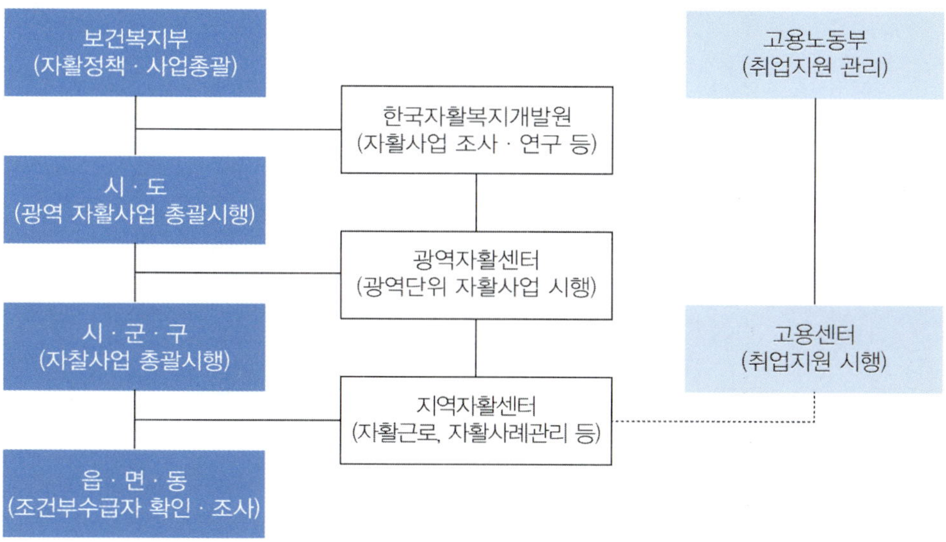

그림 12-6 자활사업의 추진체계

출처 : 보건복지부(2024). 2024년 자활사업안내, p. 3.

추진 주체	역할	구분
보건복지부	• 국민기초생활보장제도 총괄 • 종합자활지원계획 수립(매년 12월) • 자활프로그램 개발 추진 • 지역자활센터 지정 · 관리	자활정책 · 사업 총괄관리
시 · 도 시 · 군 · 구	• 지역자활지원계획 수립(매년 1, 2월) • 자활기금의 설치 · 운영 • 급여 실시 여부 및 내용결정, 지급 • 자활기관협의체 운영 • 조건부수급자 책정 및 생계급여중지 여부 결정 • 참여자자활지원계획 수립 · 관리	자활사업 총괄시행
읍 · 면 · 동	• 조건부수급자 확인조사(자산조사 제외)	조건부수급자 관리
자활인프라	• 한국자활복지개발원 – 자활지원을 위한 조사 · 연구 · 교육 및 홍보사업 – 자활지원을 위한 사업의 개발 및 평가 등 • 광역자활센터 – 광역단위의 저소득층에 대한 취 · 창업지원 – 지역특화형 자활프로그램 개발 · 보급 등 • 지역자활센터 – 자활의욕 고취를 위한 교육, 참여자 사례관리 – 자활을 위한 정보제공 · 상담 · 직업교육 및 취업알선 – 기타 자활을 위한 각종 사업 등	자활사업 수행
고용노동부	• 종합취업지원계획 수립(매년 12월) • 취업지원프로그램 개발 추진	취업지원 관리
고용센터	• 개인별 취업지원계획 수립 · 관리 • 취업알선 등 취업지원프로그램 시행 • 취업대상자의 조건이행 여부 확인	취업지원 시행

그림 12–7 추진 주체의 역할

출처 : 보건복지부(2024). 2024년 자활사업안내, p. 4.

(2) 대상자 선정

근로 능력 있는 수급권자(생계·의료급여)가 자활사업에 참여하기 위한 조치로서 근로 능력의 유무를 판정한 후 자활사업의 대상자로 선정한다. 근로 능력 있는 수급자에 대해서는 조건 부과 및 조건 유예를 결정하고 확인조사 등을 거쳐 대상자를 관리한다.

구체적으로 자활사업의 참여 자격은 ① 자활사업 참여를 조건으로 생계급여를 지급하는 조건부 수급자, ② 수급자가 자활사업과 취업성공패키지에 참가하여 발생한 소득으로 인하여 소득인정액이 중위소득의 40%를 초과한 사람, ③ 근로 능력 없는 생계급여 수급권자 및 조건 부과 유예자, 의료·주거·교육 급여수급(권)자 중 참여를 희망하는 사람, ④ 특례 수급 가구의 가구원, ⑤ 근로 능력이 있고 소득인정액이 중위소득 50% 이하인 사람 중 비수급권자(차상위자), ⑥ 근로 능력이 있는 시설수급자로 구성된다.

(3) 자활지원계획의 수립과 관리

자활대상자의 자립을 체계적으로 지원하기 위하여 시·군·구에서 대상자와의 상담을 통해 자활지원계획을 수립해야 한다. 계획에는 개인의 업무역량 진단, 자활 근로와 취업 및 창업, 자산형성 등에 대한 욕구 사정 내용이 포함되어야 한다. 모든 자활사업 참여 대상자는 자활지원계획 수립 후 사업수행기관(지역자활센터)에 배치된다.

시·군·구는 조건부 수급자로 결정된 대상자에 대해 초기 상담을 실시한 후 고용센터와 지역자활센터 등 지원기관과의 협의를 통해 개인별 자활지원계획을 세워야 한다. 자활지원계획 수립 후 대상자의 근로 능력, 자활 욕구, 자활 역량평가 결과에 따라 적절한 평가를 실시하는 기관에 참여를 의뢰해야 한다. 참여대상자의 조건이행 여부와 사업참여 결과 등을 최소 3개월마다 재확인하여 유지 또는 변경 등 적절히 조치해야 한다. 조건부 수급자는 자활지원계획에 따라 배치된 프로그램에 최소 3개월 이상 참여상태를 유지해야 한다. 모든 자활사업 참여자의 참여 일수, 자활 근로소득(임금, 수당 등) 등은 자활사업실시기관을 거쳐 전산시스템을 통해 시·군·구에 통지되며 생계급여의 계속 지급 또는 중지 여부가 결정된다.

사업별 조건이행 기준은 자활기업·자활근로는 주 22시간 이상 참여해야 하며, 근로유지형, 시간제 사업단의 경우 주 15시간 이상 참여 시 조건이행으로 인정한다.

조건 불이행 기준은 시·군·구 또는 자활사업실시기관의 상담에 불응하거나 정당한 사유나 사전 통보 없는 불참, 음주나 사업방해, 근무지 이탈, (성)폭력 등 불성실한 참여 태도 등이다.

〈표 12-25〉 자활역량평가표

평가항목	등 급	점수	세부 기준
연령 (10)	18~35세	10	18~35세(실질적으로 취업 가능한 연령)
	36~49세	8	36~49세(취업 및 자활능력유지가 가능한 연령)
	50~55세	6	50~55세(취업 및 자활능력유지가 약화된 연령)
	56세 이상	4	56세 이상(취업 가능성이 약화된 연령)
건강상태 (20)	양호	20	건강상태가 양호한 사람
	보통	10	신체적 경질환은 있으나 정신건강상태가 양호하며, 근로활동에 지장이 없는 사람
	보통 이하	5	경증 장애인, 비등록장애인, 중증 정신질환 이력자 등
직업이력 (20)	상	20	• 최근 3년 내 6월 이상 지속적으로 취업 또는 자영업 경험이 있는 사람(공공근로 또는 단순근로형 정부일자리사업 제외) • 최근 1년 이내 시장진입형·인턴도우미형 자활사업에 3년 이상 참여자 • 최근 3년 이내 취득한 자격증(국가기술자격법상)을 소지하고 있는 사람 ※ 실제 종사하는 직종과 직접 관련이 있는 경우이어야 함
	중	10	• 최근 4~5년 내 6월 이상 지속적으로 노동시장 취업 또는 자영업 운영경험이 있는 사람(공공근로·취로사업 제외) • 자격증을 소지하고 있으나 실제 종사하는 직종과 직접 관련이 없는 경우 • 문해력 중(글을 읽고, 쓰고 이해하는 수준)

<table>
<tr><td></td><td>하</td><td>5</td><td>• 기타 위 기준에 해당하지 않는 사람
• 문해력 하(글을 읽고, 쓰고 이해하는 수준)</td></tr>
<tr><td rowspan="3">구직 욕구
(20)</td><td>상</td><td>20</td><td>• 취업 의사가 높고 적극적으로 구직활동을 하려는 사람
※ (예시) 노는 것보다 일하는 것이 낫다고 생각하고, 일자리를 구하기 위해 전력을 다하고 있다고 말하는 사람</td></tr>
<tr><td>중</td><td>10</td><td>• 취업의사가 있으나 구체적인 취업계획이 없는 사람</td></tr>
<tr><td>하</td><td>5</td><td>• 취업 의사가 낮거나 없고 구직활동을 하지 않으려는 사람</td></tr>
<tr><td rowspan="3">가구 여건
(20)</td><td>상</td><td>20</td><td>• 취업장애요인 없어 근로가 용이한 사람
• 1일 8시간 전일제 근로가 가능한 자
※ (취업장애요인) 가구원의 질병 · 부생, 양육 · 부양 등으로 보육 · 돌봄 서비스가 필요한 경우, 채무 과다 · 신용불량, 근로활동과 치료 · 통원의 병행이 필요한 경우 등</td></tr>
<tr><td>중</td><td>10</td><td>• 취업장애요인이 1가지 이상으로 가구여건 개선이 필요한 사람
• 1일 8시간 이하 근로가 가능한 자</td></tr>
<tr><td>하</td><td>5</td><td>• 취업장애요인이 3가지 이상으로 근로가 곤란한 사람</td></tr>
<tr><td>재량점수</td><td colspan="2">10</td><td>• 향정신성 약물이나 알코올 중독 등 정신질환 보유 · 치료 이력, 우울증 · 감정조절장애 · 편집증 등 정신적 장애요소, 범죄전과 등 근로활동에 영향을 미칠 수 있는 정도를 종합적으로 고려하여 10점 내에서 부여</td></tr>
</table>

출처 : 보건복지부(2024). 2024년 자활사업안내, p. 35.

〈표 12-26〉 자활역량평가 결과에 따른 참여사업 예시

<table>
<tr><th>평가 결과</th><th colspan="2">사 업</th><th>실시기관</th><th>기 준</th></tr>
<tr><td>80점 이상
(집중취업지원 대상자)</td><td colspan="2">국민취업지원제도</td><td>고용센터</td><td>• 근로능력과 욕구가 높아 노동시장에서의 취업이 가능한 자</td></tr>
<tr><td>80점 미만
(근로능력 강화 대상자)</td><td rowspan="2">자활근로</td><td>시장진입형, 인턴 · 도우미형, 사회서비스형</td><td>지역자활센터, 민간위탁기관</td><td>• 자활근로 프로그램 참여욕구가 높은 자
• 일용 · 임시직으로 직업경험이 있는 자</td></tr>
<tr><td>45점 미만
(근로의욕 증진 대상자)</td><td>근로유지형</td><td>지자체, 지역자활센터</td><td>• 노동강도가 낮은 사업에 참여 가능한 자
• 간병 · 양육 등 가구여건상 관내 사업만 참여 가능한 자</td></tr>
</table>

출처 : 보건복지부(2024). 2024년 자활사업안내, p. 36.

〈표 12-27〉 조건 불이행 기준

<table>
<tr><th colspan="2">사업구분</th><th>참여 시간</th><th>조건 불이행 기준</th></tr>
<tr><td rowspan="2">자활근로</td><td>시장진입형
인턴 · 도우미형
사회서비스형</td><td>주 5일
(40시간)</td><td rowspan="3">① 조건이행기준 위반 시
② 정당한 사유 또는 시행기관의 장에게 사전 통보 없이 2일 이상 연속 불참이 3회 이상 반복
③ 월 조건부과시간의 1/3 이상 불참 시
④ 불성실한 참여 태도
– 특별한 사유 없이 주 3회 이상 결근 · 지각 · 조퇴 · 근무지 이탈, 음주 근무, 자활사업 방해, 정당한 지시 불이행, 타 참여자 · 종사자에 대한 (성)폭력(폭언 · 폭행) 등
※ ①~④ 중 한 개 요건이라도 위반할 경우 조건불이행에 해당(국민취업지원제도Ⅱ 배치 시의 조건 불이행 기준은 해당 지침 참고)</td></tr>
<tr><td>근로유지형</td><td>주 5일
(25시간)</td></tr>
<tr><td colspan="2">자활기업</td><td>주 5일 이상</td></tr>
</table>

출처 : 보건복지부(2024). 2024년 자활사업안내, p. 41.

(4) 프로그램

자활사업 프로그램은 자활사례관리, 자활근로사업, 자활기업 지원사업, 자활근로소득공제로 구분할 수 있다.

자활사례관리는 개인별 자활지원계획을 바탕으로 상담과 근로 기회 제공, 자활 근로를 통한 근로 의욕 및 자존감 고취 등을 모니터링하고 자립에 필요한 각종 서비스를 연계 지원한다. 자활사례관리의 일환으로 Gateway 단계가 있다. 이는 자활 근로 참여자의 구체적인 자활 경로를 세우고 이행하기 위하여 기본 지식과 소양을 익히는 사전단계로서 개인별 자립 경로(IAP : Individual Action Plan)와 개인별 자활지원계획(ISP : Individual Service Plan)을 수립한다.

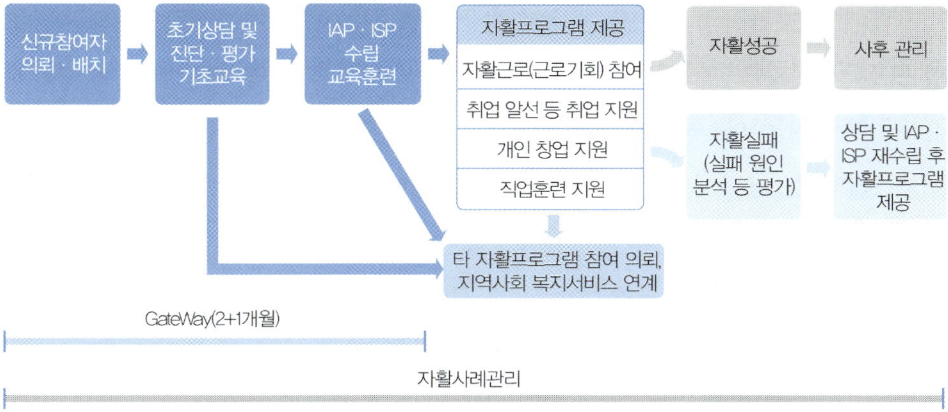

| 그림 12-8 | 자활사례관리의 흐름도

출처 : 보건복지부(2024). 자활사업안내, p. 47.

자활근로사업은 저소득층이 취업 및 창업을 통해 경제활동을 할 수 있도록 기초능력을 배양하고 자립 장애 요인을 제거하는 데 초점을 둔다. 전국 단위 사업(간병, 집수리, 청소, 자원 재활용 등) 및 지역 실정에 맞는 특화사업(주택 개보수, 돌봄, 정부양곡배송 등)을 개발하여 추진한다(보건복지부, 2024). 사업유형은 근로유지형, 사회서비스형, 인턴 · 도우미형, 시장진입형 사업이 있으며 민간위탁과 지자체 직접 시행을 병행할 수 있다. 주 5일, 하루 8시간(9~18시), 근로유지형은 하루 5시간(9~15시) 운영이 원칙이다. 자활근로사업에 참여하는 수급자나 차상위자는 참여 대가로 자활근로 인건비를 지급받는다.

〈표 12-28〉 자활급여(자활근로 인건비) 지급기준

구 분	시장진입형/ 기술 · 자격자	사회서비스형/ 기술 · 자격자	근로유지형
지급액계	58,660/62,660	51,350/55,350	30,120
급여단가	54,660/58,660	47,350/51,350	26,120
실 비	4,000	4,000	4,000
표준소득액(월)	1,421,160	1,231,100	679,120
비 고	1일 8시간, 주 5일		1일 5시간, 주 5일

※ 복지 · 자활도우미인턴형 급여는 시장진입형, 사회복지시설도우미는 사회서비스형 단가 적용
※ 표준소득액은 자활근로 사회보험 소득신고 등 월평균 소득 적용이 필요한 경우 활용
출처 : 보건복지부(2024). 2024년 자활사업안내, p. 62.

자활기업 지원사업은 2인 이상의 수급자 또는 차상위자가 상호협력하여 조합 또는 사업자의 형태로 탈빈곤을 위한 자활사업을 운영하는 업체 설립까지 유도하는 사업이다. 창업자금과 인건비, 자활을 위한 사업자금 융자, 전세점포 임대, 컨설팅, 사업개발비, 국공유지 우선 임대, 생산품 우선구매 등을 지원할 수 있다.

자활근로소득공제는 생계급여 산정 시 소득인정액에서 자활소득의 30%를 공제함으로써 생계급여가 추가로 지급된다.

4) 사례연습

다음 사례의 수급권자 가구는 기초생활보장 수급자가 될 수 있는지, 또 수급자가 된다면 어떤 급여를 어느 정도 수급할 수 있는지 판정해 보세요.

사례 1

64세 남성 이○○은 아내와 사별하고 자녀가 없다. 수입이라 할 것은 국민연금 10만 원, 일용직 소득 월 30만 원 정도가 있다. 저축은 1천만 원이다.
대구에서 보증금 5백만 원, 월세 10만 원으로 단독주택에 거주한다. 중증은 아니지만, 고혈압 만성질환으로 6개월 이상 지속적으로 지출하는 약제비가 매월 11만 원 정도 있는 것으로 추정된다.

사례 2

65세 여성 김○○ 할머니는 중소도시에서 국민연금 10만 원, 기초연금 30만 원, 사회활동지원사업(구 노인일자리) 10만 원의 소득으로 혼자 살고 있다. 지하층 주택에서 보증금 1,000만 원, 월세 15만 원에 거주하고 있다. 1남 1녀의 결혼한 자녀들이 있는데, 전세로 거주하면서 낮은 소득으로 어렵게 살고 있는 것으로 알고 있다. 자녀들과는 어쩌다 가끔 연락만 한다. 담당 공무원의 공적 조회 결과 자녀 모두 부양 능력이 없는 것으로 판별되었다.

사례 3

35세 남성 박○○은 어려서 부모가 돌아가시고 현재 아내(33세), 자녀 2명(3세, 7세)과 대구에서 살고 있다. 비정규직으로 국민건강보험 공단에 신고된 월 소득은 110만 원이다. 현재 저축은 1천만 원이며 보증금 4천만 원, 월세 35만 원의 빌라에 거주하고 있다.

사례 해설

사례 1

이 남성은 월급명세서와 같은 소득확인 증명이 없으므로 주민센터 복지 담당 공무원은 지출실태 조사표와 근로활동 및 소득 신고서를 받아 최근 3개월 평균 일용 소득이 월 30만 원인 것으로 평가하였다. 신청자는 64세이므로 근로무능력자로 구분되는 연령이 아니며 만성질환이 있으나 중증이 아니고 약으로 관리하고 있다. 근로 능력 평가는 근로 장애 기준으로 엄격하며 '근로 능력 미약'에 대한 평가 체계를 현재 두고 있지는 않다. 만성질환(고혈압)과 관련하여 최근 2개월 이내에 치료받은 기록을 제출하여 근로 능력 평가용 진단서를 발급하여 근로 능력 평가를 받지만 '근로 능력 있음'으로 나올 가능성이 크다. 의료기관의 진단서 및 진료비 영수증에 따라 만성질환으로 6개월 이상 지속적으로 지출하는 의료비가 월평균 11만 원으로 확인되었으므로 질병 요인에 의한 가구 특성 지출비용으로 산정될 수 있다. 만 65세 이상 노인은 근로소득 30%를 공제받을 수 있지만 64세이므로 해당되지 않는다.

소득평가액 : 실제소득(소득 30만 원 + 연금 10만 원) − 가구 특성 지출비용(11만 원) − 근로유인 소득공제(0원) − 그 밖의 추가적 지출 요인(0원) = 29만 원
재산의 소득환산액 : 광역시 기준 7,700만 원 이하 0원
소득인정액 : 29만 원 + 0원 = 29만 원

이 남성은 소득인정액이 1인 가구 생계급여 선정 기준액(713,102원) 이하로 교육급여를 제외한 생계, 의료, 주거급여 수급권을 갖는다.
생계급여는 423,102원(713,102원 − 290,000원), 의료급여는 2종, 주거급여는 월차 임대료 10만 원, 5백만 원 보증금을 월 차임으로 환산하면 16,666원(보증금 5백만 원 × 연 4% ÷ 12개월) = 실질임대료 116,666원. 소득인정액이 생계급여 기준액 이하로 실질임대료 전액 지원이 가능하며 3급지 1인 기준임대료와 비교하여 적은 금액을 지원하므로 임대료 116,666원 지원 확정이다.
총 현금 급여 : 생계급여 423,102원 + 주거급여 116,666원 = 539,768원

사례 2

할머니의 소득은 모두 공적 이전소득으로서 소득평가액은 총 40만 원이다. 공공 일자리는 단시간 상시근로자로 구분될 수 있으나 사회보장정보시스템에 소득자료가 등록되어 있지 않다면 담당 공무원이 확인할 것이다. 공공일자리 소득은 근로소득으로 65세 이상 노인 소득공제 30% 대상이 될 것이다. 할머니의 경우 중소도시 기본재산 5,300만 원 이하에 해당하는 소득환산 대상이 되는 재산이 없다. 자녀는 금융정보 등 개인정보 제공 동의서를 제출하였고 담당 공무원은 조회를 통해 부양의무자의 소득 및 재산상황 자료를 얻어 부양의무자가 모두 소득 및 재산 기준에서 부양 능력 없음을 확인하였다. 앞으로 자녀들의 소득 및 재산 변동을 매년 두 차례 조사할 것이다.

소득평가액 : 50만 원(실제 소득) − 0원(가구 특성 지출비용) − 3만 원(근로소득공제) − 0원(그 밖의 추가지출 요인) = 47만 원
재산의 소득환산액 : 5,300만 원 이하 0원
소득인정액 : 47만 원 + 0원 = 47만 원. 소득인정액이 1인 가구 생계급여 선정 기준액(713,102원) 이하로 교육급여 제외 3개 급여 수급권을 갖는다.
생계급여는 243,102원(713,102원 − 470,000원), 의료급여는 1종, 주거급여 보증금 1천만 원 월차임 환산액은 33,333원 + 월세 15만 원 = 실제 임차료 183,333원
소득인정액이 생계급여 선정 기준 이하(본인부담금 없음). 4급지 그 외 지역 1인 기준 임차료 178,000원과 비교하여 적은 금액을 받을 수 있으므로 임차급여 178,000원을 받을 수 있다.
총 현금 급여 : 생계급여 243,102원 + 주거급여 178,000원 = 421,102원

사례 3

해당 구청의 통합 관리팀은 소득 및 재산 조회와 주택조사 및 금융재산 의뢰를 거쳐 실제 소득이 110만 원이고, 금융재산과 주거용 재산이 5천만 원인 것을 확인했다. 신청자의 부인은 근로 능력이 있지만 미취학 아동의 보호자이므로 근로가 어려운 상황이라 판단할 것이다. 만일 이러한 경우가 아니라면 부인은 근로 능력자가 되어 일하지 않더라도 개별 가구의 지출실태 조사표 작성 등 주거 및 생활실태를 조사하여 추가소득이 있다고 확인되면 보장기관 확인소득을 산출하여 소득평가액에 가산될 수도 있을 것이다. 그러한 경우에 수급 탈락할 가능성도 있을 것이다.

소득평가액 : 110만 원(실제 소득) − 0원(가구 특성 지출비용) − 0원(근로소득공제) − 0원(추가지출 요인) = 110만 원
재산의 소득환산액 : 광역시 기본재산액 7,700만 원 이하로 0원
소득인정액 : 110만 원(소득평가액) + 0원(재산의 소득환산액) = 110만 원. 4인 가족 생계급여 선정 기준액(1,833,572원) 이하로 생계, 주거, 의료, 교육급여 수급권을 갖는다.

생계급여는 733,572원(1,833,572원 – 110,000원). 의료급여는 2종, 교육급여
주거급여 보증금 4천만 원 월차임 환산액은 133,333원 + 월세 35만 원 = 실제 임차료 483,333원
소득인정액이 생계급여 기준 이하(본인부담금은 없음). 3급지 4인 가족 기준 임차료 333,000원과 비교하여 적은 금액을 받을 수 있으므로 임차급여 333,000원을 받을 수 있다.
총 현금 급여 : 생계급여 733,572원 + 주거급여 333,000원 = 1,066,572원

5) 개선과제

수급자의 경험과 제도 운용방식에 근거한 개선과제를 살펴보도록 하자.

기초법 바로 세우기 공동행동 등 시민사회 조직을 중심으로 기초생활보장 제도의 전체적인 평가와 쟁점, 과제 등을 정기적으로 공표하는 작업을 하고 있다.[8] 예를 들어, 수급자 개인이 느끼는 신청과정에서의 불합리함은 항상 지적되는 문제이다. 신청과정에서 복잡한 서류 준비와 그 과정에서 의심받기는 제도적 스티그마의 영향이라고 할 수 있다. 수급 신청에 과도한 서류가 요청되고 서류 준비에 긴 시간이 걸리는 문제는 수급이 결정되기까지의 공백을 장기화하기도 한다. 이는 수급 신청자의 생존 문제와 직결된다. 또한 문해 능력이 떨어지는 신청자의 경우 서류 준비와 작성에 매우 힘들어한다. 뿐만 아니라 수급 신청 자체가 매우 불쾌한 경험이었다고 호소한다. 죄인 다루듯 하는 말투와 태도에서 수치심을 부과하는 억압적인 대응도 지적할 수 있다(정성철 · 김윤영, 2019 : 16-37, 2021 : 115-177). 그리고 서류 자체를 받아주지 않고 밀어내려는 방식도 마찬가지다. 애초에 신청 자체가 안 되니까 왜 왔냐는 태도를 보이기도 한다. 어려운

8) 예를 들어, 2019년 빈곤사회연대, 한국도시연구소 연구보고서 주도로 정성철, 김윤영의 '공공부조 신청 및 이용과정에서 나타나는 빈곤의 형벌화 조치 연구'에서 수급 경험자 9명에 대한 인터뷰 조사를 통해 개선과제를 공표하였다. 또한 2021년 3월 기초법바로세우기 공동행동의 「기초생활보장제도 20년, 빈곤층의 몫 찾기 20년」 연구보고서를 통해 '기초법 개정 운동과 급여별 쟁점', '판례와 이의신청, 수급권자의 목소리' 등을 주제로 기초생활보장제도의 쟁점과 운용방식에 대한 입체적인 분석과 평가를 하고 있다. 또한 2023년 9월 기초법바로세우기공동행동과 서울사회복지공익법센터 공동주관으로 기초법 시민평가 토론회를 개최하여 수급비 현실화와 주거급여 제도 개선 등 인간다운 삶 보장을 위한 기초법 개정을 요구하였다.

법률 용어도 있고 이해하기 어려운 단어도 많이 나와서 혼자서는 신청하기 어려운 문제도 진입 장벽으로 작용한다. 이 외에도 이의신청 자체를 못하게 하거나 하더라도 제기 절차가 어렵다는 불만, 기초수급자에 대한 사회의 부정적인 통념 등으로 인하여 생기는 열등감도 제기된다(정성철 · 김윤영, 2019 : 16-37). 이러한 문제들은 앞서 살펴본 유럽 연합의 포착률에 영향을 미치는 개인 · 제도 · 행정 · 사회적 차원의 요인들과 매우 유사하다.

제도 운용방식에 대한 개선과제는 먼저 무엇보다 생계급여의 현실화이다. 공공부조의 핵심은 현금 지원을 통한 구매력 향상을 통해 최저한의 생계 수준을 보호하는 데에 있다고 생각한다. 즉, 육체적 효율을 유지하기 위한 최저수준의 현금 지원이 목표라 할 수 있다. 하지만 현재 생계급여 지원 수준은 중위소득의 30% 범위에 머물고 있다. 개인적으로는 적어도 상대적 빈곤 기준의 40~50%까지 생계비 급여 기준을 인상해야 할 것이다. 두 번째로 현실성 없는 소득환산 비율의 개편이다. 일반재산의 소득환산율과 금융재산의 소득환산율 모두 너무 높다는 비판이 있다. 특히 자동차의 소득환산율은 100%인데 국민필수품이 된 자동차의 용도를 생각하면 현실적인 상황과 괴리되어 있는 기준이라 할 수 있다. 세 번째로 근로 능력 평가 문제이다. 한국의 다니엘 블레이크라 불린 고 최인기 선생님의 사례에서처럼 근로조건을 이행할 수 없는 상황에서도 무리하게 근로를 이행하는 과정에서 불행한 사태가 일어나지 않도록 근로 능력 평가 운용방식을 개선해야 할 것이다. 네 번째로 수급 노인에게 기초연금을 지급한 후 그만큼 액수를 소득으로 보고 수급비에서 삭감하는 방식을 폐기해야 할 것이다. 장애인연금이나 아동수당 등은 수급비에 관계 없이 받을 수 있으므로 기초연금도 노인에게 추가되는 비용으로 인정하고 소득인정액 산정에서 제외하는 것이 옳은 방식이라 판단된다.

좀 더 구조적인 방향을 찾아보자. 제도 내의 운용방식은 공공부조의 성격상 엄격한 자산 및 능력조사와 같은 수급 억제적 조건이 수반될 수 없다. 그렇다면 거버넌스 구조를 변화시켜 기초생활보장 업무를 외주화하여 예산 대비 수급 인원을 자립시키는 인센티브제를 수반한 성과주의를 강화하는 편이 낫지 않을까? 터무니없는 소리로 들릴지 모르지만, 개인의 자조를 강조하는 문화에서는 얼마든지 가능한 제안일 것이다. 아니면 아예 조건을 완전히 없애고 순수한 현금 보조 제도로 전환하는 건 어떨까? 교육이나 주거, 의료서비스는 별도의 보편적 현물 및 사회서비스로 제공하면 안 될 것도 없다. 전통적 빈곤 사업으로도 퇴치 불가능한 빈곤의 척결을 위해서는 대담한 실험적 정책이 더 필요할지도 모르겠다.

CHAPTER 13

빈곤 대책과 사회적 연대

13

CHAPTER

빈곤 대책과 사회적 연대

빈곤은 기초생활보장제도에 의한 현금 지원 이상으로 사람 사이의 문제 해결을 위한 노력도 중요할 것이다. 사회적으로 빈곤을 승인하는 관점은 빈곤한 생활 그 상태를 판단하는 주체에 따라 형성될 것이다. 당연히 빈곤 주체는 개인의 탓이 아니라 사회라고 할 수밖에 없을 것이다. 사회 속에서 서로 생각이 다른 사람들이 논쟁하면서 빈곤 개념과 대응을 만들어 내므로 사회라고 보는 것이 옳다. 따라서 문제 해결 대책에 대해 생각이 같은 사람들의 연대가 중요한 키워드가 될 것이다. 사회 구성원의 연대와 사회통합에 초점을 둔 사회는 빈곤의 범위가 넓지만 그렇지 않은 사회는 매우 협소할 것이기 때문이다. 이는 빈곤 문제를 사회적 책임으로 하는 성숙도의 차이라고 할 수 있다.

빈곤의 크기는 사회의 경제적 풍요함과는 관계가 없다. 오히려 빈곤에 대한 가치판단은 그 사회의 연대와 관련이 있다. 사회문제의 과정은 항상 프레임의 형성으로 시작된다. 생활문제에 대한 이의를 제기하는 것은 어쩔 수 없이 그러한 생활 상태를 견딜 수밖에 없는 사람이나 노동조합원, 사회복지사 모두 가능하다. 견딜 수 없는 빈곤 상태가 사회문제로 공유되는 것이 사회문제로서의 빈곤 문제라 할 수 있다. 사회를 구성하는 구성원의 연대 범위가 좁고 취약하면 사회문제가 될 가능성은 적다. 한편 사회 구성원에 의한 연대의 범위가 널리 강력하다면 타인의 생활 상태에 대한 배려나 공감이 일어나고 빈곤의 재발견이 이루어진다. 연대가 형성되는 주요인 중 하나가 계급의식이다. 연대는 자각적이고 능동적으로 형성된 인간 동료 관계가 연대라 할 수 있다. 이에 대하여 사회는 인간 동료 관계의 총체로서 자각적이고 능동적으로 형성된 인간관계뿐만 아니라 자각 없이 수동적으로 형성된 인간관계도 포함된다. 연대는 구체적인 요구를 실현하기 위해 이루어지는 것이지만 이 구체적 요구 활동을 실현하는 가운데 공동체 의식이 생긴다. 공동체 의식이 실제로 생기는 것은 연대를 형성하는 과정에 있어서다. 따라서 특정 사회에서 빈곤이 자기 책임이 아니라는 의식을 가진 사람이 단순히 많아지는 것만으로는 공동체 의식은 생기지 않는다. 또한 연대가 그다지 존재하지 않았던 사회에서는 연대 필요성을 인식하지 못할 가능성도 있다.

그렇다면 연대의 강함이나 확대의 차이는 무엇에 따라 생기는 것일까. 특히 자본주의 사회에서 계급의식의 관점에서 근본적으로 살펴볼 수 있다. 계급의식은 연대의 원인의 하나이며 공동체 의식은 연대의 결과로 나타날 수 있다. 사람들의 연대는 이유 없이 만들어지지 않는다. 필요하다고 인식하는 무엇인가를 요구하기 위하여 연대한다. 예를 들어, 임금이나 노동조건 향상, 차별의 해소, 사회보장의 충실, 사회보장 삭감에 대한 저항 등 여러 요구를 생각할 수 있다. 인간이 사회적 존재라는 의미에서 모든 사람은 타인과 상호적 관계가 없으면 살 수 없으므로 스스로 생존을 구하기 위하여 인간은 연대한다고 볼 수 있다. 하지만 여기서 연대는 가난한 사람들이 구체적 요구를 자각하여 적극적으로 실천하는 활동의 결합체를 의미한다. 자본주의 사회에서 가난한 사람들은 주로 노동자 계급일 수밖에 없다. 따라서 계급 연대를 통해 사람들이 적극적으로 빈곤을 극복하기 위한 계기가 제공될 필요가 있다. 가난한 사람들은 자본주의 임노동 생산 관계에 의해 사회적으로 전개되는 인간관계가 빈곤해진 사람들이다.

예를 들어, 부스의 빈곤 이론은 계층론 관점이지만 고소득층과 저소득층과 같은 계층분화는 자본주의 임노동 관계와 같은 사회관계 결과를 통하여 생긴 것이다. 즉, 계급 관계가 원인이 되어 계층분화가 이루어진 것이다. 이러한 여러 계층[1]은 사람들의 생활 모습 전체의 소득이라는 부분을 서열화한 것이다. 계급이라는 관계 속에서 나타난 소득계층에 주목하는 것은 계층 상승을 위한 수단과 방법을 검토하기 위해서는 도움이 된다. 그렇지만 계층분화를 시키는 원인이라 할 수 있는 사회관계에는 손을 대지 않는다. 이는 부스가 자본과 임노동 관계의 유지, 즉 산업 질서의 유지를 원했기 때문일 것이다(阿部, 1990 : 31). 이른바 자본의 통치를 위해서였다고 생각된다. 당시 영국 사회에서는 노동운동이 격화되고 있었으므로 자본가 계급은 매우 큰 위협을 느꼈을 것이다. 이러한 부스의 동기와 빈곤 조사 방법은 계층론적 관점이었지만, 이에 따라 노동시장으로부터 부정기 소득자(causal earnings)의 배제를 둘러싸고 특히 바로 그 위 C와 D 계층의 사람들과 자본가 계급 사이에 공통적인 이해관계가 만들어지게 된다. B 계층의 배제가 C와 D 계층 사람들에게는 자신의 생활 향상에 유리하게 되어 자본가 계급이 산업 질서를 안정적으로 유지하는 데 도움이 될 수 있기 때문이다. 여기서 빈곤의 중요한 원인이 되는 계급 관계는 보이지 않게 되고 그 대신 계급 내 분단이 발생한다.

이러한 빈곤 논의에서 사람들의 생활 보장에 들어가는 여러 비용은 산업 질서를 유지하기 위하여 또는 일부 노동자의 안정적인 생활을 유지하는 데 필요한 비용으로 반영된다. 비용 개념에는 거기에 들어가는 비용이나 수고를 최소한으로 억제해야 한다는 의미가 포함된다. 자본은 부단한 노력에 따라 이 비용을 적게 하는 데에 관심이 있다. 또한 비용의 많고 적음은 자본주의적 질서 유

1) 예를 들어, 제일 위쪽부터 서열을 세워 H : 상층중산층(upper middle class), G : 하층중산층(lower middle class), F : 상층노동자(higher class labour), E : 표준소득자(regular standard earnings), D : 정기적 소액소득자(small regular earnings), C : 비정기소득자(intermittent earnings), B : 부정기 소득자(causal earnings) - 극빈자(very poor), A : 임시노동자 · 부랑자 · 준범죄자 등의 최하층(the lowest class of occasional labourers, loafers, and semi-criminals), 이 서열 중 E와 D를 구분하는 선이 빈곤선(poverty line)이다(Booth, 1902 : 33).

지가 적절히 관리되고 있는지를 판단하는 중요한 지표라고 할 수 있다. 노동자 계급의 생활문제에 대한 저항이 심해지면 이를 해결하기 위해 치러야 하는 사회적 비용이 늘어날 수밖에 없다. 실제로 부스의 빈곤 조사 결과 불가피하게 빈곤에 빠진 수많은 사람이 존재한다는 조사 결과는 노동운동을 자극하였다. 당시 영국 사회는 사회운동에 노동자 계급의 관점이 내재하고 있었기 때문이다. 계급적 관점을 가진 노동자 계급에 의한 사회운동이 있어 결과적으로 부스의 연구 성과를 이용하고 자본가 계급에 대한 다양한 타협에 대한 압박을 가하였던 것이다(志賀信夫, 2022 : 192).

선의를 가진 정치 엘리트가 단독으로 노동자 계급과 저소득층에게 중요한 사회정책을 만들지는 않는다. 스스로 실행한 구체적 실천에 의해 자본가 계급이 타협할 수밖에 없는 상황을 만들어 장시간 노동, 저임금, 열악한 노동환경 등이 개선되었던 것이다. 계급 없는 사회가 만들어졌다고 하지만 고용하는 사람과 고용되는 사람의 역할은 여전히 존재하므로 고용되는 사람의 자유를 평등하게 보장해야 한다는 주장은 잘못된 것이 아니다. 계급이 사라졌다는 주장은 오히려 연대의 불가능성을 크게 한다. 전 국민을 중산층으로 만들겠다는 산업발전 중심의 논리는 노동 생활을 포함한 생활 보장을 약하게 만들고 노동자 개인의 자기계발이나 경쟁력 관리에 눈을 돌려 빈곤 문제를 개인의 역량 부족 문제로만 치부할 수 있다.

현대의 빈곤 대책은 공공부조를 어떻게 할 것인가뿐만 아니라 노동시장 대책을 어떻게 할지가 동시에 문제가 되고 있다. 예를 들어, 기본소득 구상은 노동시장에서 노동자 상호경쟁을 억제하는 데도 도움이 될 뿐만 아니라 최저소득을 보장하기 위한 보충적 또는 대체적 보장수단으로 기대할 수 있다. 그렇지만 기본소득은 노동자 계급의 연대가 상대적으로 약한 국가에는 장점이 없을 수 있다. 화폐 의존도를 더 높일 수 있어 오히려 모든 것을 상품화하는 사회를 조장할 수 있다. 그러므로 빈민에 대한 현금성 소득보장뿐만 아니라 생활 보장을 위한 실업대책도 주목해야 할 것이다. 하지만 이 대책이 실업자 개개인에 대한 대책으로만 그쳐서는 안 된다. 상대적인 과잉인구에 대한 대책이 필요하다. 상대적 과잉인구는 단순히 실업 상태에 있는 사람에 대한 대책만 의미하는 것은 아니다. 불안정 비정형 노동으로 반실업 상태에 있는 빈민에 대한 대책도 포함되어야 할 것이다. 자본축적에 필요하다고 판단되는 노동자 인구는 한정되어 있으며 자본의 사정에 따라 그 인구는 늘어나기도 하고 줄어들기도 한다. 중요한 것은 그러한 과잉인구가 생기는 이유는 자본의 사정에 의한 것이므로 개인적 도전이나 노력만으로 해결되기 쉽지 않다. 실업자인 개인에 집중하느냐, 자본과 임노동 관계 속의 상대적 과잉인구에 집중하느냐에 따라 정책의 차이가 발생한다. 상대적 과잉인구 대책은 자본의 규제, 자본과 임노동 관계에 개입하여 변혁을 추구하는 것이다. 그렇지만 실업자 대책은 실업자 개인에 주목하여 행동이나 인식 변화를 통해 일자리로 연결하는 것이다. 사회 구조적 반빈곤 대책은 상대적 과잉인구 해소 대책이 필요하므로 그동안에 많은 빈곤한 사람들이 빈곤 상태를 벗어나기 어려울 수 있다. 탈빈곤 실업자 대책은 자기책임을 통한 탈출에 집중하므로 근본적인 변혁은 없다. 상대적 과잉인구와 실업자 대책 모두 중요하다고 생각한다. 단지 실업자 대책은 생활보장을 이용하기 위한 조건에 부합해야 할 것이 아니라 자기 결정에 근거하여 이용이 촉진되어야 할 것이다.

실업자는 계층론적 관점이다. 고용에 종사하는지에 주목하여 계층을 분류하고 그 가운데 하나의 계층을 가리키는 개념이 실업자라 할 수 있다. 이러한 실업자 개념에서는 실업자를 고용 종사자로 변화시키는 방법이 가장 단순한 대응책으로 도출된다. 즉, 취업 지원이 중요한 것이다. 그렇지만 취업 지원만으로 한계가 있을 것이다. 고용할 수 있는 규모가 한정되는 것이 일반적 상태이기 때문이다. 완전고용이 달성된 사회 상태는 역사적으로 보면 오히려 예외적인 상태다. 따라서 취업 지원을 기초로 하면서 고용과 구직자 규모의 정합성이 고려되어 고용 창출을 위한 정책이 모색된다.

실업자 개념은 자발적, 비자발적 실업이 있지만, 자본과 임노동 관계의 관점은 포함되어 있지 않다. 따라서 자본과 임노동 관계로부터 실업 문제를 고려해야 한다는 발상은 희박하다. 이러한 상황은 실업이라는 현상의 요인을 자본이나 사회적 관계가 아니라 실업자 본인에게서 찾게 한다. 즉, 실업이나 빈곤의 자기 책임론과 친화성이 높은 것이다. 현재 필요한 것은 자본주의 생산 관계와 사회관계를 고려한 상대적 과잉인구 대책으로서 빈곤에 대응하는 것이다.

빈곤 투쟁이 필요한 이유는 자유와 평등을 달성하는 데 공헌할 수 있기 때문이다. 빈곤에 대한 구체적 정책 아이디어 중 하나는 보육, 교육, 의료, 돌봄, 주택의 탈상품화, 즉 무상화와 보편화 등을 검토할 수 있다. 이를 기본소득 또는 기본서비스에 대비하여 생각해 보자. 빈곤에의 대응이 필수적인 이유는 자유의 평등을 달성하기 위해서이다. 빈곤 대책으로서의 기본소득은 최저한도의 소득 평등을 달성할 수 있을 것이다. 반면 기본서비스는 소득의 평등은 해소할 수 없지만, 자유로운 평등을 보장하는 데 더 유리할 수도 있다. 이 두 제도가 배타적인 관계는 아니다. 보완적 관계라 생각하고 동시에 충실하게 추진하는 것이 빈곤 대책으로서 더 적절할 것이다. 특히 기본소득과 기본서비스 모두 자본 - 임노동 관계에서 노동력 이외의 자본 무소유 상태의 사회적 관계에 대항할 수 있는 유력한 제도이다. 임금 노동자는 자본 없이 기본적으로 무소유다. 노동력을 팔아서 생활하고 넉넉하지 않은 노동임금으로 구입한 하찮은 자산이 있을 뿐이다. 기본적으로 무소유이므로 생계를 위해 임금노동에 종사하여 화폐를 획득하지 않으면 살아갈 수 없다. 화폐가 없으면 어떤 경우도 상품을 구입할 수 없다. 따라서 충분한 기본소득이 제공되면 적어도 화폐에 의존한 생존의 자유를 얻을 수 있다. 이에 더하여 기본서비스는 개인적인 소유물이 아니지만, 그 사회의 모든 사람에게 공동 소유물이 된다. 화폐가 없어도 그것을 이용할 수 있는 것이다. 그만큼 화폐에 의존할 필요가 없어지고 임금노동에의 강제력도 후퇴시킬 수 있다.

화폐에 대한 의존과 임금노동에의 강제력이 후퇴한다는 것은 노동력 상품을 항상 판매하지 않으면 살아갈 수 없는 상태에서 점차 빠져나간다는 의미기도

하다. 즉, 노동력이 탈상품화되는 것이다. 노동력의 탈상품화의 진전은 결과적으로 노동시장에서 노동자 상호경쟁을 억제하고 자본에 의한 노동자 계급에 대한 종속압력을 후퇴시킬 수도 있다. 이는 간접적인 상대적 과잉인구 대책이기도 하다. 노동력의 탈상품화 정도를 더욱 촉진하려면 생활에 필수적인 것을 더욱 탈상품화하면 된다. 식량을 탈상품화하는 것도 가능한 아이디어 중 하나이다. 전기나 교통기관 이용에 관한 탈상품화도 가능할 것이다.

보육, 교육 등을 비롯한 기본서비스는 권리의 실질적 보장으로도 연결된다. 기본서비스화되면 화폐가 없는 경우에도 보육이나 교육 서비스를 받을 가능성이 높아지기 때문이다. 교육이 탈상품화되면 교육의 권리가 실질적으로 보장되는 길이 열린다. 식량에의 권리도 식량이 탈상품화되면 실질적으로 보장될 가능성이 높아질 것이다. 하지만 공동소유는 사회적인 공동경영이 원칙이지만, 차별이 생기는 경우 원활히 작동하지 않을 수 있으므로 권력 불균형이 발생할 경우, 사적 소유로 치우쳐 오염될 가능성이 있다. 사적 소유는 차별과 빈곤 위에서 번영하므로 자본주의 생산양식이 유지된 채 빈곤을 완전히 근절하기는 어렵다. 앞으로의 빈곤 대책은 사적 소유, 즉 일정량의 화폐 소유뿐만 아니라 공동 소유물을 늘리는 데에도 주력할 필요가 있다. 이는 자본주의 사회에서도 가능할 것이다. 빈곤 퇴치를 위해서는 대책 방향이 사람들이 상호 수단이 되는 자본주의 사회와 다르게 개인의 삶 그 자체를 존중하는 포용형 사회가 되어야 할 것이다.

참고문헌

강신욱 · 김안나 · 박능후 · 김은희 · 유진영(2005). 사회적 배제의 지표 개발 및 적용방안 연구. 한국보건사회연구원.

기초법바로세우기공동행동(2016). 맞춤형 개별급여 1년, 국민기초생활보장제도 평가와 개선과제. 토론회 자료집.

________________________(2021). 기초생활보장제도 20년, 빈곤층의 몫찾기 20년-수급권자의 경험과 제도변화, 운동, 판례, 이의신청을 통해 보는 기초생활보장제도 20년. 기초법바로세우기공동행동 보고서. 2021. 3.

기초법바로세우기공동행동 · 서울사회복지공익법인센터(2023). 우리가 평가하고 우리가 바꾼다!. 기초법 시민평가 토론회 자료집. 2023. 9. 5.

김기원(2019). **빈곤론**. 정민사.

김수정(2003). 한국의 빈곤정책에서 부양의무자 기준의 변화와 쟁점 : 가족부양의 범위 및 부양비를 중심으로. **경제와 사회, 59,** 193-223.

김윤영(2021). 기초법 재정운동 20년 경과와 시사점, 기초생활보장제도 20년, 빈곤층의 몫 찾기 20년. 기초법바로세우기공동행동, 2021. 3.

김종수(2012). 국민기초생활보장법상 수급요건에 관한 검토. **사회보장법연구, 2,** 1-32.

김지혜(2013). 국민기초생활보장법 부양의무자 기준의 위헌. **공법연구, 41**(3), 111-135.

김진욱 · 박수빈(2023). 청년들의 시간 빈곤, 누가 얼마나 경험하는가. **생명 연구, 68,** 143-165.

김태완 · 이주미(2018). 아동 빈곤경험이 청년에게 미치는 영향. 한국사회보장학회 경제학 공동학술대회 자료집, Vol. 2018, pp. 41-66.

노경혜(2021). 시생활시간 조사를 통해 본 한부모 시간빈곤. 경기도여성가족재단.

노병일(1999). **사회보장론**. 대학출판사.

______(2013). **빈곤론**(제1판). 양서원.

______(2022). **빈곤론**(제2판). 공동체.

노혜진(2019). 시간빈곤과 이중빈곤의 실태와 영향요인. **한국사회복지정책학회, 46**(4), 65-90.

노혜진 · 김교성(2010). 시간과 소득의 이중빈곤. **사회복지연구, 41**(2), 159-187.

박선미 · 김미순(2015). **빈곤의 연대기**. 갈라파고스.

보건복지부(2023). 근로능력판정사업안내.

__________(2024). 국민기초생활보장사업안내.

사회보장위원회(2013). 맞춤형 복지를 위한 기초생활보장제도 등 개편방향. 1차회의자료,

2013. 5.
신명호(2013). 빈곤을 보는 눈. 개마고원.
신영민(2021). 시간빈곤인의 노동시간 특성에 관한 연구. 노동정책연구, 21(2), 37-68.
오스카 루이스 저, 박현수 역(2013). 산체스네 아이들. 이매진.
유아사 마코토 저, 이성재 역, 우석훈 해제(2009). 빈곤에 맞서다. 검둥소.
이명현(1999). 일본 생활보호제도의 보족성 원리 적용분석을 통한 한국 생활보호제도의 개혁방향. 부산대학교 대학원 박사학위논문.
이상아 · 강명주(2024). 미국, 호주, 영국의 자활역량평가제도 비교. 국제사회보장리뷰, 2024년 봄호, 통권 제28호, 95-107.
이찬진(2004). 사회복지에서 공익소송운동의 성과와 과제. 월간 복지동향, 72, 24-35.
정성철 · 김윤영(2019). 공공부조의 신청 및 이용과정에서 나타나는 '빈곤의 형벌화' 조치 연구. 빈곤사회연대 · 한국도시연구소.
조성은(2019). 국민기초생활보장법 제정 이전 빈곤정책의 역사. 보건복지포럼. 2019. 9.
하연섭(2011). 제도분석 : 이론과 쟁점. 다산출판사.
한경훈 · 손병돈 · 노법래(2017). 국민기초생활보장제도 부양의무자 기준에 의한 사각지대의 시기별 추이분석. 한국사회보장학회 춘계학술대회 자료집. 2017. 5. 12., pp. 465-480.
한국보건사회연구원(2010). 국민기초생활보장제도 10년사. 보건복지부 · 한국보건사회연구원.
한신실(2021). 미국 공식 빈곤 지표 소개 및 시사점. 연금동향 및 정책분석.
허용창(2017). 부양의무자 기준변천에 대한 역사적 제도주의 분석 : 점진적 제도변화 이론을 적용하여. 사회복지정책, 44(4), 127-153.
황혜인 · 김연희 · 이희선(2018). 사회적 배제가 삶의 만족도에 미치는 영향 및 임파워먼트의 매개 효과분석. 한국공공관리학회보, 32(2), 105-132.

駒村康平 外(2023). 貧困の諸相. 放送大學教育振興會.
山本隆(2009). ローカル ガバナンス 福祉政策と協治の戦略. ミネルヴァ書房.
______(2019). 貧困 ガバナンス論. 晃洋書房.
相澤与一(1991). 社會保障の基本問題 未來社.
愼英弘(2013). 自立を混乱させるのは誰か-障碍者の「自立」と自立支援, 生活書院.
新川達郎 編著(2011). ローカルガバナンスの動態研究 政府の作動様式の變容. ミネルヴァ書房.
阿部実(1990). チャールズブース研究-貧困の科學的解明と公的扶助制度. 中央法規.
櫻井 啓太(2020). 生活保護における「三つの自立論」の批判的検討. 社會政策, 11(3), 91-101.
志賀信夫(2022). 貧困理論入門. 屈之内出版.
平野寛弥(2022). 福祉給付に付帯する「条件」の変容と强化, 「貧困研究」 vol. 28, 4-13

Alex Bate & Alexander Bellis(2018). The Troubled Families programme(England), House of Commons Library.(https://dera.ioe.ac.uk/id/eprint/33957/1/CBP-7585.pdf)

Alvaredo. F., & Chancel. L., & Piketty. T.(2018). World Interquality Repory. Harvard University Press.

Alcock, P.(2006). Understanding Poverty, Red Globe Press 3rd edition.

Atkinson, A, B.(2015). *Inequality : What can be done?* Harvard University Press.

Bauman, Z.(1998). *Work, Consumerism and the New Poor.* Open University Press.

Beveridge, Sir W.(1942). Social Insurance and Allied Services.

Bevir, M., & Rhodes, R. A. W.(2006). *Governance Stories.* Routledge.

_____________________(2010). *The State as Cultural Practice.* Oxford University Press.

_____________________(Eds.)(2016). *Rethinking Governance ruling, rationalities and resistance.* Routledge.

Bhalla, A., & Lapeyre, E.(1999). *Poverty and Exclusion in a Global World*(2nd ed). Macmillan.

Blanden, Jo & Gibbons, Steve(2006). The persistence of poverty across generations, JOSEPH ROWNTREE FOUNDATION, April2006. (https://www.jrf.org.uk/child-poverty/the-persistence-of-poverty-across-generations)

Booth, C.(1902). *Life and of the people in London, Final Volume, Notes on Social Influence and Conclusion.* Macmillan.

________(1904). *Life and of the people, First Series : Poverty, East, Central and South London.* Macmillan.

________(1913). *Industrial Unrest and Trade Union Policy.* Macmillan.

Byrne, D.(2005). *Social exclusion*(2nd ed.). Berkshire, Open University.

Campbell, John(2010). Institutional Reproduction and Change. In G. Morgan et al.(Eds.), *The Oxford Handbook of Comparative Institutional Analysis.* Oxford : Oxford University Press.

Crouch, C.(2011). *The Strange Non-Death of Neoliberalism.* Cambridge : Polity Press.

Davies, J. S.(2011). *Challenge Covernance Theory from networks to hegemony.* The Policy Press.

Dean, H.(2010). *Understanding Human Need : Social issues, policy and practice.* Policy Policy.

Doyal, L., & Gough, I.(1991). *A Theory of Human Need.* The Macmillan Press.

Dwyer, P., & Wright, S.(2014). Universial Credit, ubiquitos conditionality and its implications for social citizenship. *Journal of Poverty and Social Justice, 22,* 27-35.

Esping-Andersen, Gosta(1990). *The Three worlds of Welfare Capitalism.* New Jersey : Princeton University Press.

European Commission(1992). Towards a European of Solidarity : Intensifying the Fight against Social Exclusion.

__________________(1993). Growth, Competitiveness, and Employment : The challenges and ways forward into the 21st century.

__________________(2010). Combating poverty and social exclusion : A statistical portrait of the European Union 2010.

Griggs, J., & Bennett, F.(2009). Rights and responsibilities in the social security system. Social Security Advisory Committee Occasional Paper, No. 6. DWP.

Gordon, D., & Townsend, P.(Eds.)(2000). *Breadline Europe*. Policy Press.

Halsey, A. H.(1974). Government against poverty in school and community. In Wedderburn, D.(Ed.), *Poverty, inequality and class structure*. Cambridge University.

Harris, J.(1998). *William Beveridge : A Biography*. Oxford University Press.

Hood, A., & Oaklley, L.(2014). *The Social Security System : Long-term Trends and Recent Changes*. Institute for Fiscal Studies.

Howard Glennerster(1995). *British Social Policy since 1945*. Athlone Press.

Immergut, Ellen(1998). The Theoretical Core of the New Institutionalism. *Politics and Society, 26*(1), 5-34.

Jessop, B.(2002). *The Future of the Capitalist State*. Polity Press.

Kooiman, J.(Ed.)(1993). *Modern Governance New Government-Society Interactions*. Sage.

Lakner. C., & Milanovic, B.(2013). Global income distribution from the fail of the Berlin Wall to the Great Recession. The World Bank Economic Review.

Levitas, R.(1998). *The Inclusive Society? : Social Exclusion and New Labour*. London : Macmillan.

Lister, R.(2004). *Poverty*. Polity Press.

Little, A.(1998). *Post-industrial Socialism : Towards a new Politics of welfare*. Routledge.

Mack, J., & Lansley, S.(1985). *Poor Britain*. Allen and Unwin, London.

Mahoney, James & Kathleen Thelen(Eds.)(2010). *Explaining Institutional Change : Ambiguity, Agency, and Power*. Cambridge University Press.

Marshall, T. H., & Bottomore, T.(1992). *Citizenship and Social Class*. Pluto Press.

Miles Corak(2013). Inquality from Generation to Generation : The United States in Comparison. In Robert S. Rycrft(Ed.), *The Economics of Inequality, Poverty, and Discrimination in the 21st Century, Volume I : Causes*. Praeger.

Najam, A.(2000). The Four C's of Government Third Sector Relations. *Nonprofit Management & Leadership, 10*(4), Summer, 375-396.

Nussbaum, M., & Sen, A.(Eds.)(1993). *The Quality of Life*. Clarendon Press.

Orshansky, M.(1969). Hoe Poverty is Measured. *Monthly Labour Review, 92*, 37-42.

Oyen, E.(1997). The contradictory Concepts of Social Exclusion and Social Inclusion, in Gore and Gigueiredo.

Patry, B.(1978). Taylorism Comes to the Social Services. *Monthly Review, 30*(5), 33-36.

Peters, B. G., & Pierre, J.(2016). *Comparative Governance rediscovering the functional dimension of governing*. Cambridge University Press.

Pierre, J. (Ed.)(2000). dlxofflr Oxford University Press.

Pierson, Paul(1994). *Dismentling the Welfare State? Regan, Thacher, and the Politics of Retrenchment*. Cambridge University Press.

Piven, F. F., & R. A. Cloward(1993). *Regulating the Poor the function of public welfare*(updated edition). Vintage.

Rawls, J.(1999). *A Theory of Justice*(revised edition). Harvard University Press.

Rhodes, R. A. W.(1997). *Understanding Governance : policy networks, governance, reflexivity and accountability*. Open University Press.

Rowntree, B. S.(1901). *Poverty : A Study of Town Life*. Macmillan.

Sen, A. K.(1992). *Inequality Reexamined*. Oxford University Press.

__________(2009). *The Idea of Justice*. Penguin Books.

Serge Paugam(2005). Les formes élémentaires de la pauvereté(川野英二・中條健志 譯, 2017, 貧困の基本形態, 神泉社)

Silver, H.(1994). Social Exclusion and Social Solidarity : Three paradigms. *International Labour Review, 133*(5-6), 531-578.

Sörensen, E., & Torfing, J.(2007). *Theories of Democratic Network Governance*. Palgrave.

Stoker, G.(2004). *Transforming Local Governance : from Thatcherism to New Labour*. Palgrave Macmillan.

Stone, C. N.(1989). *Regime Politics : governing Atlant*. University Press of Kansas.

Streeck, Wolf & Kathleen Thelen(Eds.)(2005). *Beyond Continuity : Institutional Change in Advanced Political Economies*. Oxdoford University Press.

The Trussell Trust(2019). State of Hunger : A Study of Poverty and Food Insecurity in the UK(November 2019).

Townsend, P.(1979). *Poverty in the United Kingdom : A Survery of Household Resources and Standards of Living*. Penguin Books.

Webb, S., & Webb, B.(1897). Industrial Democracy, Longmans(高野岩三郎 監譯, 復刻板第2版, 1975, 産業民主制論, 法政大學出版局)

Webster, D.(2023). BRIEFING : Benefit Sanctions Statistics : November 2023.

Wiggan, J.(2012). Telling stories of 21st century welfare : The UK Coalition government and the neo-liberal discourse of worklessness and dependency. *Critical Social Policy, 32*(3), 383-405.

Woessmann, L., & Schuetz, G.(2006). Efficiency and Equity in European Education and Training Systems. EENEE Analytical Report No. 1. European Commission.

저/자/약/력

■ 이명현
경북대학교 사회복지학부 교수

〈주요 저서 및 논문〉
사회복지법제와 실천(공저)(2024)
사회복지학 : 이론 · 실천 · 정책(공저)(2023)
복지국가의 이해 : 발달과 전환(2021)
기본소득의 규범적 정당성에 근거한 옹호 논리 체계화에 관한 연구(2020) 등

빈곤의 이론과 대책

|저자| 이명현

|1판 1쇄| 발행 2025년 2월 25일

|발행인| 김동훈
|발행처| 공동체

|주소| 경기도 고양시 일산동구 호수로 358-39, 동문타워 1차 905호(백석동)
|전화| 031)814-3000(대표)
|팩스| 031)814-3100
|홈페이지| http://www.compub.co.kr
|전자우편| compub@naver.com
|출판등록| 2005년 10월 6일
|등록번호| 제396-2005-36호

|ISBN| 979-11-6725-858-8
정가 18,000원